明清山东海防遗存与文化

烟台市博物馆 著

中国华侨出版社
·北京·

图书在版编目（CIP）数据

明清山东海防遗存与文化 / 烟台市博物馆著． — 北京：中国华侨出版社，2021.12
ISBN 978-7-5113-8727-1

Ⅰ．①明⋯ Ⅱ．①烟⋯ Ⅲ．①海防－古建筑遗址－研究－山东－明清时代 Ⅳ．①K878.3

中国版本图书馆CIP数据核字（2021）第259835号

明清山东海防遗存与文化

著　　者／	烟台市博物馆
责任编辑／	江　冰
封面设计／	赵永梅
经　　销／	新华书店
开　　本／	787mm×1092mm　1/16　印张/15.5　字数/368千字
印　　刷／	北京天正元印务有限公司
版　　次／	2021年12月第1版　2021年12月第1次印刷
书　　号／	ISBN 978-7-5113-8727-1
定　　价／	59.80元

中国华侨出版社　北京市朝阳区西坝河东里77号楼底商5号　邮编：100028
发行部：（010）64443051　　传　真：（010）64439708
网　址：www.oveaschin.com　　Eamil:oveaschin@sina.com

如有印装质量问题，影响阅读，请与印刷厂联系调换。

《明清山东海防遗存与文化》编委会

主　　任：夏文森

副 主 任：王海鹏

编　　委：王海鹏　闫　勇　王金定　赵　娟　钟绵生
　　　　　刘金凤　高天虹　秦玉莹　周伟云　王柯萌

主　　编：王金定

执行主编：赵　娟　闫　勇

副 主 编：马　静　于　杰

编　　辑：（按姓氏笔画排序）

　　　　　王春瑞　王柯萌　田吉正　孙慧男　李鹏飞
　　　　　李洪金　邢海宁　张　帅　杨　丁　宋　松
　　　　　杨大鹏　迟晓丰　周　强　周伟云　林丽颖
　　　　　郭习国　钟绵生　徐明江　秦玉莹

前　言

宋元以来，山东的海防地位得到历朝统治者的重视。宋仁宗庆历二年（1042），北宋政府在登州府城北的丹崖山东侧修建军寨，停泊"刀鱼战棹"，故名"刀鱼寨"。至明洪武九年（1376），明太祖朱元璋"以登、莱二州皆濒大海，为高丽、日本往来要道，非建府治，增卫兵，不足以镇之。"同年，明政府在原刀鱼寨的基础上修筑水城。

1421年明成祖朱棣迁都北京以后，山东在屏蔽京师方面起着举足轻重的作用。为了保卫京师的安全，特别是为了防止倭寇的侵扰，明代统治者进一步加强了山东的海防建设。而早在明洪武三十一年（1398），明政府即在今塔山北麓设立奇山守御千户所，在临海北山上设狼烟墩台，发现敌情后，昼则升烟，夜则举火，以为报警信号，当地百姓简称"烟台"。烟台山由此得名，烟台市也因此而得名。同年，明政府设立威海卫，取"威震海疆"之意，威海之名即由此而来。

近代以来，清政府依然把山东作为海防建设的重点地区。李鸿章曾说："渤海大势，京师以天津为门户，天津以旅顺、烟台为锁钥。"19世纪末20世纪初，德国强租胶州湾，英国强租威海卫，中国的主权遭到严重破坏，中国的海防面临严重挑战。

今天，在北起蓬莱、南至青岛的山东沿海地区，自明代以来遗留下来的与海防有关的遗址、遗存约有近三百处；现存于山东沿海各县市区博物馆中与海防有关的历史文物更是不计其数。这些海防遗存是中国人民保卫海疆的历史见证，也是对广大青少年进行爱国主义教育的重要题材。

"海防"是烟台历史文化中极其重要又十分有特色的内容。烟台市博物馆"基本陈列"由《山海古韵》和《世纪风云》两个展厅组成，其中《山海古韵》为烟台古代历史文化陈列，共分为五个部分，其第五部分"海防锁钥"着重表现了明代海防建设、蓬莱水城的营建、明代杰出军事家与民族英雄戚继光的抗倭事迹，以及近代的烟台海军学校等重要历史事件和代表性人物，全面展示了烟台在明清及近代海防建设中的重要地位。

对山东海防遗存的考察，既可以帮助我们直观地了解山东海防的基本面貌；同时，深入挖掘海防遗存背后的文化内涵，对于利用海防遗存开展爱国主义教育具有十分重要的意义。有鉴于此，烟台市博物馆十分重视对山东海防遗存的保护及其相关资料的整理与研究。2007 年，烟台市第三次全国文物普查工作全面展开，把海防遗存调查作为专项列为工作重点之一。自 2009 年开始，烟台市博物馆与鲁东大学历史文化学院在山东海防遗存的考察与研究方面，展开广泛、深入的交流与合作，互通信息，共享资料，合作发表学术论文，联合申报项目，取得了一系列成果。2012-2013 年，先后获得山东省高校人文社科项目《山东海防遗存现状调查与资料整理》、山东省软科学研究计划项目《山东海防遗存保护对策研究》、山东省艺术科学重点课题《山东海防遗存与海防文化研究》。同时，《胶东海防遗存与海防文化研究》被列为鲁东大学"胶东文化"系列研究项目。在以上研究成果的基础上，2020 年，由烟台市博物馆牵头，成功申报山东省人文社科项目《明清山东海防文化研究》。2021 年又接连获得烟台市社科规划项目 2 项，分别是《明代山东"海防三营"研究》和"戚继光研究专项"《戚继光历史文化遗存研究》。

在积极申报社科项目的同时，2014 年，王海鹏、高爱东、闫勇等合作先后发表《烟台西炮台遗址现状与保护对策》和《论明代登州的海防筑垒及其遗存保护现状》等学术论文，其中《论明代登州的海防筑垒及其遗存保护现状》被收入《胶东文化与海上丝绸之路论文集》（山东人民出版社 2016 年出版）。此外，王海鹏、刘金凤、武莲莲先后发表的《饱经沧桑的烟台海防遗存》《烟台海防遗存一览》《明代山东沿海卫所隶属关系考略》《明清时期登莱沿海的巡检司》等与山东海防遗存、山东海防文化有关的论文多篇。以上研究成果主要从制度、物质和文化等三个层面阐释明清山东海防与海防文化，探究山东海防建设所蕴含的文化元素；同时，将海防部署、海防指挥区分为军事体系和地方体系两个系统，使人们清晰地认识军队与地方在海防建设中各自的职责及其相互配合，避免将很多元素混为一谈。

烟台市博物馆组织编撰出版《明清山东海防遗存与文化》一书，主要目的就是要通过现存的海防遗存形象，而具体地反映山东海防建设与发展的历史，拉近历史与现实的距离，增强人们关注历史的主动性和自觉性，提高国人历史文化素养，同时还可以提高国人的海防意识，形成"关心海防，投身海防"的良好社会风气，这对爱国主义教育、国防教育等具有十分重要的现实意义，对加强民族团结、增强中华民族凝聚力，也必将产生重要的作用。

夏云森

二零二一年十月

目　录

前言 ·· 夏文森 1

第一章　山东海疆与海口 ··· 1
第一节　山东海疆 ·· 1
第二节　明代之前山东沿海港口与商贸重镇 ···························· 2

第二章　明代山东海防与海防文化 ·· 4
第一节　明代山东海防形势 ·· 4
　　一、明代山东行政区划 ·· 4
　　二、倭寇对山东沿海的侵扰 ·· 6
第二节　明代山东海防部署 ·· 8
　　一、军事部署 ·· 8
　　二、山东沿海的巡检司 ·· 24
第三节　明代山东海防指挥机构 ·· 27
　　一、军事指挥 ·· 27
　　二、"文官参赞军务" ·· 34
第四节　明代山东海防筑垒 ·· 46
　　一、山东沿海卫所城池的修筑 ·· 46
　　二、山东沿海各县城池的修筑 ·· 50
　　三、山东沿海寨城、墩堡的修筑 ··· 54
　　四、蓬莱水城：明代海防筑垒的杰出代表 ······························ 59
　　五、明朝后期山东沿海的炮台 ·· 62

第三章　清代前期的山东海防 ·· 64
第一节　清代前期山东行政区划的演变 ································· 64
　　一、清初的"撤卫设县" ·· 64

二、清代前期山东行政区划及其演变⋯⋯⋯⋯⋯⋯⋯⋯⋯⋯⋯⋯⋯⋯⋯⋯65
　　三、山东的海口与海汛⋯⋯⋯⋯⋯⋯⋯⋯⋯⋯⋯⋯⋯⋯⋯⋯⋯⋯⋯⋯⋯67
　第二节　清代前期山东海防部署⋯⋯⋯⋯⋯⋯⋯⋯⋯⋯⋯⋯⋯⋯⋯⋯⋯⋯69
　　一、军事部署⋯⋯⋯⋯⋯⋯⋯⋯⋯⋯⋯⋯⋯⋯⋯⋯⋯⋯⋯⋯⋯⋯⋯⋯69
　　二、清代前期山东沿海的巡检司⋯⋯⋯⋯⋯⋯⋯⋯⋯⋯⋯⋯⋯⋯⋯⋯⋯77
　第三节　清代前期山东海防指挥机构⋯⋯⋯⋯⋯⋯⋯⋯⋯⋯⋯⋯⋯⋯⋯⋯81
　　一、军事指挥⋯⋯⋯⋯⋯⋯⋯⋯⋯⋯⋯⋯⋯⋯⋯⋯⋯⋯⋯⋯⋯⋯⋯⋯81
　　二、"以文统武"⋯⋯⋯⋯⋯⋯⋯⋯⋯⋯⋯⋯⋯⋯⋯⋯⋯⋯⋯⋯⋯⋯⋯85
　第四节　清代前期山东的海防筑垒与沿海炮台⋯⋯⋯⋯⋯⋯⋯⋯⋯⋯⋯⋯89
　　一、沿海城池的增筑与续修⋯⋯⋯⋯⋯⋯⋯⋯⋯⋯⋯⋯⋯⋯⋯⋯⋯⋯89
　　二、清代前期山东沿海的炮台⋯⋯⋯⋯⋯⋯⋯⋯⋯⋯⋯⋯⋯⋯⋯⋯⋯93

第四章　近代山东海防⋯⋯⋯⋯⋯⋯⋯⋯⋯⋯⋯⋯⋯⋯⋯⋯⋯⋯⋯⋯⋯⋯⋯96
　第一节　近代山东海防部署⋯⋯⋯⋯⋯⋯⋯⋯⋯⋯⋯⋯⋯⋯⋯⋯⋯⋯⋯⋯96
　　一、军事部署⋯⋯⋯⋯⋯⋯⋯⋯⋯⋯⋯⋯⋯⋯⋯⋯⋯⋯⋯⋯⋯⋯⋯⋯96
　　二、近代山东沿海的巡检司、乡勇与团练⋯⋯⋯⋯⋯⋯⋯⋯⋯⋯⋯⋯101
　第二节　近代山东的海防指挥机构⋯⋯⋯⋯⋯⋯⋯⋯⋯⋯⋯⋯⋯⋯⋯⋯103
　　一、军事指挥机构⋯⋯⋯⋯⋯⋯⋯⋯⋯⋯⋯⋯⋯⋯⋯⋯⋯⋯⋯⋯⋯103
　　二、"以文统武"制度的延续⋯⋯⋯⋯⋯⋯⋯⋯⋯⋯⋯⋯⋯⋯⋯⋯⋯107
　第三节　近代山东沿海的炮台与海防筑垒⋯⋯⋯⋯⋯⋯⋯⋯⋯⋯⋯⋯⋯111
　　一、两次鸦片战争期间旧式炮台的添设⋯⋯⋯⋯⋯⋯⋯⋯⋯⋯⋯⋯⋯111
　　二、烟台西炮台、东炮台的修筑⋯⋯⋯⋯⋯⋯⋯⋯⋯⋯⋯⋯⋯⋯⋯113
　　三、北洋海军威海基地的建设⋯⋯⋯⋯⋯⋯⋯⋯⋯⋯⋯⋯⋯⋯⋯⋯115
　　四、清军设防胶州湾⋯⋯⋯⋯⋯⋯⋯⋯⋯⋯⋯⋯⋯⋯⋯⋯⋯⋯⋯⋯118

第五章　19世纪末20世纪初的青岛与威海⋯⋯⋯⋯⋯⋯⋯⋯⋯⋯⋯⋯⋯⋯120
　第一节　德占时期的青岛⋯⋯⋯⋯⋯⋯⋯⋯⋯⋯⋯⋯⋯⋯⋯⋯⋯⋯⋯⋯120
　　一、德国对青岛的军事占领⋯⋯⋯⋯⋯⋯⋯⋯⋯⋯⋯⋯⋯⋯⋯⋯⋯120
　　二、日德青岛之战⋯⋯⋯⋯⋯⋯⋯⋯⋯⋯⋯⋯⋯⋯⋯⋯⋯⋯⋯⋯⋯122
　第二节　英租时期的威海卫⋯⋯⋯⋯⋯⋯⋯⋯⋯⋯⋯⋯⋯⋯⋯⋯⋯⋯⋯123

第六章　山东海防遗存⋯⋯⋯⋯⋯⋯⋯⋯⋯⋯⋯⋯⋯⋯⋯⋯⋯⋯⋯⋯⋯⋯125
　第一节　明代海防遗存⋯⋯⋯⋯⋯⋯⋯⋯⋯⋯⋯⋯⋯⋯⋯⋯⋯⋯⋯⋯⋯125
　　一、今烟台市境内的海防遗存（遗址代码A）⋯⋯⋯⋯⋯⋯⋯⋯⋯⋯126

二、今威海市境内的海防遗存（遗址代码 B）································137
　　三、今青岛市境内的海防遗存（遗址代码 C）································151
　第二节　清代前期海防遗存（遗址代码 D）····································156
　第三节　近代海防遗存··159
　　一、今烟台市境内的海防遗存（遗址代码 E）································159
　　二、今威海市境内的海防遗存（遗址代码 F）································161
　第四节　德占青岛与英租威海时期海防遗存······································169
　　一、今青岛市境内的海防遗存（遗址代码 G）································170
　　二、今威海市境内的海防遗存（遗址代码 H）································176

后记··229
参考文献··231
　一、山东沿海各府县地方志··231
　二、著作··235
　三、论文··236

第一章　山东海疆与海口

第一节　山东海疆

　　山东海岸线绵延曲折，北起冀鲁交界处的漳卫新河海口（即今无棣县大口河），沿海岸线东向，经莱州湾南岸，东北经蓬莱角，绕过成山角，折向西南至苏鲁交界处的今日照市绣针河河口，全长3121公里，约占全国大陆海岸线总长的六分之一。

　　山东的海疆包括海岸线以外的近海地区、自海岸向内地延伸大约30公里至60公里的沿海地区，以及近海中近300个大小不等的岛屿。山东沿海岛屿星罗棋布，岛屿面积136万平方公里，岸线737公里。渤海海峡中的庙岛群岛是其中最大的群岛，北起北隍城岛，南至南长山岛，扼渤海海峡咽喉，成为拱卫北京的重要海防门户。除庙岛群岛外，其他岛屿均分布于近陆地带，较大者有象岛、莫邪岛、杜家岛、田横岛、刘公岛、鸡鸣岛、崆峒岛、褚岛、苏山岛和南黄岛等。山东半岛北岸主要为基岩海岸，而靠近黄海的海岸多为港湾式沙质海岸。

　　山东半岛北面的渤海，旧称勃海、北海，三面为陆地所环抱，是一个近封闭的内海。山东半岛北岸的蓬莱角与辽东半岛南端的老铁山岬遥相对峙，犹如一双巨臂将渤海合抱起来，构成京津的海上门户。

　　黄海位于中国大陆与朝鲜半岛之间，北面和西面濒临中国，东邻朝鲜半岛，为东亚大陆架的一部分。黄海的西北部通过渤海海峡与渤海相连，东部由济州海峡经朝鲜海峡、对马海峡与日本海相通，南以长江口东北岸启东角到济州岛西南角连线与东海分界。辽东半岛的老铁山岬与山东半岛北岸的蓬莱角间的连线即为渤海与黄海的分界线。

　　黄海东部和西部岸线曲折、岛屿众多。岛屿主要集中在辽东半岛东侧、胶东半岛东侧和朝鲜半岛西侧边缘，如长山列岛以及朝鲜半岛西岸的一些岛，南部有一系列小岩礁，如苏岩礁、鸭礁、虎皮礁等。黄海主要海湾有西朝鲜湾和中国的海州湾、胶州湾。

第二节　明代之前山东沿海港口与商贸重镇

明代之前，山东沿海出现了一些港口和贸易市镇。这些港口和贸易市镇在促进南北经济文化交流，推动海上贸易的进一步发展方面发挥了重要作用，但正是因为繁华、富庶、财富集中，这些地方容易成为海盗、倭寇抢掠的对象。

元、明时期，在大清河入海处建起港口。这里一度成为鲁北重要的航海基地，繁盛一时。

隋朝时，莱州港发展成中国北方第一大港。唐朝初年，为远征高句丽，曾全力扩建莱州海口。当时的莱州港设在太平湾，位于刁龙嘴南1公里处。北宋时，与辽朝对峙，莱州港被迫关闭。元明以后，莱州沿海还出现许多口岸，如三山岛、芙蓉岛、海神庙后、虎头崖和海仓口等，其中三山岛和芙蓉岛均"可泊船五十余"。

黄县的港口在黄水河入海处的黄河营一带。唐朝时，这里仍为远航朝鲜半岛的锚地港岸。唐军征讨高句丽，曾在此集结战舰。宋代以后，黄县古港仍在继续使用。

唐代以后，登州港始终作为山东沿海最重要的贸易港口。宋仁宗庆历二年（1042），登州港被改建为一座功能完备的"海防军垒"，时称"刀鱼寨"。在登州港周围还有许多良港，自东而

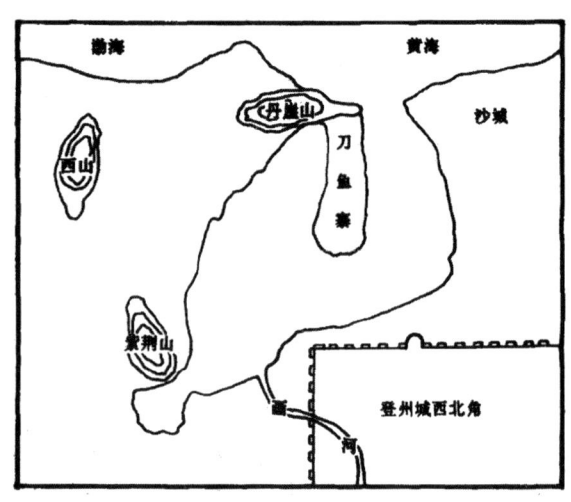

图 1-1　宋代登州港湾示意图

西为芦洋、平畅、刘家汪、落湾子、抹直、石落、新开、田横寨、西王庄、栾家、孙家、乐家等。登州港正北方的庙岛古称沙门岛，其岛湾海口在五代时已开发。

八角海口在八角湾，此湾水深，建港条件良好。芝罘海口在芝罘岛。元代通海远，芝罘海口即被启用。

自唐代起，今荣成石岛湾一带屡建港口，其中著名的赤山浦就在这里。大中元年

（847），日本僧人圆仁返回日本，即从赤山浦启航。

今文登、荣成南部海岸，良港较多，其中成山海口与石岛港的历史最为久远。成山海口，唐朝时称城山港，港名青山浦。

早在唐朝时，今海阳、乳山海域已沿海岸线开辟出多个海口，日本僧人圆仁所著《入唐求法巡礼行记》就记录了陶村港、邵村浦、乳山浦、乳山西浦、芦山浦、望海村东浦、桑岛北港、乳山长淮浦等口岸。

北宋时期，板桥镇港快速发展起来，成为当时北方第一大港。北宋政府在此设置市舶司，并以此镇为治所，建立胶西县，此后，板桥镇港一再扩张，交易异常活跃。

自元明以来，斋堂岛就作为海运漕船的中转停泊之所，其西北处可泊船。

大珠港在驻马浦，即今大珠山嘴附近。唐朝时已有新罗船在此装卸货物。

石臼港系自然口岸，宋朝时启用。到明朝晚期，石臼港逐渐发展起来，成为南北中转枢纽。

第二章　明代山东海防与海防文化

第一节　明代山东海防形势

一、明代山东行政区划

明朝建立后，沿袭元朝旧制，在地方上实行省、府、州、县制，布政司以下，设府与州、县等地方行政机构。山东各州均为府属州，即散州，州下设县。洪武初年，山东布政使下辖济南、青州、东昌、济宁、莱州、登州6府。洪武十八年（1385年），降济宁为州，升兖州为府，仍为6府。此后终明一代没有变化。

山东布政使司共下辖府6，州15，县89，其疆域南至郯城，北至无棣，西至定陶，东至于海；此外，从山海关到铁岭卫长城沿线以南的大片土地，相当于今辽宁省的大部分，亦属于山东辖境。明代山东各府所辖州县如表2-1。

在明朝山东6府中，济南、登州、莱州和青州4府辖临海区域，其中济南府海丰、沾化、滨州、利津、蒲台5州县临海；青州府乐安、寿光、诸城、日照县4县临海，乐安、寿光两县在北，诸城、日照两县在南；莱州府掖县、潍县、昌邑、胶州、即墨5州县临海，掖县、潍县、昌邑在北，胶州、即墨在南；登州府北、东、南三面临海，沿海州县有蓬莱、黄县、福山、招远、莱阳、宁海州、文登县7个。可见。登州、莱州、青州3府从东向西控扼着山东大部海疆，山东半岛各地主要处在登州府、莱州府管辖之下。

此外，明代山东的版图还包括从山海关到铁岭卫的大片土地，相当于今辽宁省的大部分。洪武八年（1375年），定辽都卫改为辽东都司，治所在定辽中卫（今辽宁省辽阳市）。洪武十年（1377年），辽东的府县都罢黜，只留下卫所。辽东都指挥使司与山东都指挥使司都是军事机构，且均隶左军都督府。与山东都指挥使司不同的是，辽东都指挥使司有自己的管辖地域和户籍，兼理民政，实行军民合一的统治。

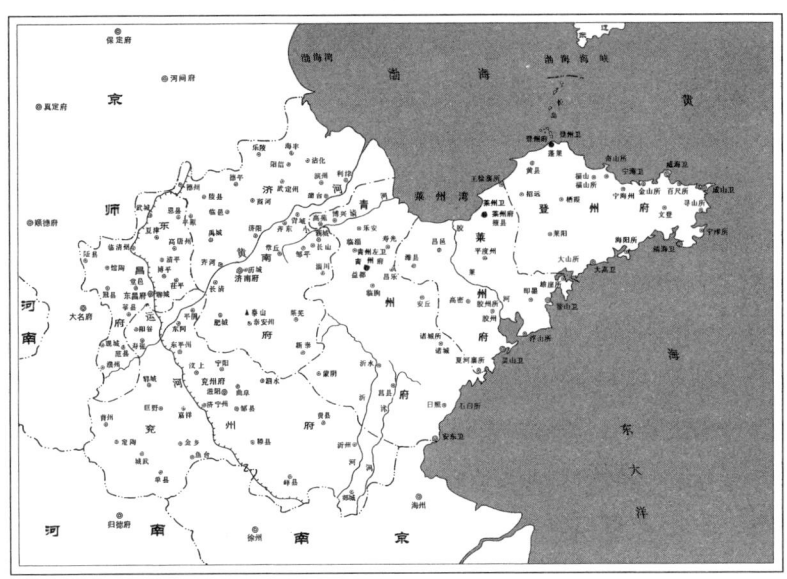

图 2-1　明代山东行政区划示意图

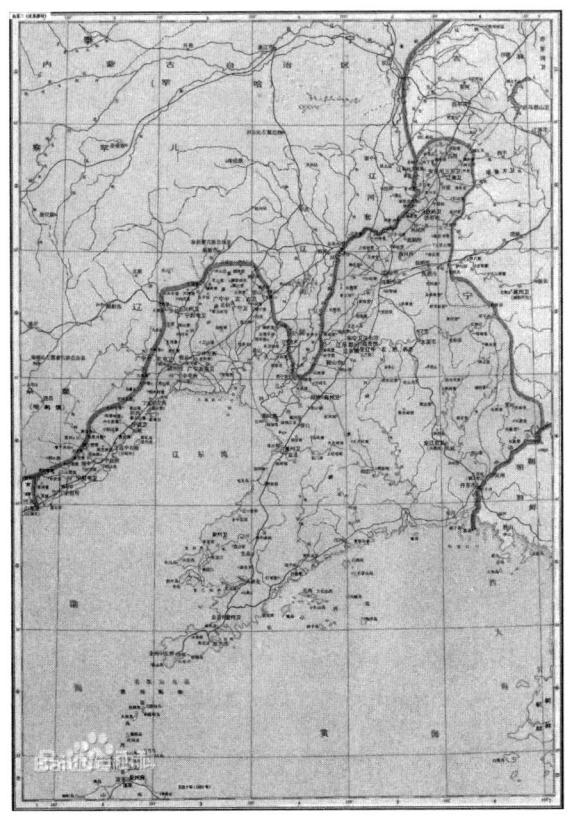

图 2-2　辽东都指挥使司所辖范围

表2-1 明代山东行政区划一览

行省	府	府治	所辖州	所辖县	州县总计
山东布政使司	济南府	历城		历城、章丘、邹平、淄川、长山、新城、齐河、齐东、济阳、禹城、临邑、长清、肥城、青城、陵县	4州26县
			泰安州	新泰、莱芜	
			德州	德平、平原	
			武定州	阳信、海丰、乐陵、商河	
			滨州	利津、沾化、蒲台	
	兖州府	滋阳		滋阳、曲阜、宁阳、邹县、泗水、滕县、峄县、金乡、鱼台、单县、城武	4州23县
			济宁州	嘉祥、巨野、郓城	
			东平州	汶上、东阿、平阴、阳谷、寿张	
			曹州	曹县、定陶	
			沂州	郯城、费县	
	东昌府	聊城		聊城、堂邑、博平、茌平、莘县、清平、冠县	3州15县
			临清州	丘县、馆陶	
			高唐州	恩县、夏津、武城	
			濮州	范县、观城、朝城	
	登州府	蓬莱		蓬莱、黄县、福山、栖霞、招远、莱阳	1州7县
			宁海州	文登	
	莱州府	掖县		掖县	2州5县
			平度州	潍县、昌邑	
			胶州	高密、即墨	
	青州府	益都		益都、临淄、博兴、高苑、乐安、寿光、昌乐、临朐、安丘、诸城、蒙阴	1州13县
			莒州	沂水、日照	

二、倭寇对山东沿海的侵扰

"倭寇"一般指13世纪至16世纪侵扰劫掠我国和朝鲜沿海地区的海盗，其主力是日本浪人和武士，他们以日本九州的对马岛、壹岐岛和平户岛等地区为根据地，实施对中国、朝鲜甚至东南亚沿海地区的侵掠，所以统称为"倭寇"。

倭寇之祸始于元末。从明洪武年间起，倭寇频频侵扰，无论规模、频次都较以前有所扩大，我国和朝鲜沿海均受其害。

洪武至永乐年间，倭寇不断骚扰山东沿海，据各州县记载不下百次，其中危害较大的有一二十次之多，如：

洪武二年（1369）一月，倭人入寇山东海滨郡县，掠民男女而去。

洪武三年（1370）三月，倭扰登、莱；六月，倭夷寇山东，转掠温、台、明州傍海之民……

洪武四年（1371）六月，倭夷寇胶州，劫掠沿海人民。

洪武六年（1373）七月，倭夷寇即墨、诸城、莱阳等县，沿海居民多被杀掠。诏近海诸卫分兵讨捕之。

洪武七年（1374）六月，倭寇滨海州县。靖海侯吴祯率沿海各卫兵捕获，俘送京师。

洪武七年（1374）七月，倭寇登、莱，被当地海防土兵击退；同月，倭夷寇胶州，官军击败之。

洪武十三年（1380），倭寇侵扰宁海卫，百户何福战死。

洪武二十二年（1389）十二月，倭船12艘由城山洋（今成山）艾子口登岸，劫掠宁海卫。指挥命事工镇等御之，杀贼3人，获其器械，赤山寨巡检刘兴又捕杀4人，贼乃遁去。

洪武三十一年（1398）二月，倭夷寇山东宁海州，由白沙海口登岸，劫掠居人，杀镇抚卢智。宁海卫指挥陶铎及其弟钺出兵击之，斩首30余级，贼败去。钺为流矢所中，伤其右臂。先是倭夷尝入寇，百户何福战死，事闻，上命登、莱二卫发兵追捕。

永乐四年（1406），十月，倭扰沙门；四年冬十月，平江伯陈瑄督海运至辽东。舟还，值倭于沙门，追击至朝鲜境上，焚其舟，杀溺死者甚众。

永乐六年（1408），倭寇扬帆于刘公岛，声言攻击百尺崖，而卒击威海。同年，倭贼袭破宁海卫，杀掠甚惨，又寇成山卫、白峰头寨、罗山寨及大嵩卫之草岛嘴，鳌山卫之羊山寨、阴岛、张家庄以次被掠。入于家庄寨，百户王辅战死。不逾月，入桃花闸寨，百户周盘战死。登州府城和沙门岛一带抄略殆尽。

永乐七年（1409）三月，总兵官安远伯柳升，率兵至青州海中灵山，遇倭贼交战，大败之，即同平江伯陈瑄追至金州白山岛等处。

永乐十一年（1413），倭寇登州，尽焚登州战舰以归。

永乐十四年（1416）六月，倭舟33艘泊靖海卫之杨村岛，都督同知蔡福等率兵合山东都司兵击之。

正统至正德时期，山东海疆趋于平静，山东倭患主要有两次。一次发生在正统五年（1440）。是年，"倭乘夜风突至南岸掠抹直海口，劫掠居民"①；另一次发生在正德

---

① 光绪《蓬莱县续志》卷四《武备志》。

十年（1515）。这次，倭寇的入侵规模较大，"倭焚沙门岛及大竹、砣矶诸岛，火光彻南岸，倭舟至以千计"①。

嘉靖年间开始，倭寇的力量减弱，虽时有侵扰，但危害减小，且多次被当地军民击退。

第二节　明代山东海防部署

一、军事部署

1. 山东沿海卫所

（1）山东沿海卫所的设置

明政府在军事上实行卫所制度，都司之下设卫和"守御千户所"，分守各地。明制，凡守御千户所不隶卫而直达于都司。

明朝初年，倭寇频频侵扰我国，沿海地区均受其害。由于山东地处要津，为京师屏障，因此这里一直是海防建设的重点地区。经过明朝政府的苦心经营，山东沿海形成了以卫所制度为中心、以沿海军寨为依托的严密的海防体系，对震慑倭寇、保卫海疆产生了重要影响。

卫所是明朝军队的基本组织形式。洪武元年（1368），刘基奏立《军卫法》，在军事要害之地设卫，次要之地设所。卫设指挥使一人（正三品）、同知二人（从三品）、佥事四人（正四品）。每卫配备士兵5600人，分为5个千户所；每个千户所配备士兵1200人，设千户为长官（正五品），又分为10个百户所；每个百户所配备士兵112人，设百户，"设总旗二、小旗十，大小联比成军"②。卫所受各省都指挥使司管辖。据《明史》记载："明以武功定天下，革元旧制，自京师达于郡县，皆立卫所，外统于都司，内统于五军都督府。"③

明朝时，山东沿海地区在行政上自西至东划分为青州府、莱州府、登州府，而在海防上尤以登州府辖区最为重要。明政府在以上三府境内设置最早的卫所是青州卫、登州守御千户所（后升登州卫）和宁海备御所（后升宁海卫）。

---

① 光绪《蓬莱县续志》卷四《武备志》。
② 《明史》卷九十《志第六十六·兵二卫所》。
③ 《明史》卷八九《志第六十五·兵一》。

到洪武十年（1377），明政府在登州府境内设登州卫、宁海卫，后又增设福山中前备御千户所，属登州卫；在莱州府境内设莱州卫和胶州守御千户所，在青州府境内设青州左卫和诸城守御千户所。

洪武中后期，明政府为了加强山东沿海的防务，在登州府境内增设大嵩卫、靖海卫、成山卫、威海卫和奇山守御千户所、宁津守御千户所，在莱州府境内增设灵山卫、鳌山卫和雄崖守御千户所、浮山备御千户所，在青州府境内增设安东卫。其中，大嵩卫、靖海卫、成山卫、威海卫、灵山卫、安东卫和奇山守御千户所均设于明洪武三十一年（1398）。这样，从明朝初年一直到建文四年（1402），明政府在登州府境内共设6卫、2守御千户所，在莱州府境内设3卫、2守御千户所，在青州府境内设2卫、1守御千户所。

自永乐年间一直到明朝后期，明政府为了进一步完善在山东沿海的海防体系，在登州府境内增设海阳守御千户所，另设大山备御前千户所、寻山备御后千户所、百尺崖备御后千户所、金山备御左千户所。在莱州府境内设夏河寨备御前千户所，并将原王徐寨备御百户所改为千户所；在青州府境内设石臼备御前千户所。其中，海阳守御千户所、寻山备御后千户所、百尺崖备御后千户所、大山备御前千户所、金山备御左千户所均设立于成化年间；夏河寨备御前千户所、石臼备御千户所设立于弘治年间，王徐寨备御前千户所设立于嘉靖时期。

总之，到明朝后期，明政府在登州府境内共设6卫、3守御千户所，在莱州府境内设3卫、2守御千户所，在青州府境内设2卫、2守御千户所。合计登莱青三府境内共设卫11、守御千户所7。

此外，需要特别说明的是，德州左卫及德州卫、沂州卫、武定守御千户所、莒州守御千户所等卫所虽然防地在山东境内，但均不隶属于山东都司。德州卫与德州左卫原先均隶属于山东都司，永乐七年（1409）改直属于后军都督府。武定守御千户所，在武定州城内，宣德五年（1430）前为乐安千户所，隶属于北平行都司，属后军都督府。莒州守御千户所在青州府莒州州城内，具体设置时间不详，直隶中军都督府。

（2）山东沿海卫所军额数

洪武二十六年（1393），朱元璋定天下都司卫所，山东都司辖有青州左卫、登州卫、安东卫、莱州卫、济南卫、平山卫及胶州千户所、诸城千户所、滕县千户所和肥城千户所。永乐年间，山东都司所辖卫所多有增设改动，但沿海一带的卫所亦多在登莱二府境内。各卫下辖若干备御千户所，而守御千户所直属于山东都指挥使司。

按每卫额定官军5600人计算，山东都司所辖卫所官军总计超过10万人，而沿海卫所官军占其半数以上。今将山东沿海卫所的分布及其军额数等，按登州府、莱州府、青州府分别罗列如下：

①登州府境内的卫所及军额

登州府辖境内共设6卫3所，其基本情况如下：

登州卫，在府城中。洪武九年（1376），升州为府，知州周斌奏改守御千户所升为卫，置指挥19员，经历1员，镇抚2员，左、右、中、前、后、中左、中右7所正副千户30员，百户70员，所镇抚2员，京操军春戍1276名，秋戍733名，捕倭军登州营820名，守城军余250名，种屯军余114名，守墩军余18名。

福山备御中前千户所，在福山县治西，本登州卫之中前所。洪武十年（1377）调于此，属登州卫。正副千户5员，百户5员，守城军余114名，守墩军余15名，守堡军余10名。

黄河寨备御百户所，百户3员，守城军余30名，守墩军余15名。

刘家汪寨备御百户所，百户3员，守城军余35名，守墩军余15名。

解宋寨（今解宋营）备御百户所，百户4员，守城军余40名，守墩军余9名。以上三寨俱登州卫中右千户所分设。

芦洋寨备御百户所，百户5员，守城军余38名，守墩军余15名。系福山备御千户所分设。

宁海卫，在宁海州治西，本莱州卫左千户所，洪武二年（1369）调于此。洪武十年（1377），升为卫。指挥18员，经历1员，镇抚2员，右、中、前、后4所正副千户12员，百户40员，所镇抚1员，京操军春戍538名，秋戍1127名，捕倭军登州营62名，文登营292名，守城军余201名，种屯军余291名，守墩军余18名，守堡军余24名。

金山备御左千户所，在宁海州东北四十里，属宁海卫。正副千户5员，百户10员，守城军余28名，守墩军余15名，守堡军余2名。

清泉寨备御百户所，百户3员，守城军余15名，守墩军余6名，守堡军余2名。系后所千户所分设。

威海卫，在文登县北90里。洪武三十一年（1398）建，指挥14员，经历1员，镇抚2员，左前二所正副千户8员，百户20员，京操军春戍784名，秋戍584名，捕倭军登州营126名，文登营159名，守城军余75名，种屯军余224名，守墩军余24名，守堡军余14名。

百尺崖备御后千户所，属威海卫，正副千户5员，百户10员，守城军余35名，守墩军余18名，守堡军余6名。

成山卫，在文登县东 120 里，洪武三十一年（1398）建。指挥 17 员，经历 1 员，镇抚 4 员，左前二所正副千户 16 员，百户 20 员，京操军春戍 767 名，秋戍 389 名，捕倭军文登营 234 名，守堡军余 145 名，种屯军余 240 名，守墩军余 54 名，守堡军余 22 名。

寻山备御后千户所，属成山卫。正副千户 3 员，百户 10 员，所镇抚 1 员，守城军余 94 名，守墩军余 24 名，守堡军余 14 名。

大嵩卫，在莱阳县东南 120 里，洪武三十一年（1398）建。指挥 17 员，经历 1 员，镇抚 3 员，中后二所正副千户 10 员，百户 20 员，京操军春戍 745 名，秋戍 746 名，捕倭军即墨营 246 名，守城军余 258 名，名种屯军余 428 名，守墩军余 27 名，守堡军余 14 名。

大山寨备御千户所，属大嵩卫。正副千户 6 员，百户 10 员，守城军余 62 名，守墩军余 6 名，守堡军余 6 名。

靖海卫，在文登县南 120 里，洪武三十一年（1398）建。指挥 12 员，经历 1 员，镇抚 2 员，左中后三所正副千户 16 员，百户 30 员，京操军春戍 849 名，秋戍 744 名，捕倭军文登营 213 名，守城军余 150 名，种屯军余 210 名，守墩军余 60 名，守堡军余 12 名。

奇山守御千户所，在福山县东北 30 里，洪武三十一年（1398）建。正副千户 8 员，流官吏目 1 员，百户 10 员，京操军春戍 217 名，秋戍 281 名，捕倭军登州营 75 名，守城军余 87 名，种屯军余 60 名，守墩军余 12 名，守堡军余 6 名。

宁津守御千户所，在文登县东南 120 里，洪武三十一年（1398）建。正副千户 7 员，流官吏目 1 员，百户 10 员，京操军春戍 254 名，秋戍 275 名，捕倭军文登营 68 名，守城军余 102 名，种屯军余 66 名，守墩军余 24 名，守堡军余 18 名。

海阳守御千户所，在文登县南 140 里，正副千户 5 员，流官吏目 1 员，百户 10 员，京操军春戍 203 名，秋戍 293 名，捕倭军文登营 74 名，即墨营 28 名，守城军余 95 名，种屯军余 66 名，守墩军余 21 名，守堡军余 20 名。

②莱州府境内的卫所及军额

在莱州府境内设 3 卫、2 守御千户所，其基本情况如下：

莱州卫，在府治东南，额设指挥使 2 员，署指挥使 1 员，指挥同知 6 员，署指挥同知 1 员，指挥佥事 5 员，署指挥佥事 5 员，经历 1 员，知事 1 员，镇抚司镇抚 2 员，左右中前后五所正千户 10 员，副千户 5 员，实授百户 25 员，试百户 9 员，边抚军 1246 名，京操军 112 名，守城军余 350 名，屯田军余 290 名。

灵山卫，额设指挥使 5 员，指挥同知 2 员，指挥佥事 1 员，经历 1 员，儒学教授 1 员，镇抚司镇抚 2 员，左前后三所千户 14 员，百户 20 员，边抚军 324 名，京操军 289

名，守城军余 228 名，屯田军余 287 名。

鳌山卫，额设指挥使 3 员，指挥同知 5 员，指挥佥事 8 员，经历 1 员，儒学教授 1 员，隶抚司镇抚 2 员，右前后三所千户 6 员，百户 15 员，边抚军 324 名，京操军 289 名，守城余 208 名，屯田军 287 名。

胶州守御千户所，在胶州治东，额设正千户 3 员，副千户 2 员，百户 1 员，镇抚 1 员，所吏目 1 员，京操军 178 名，边抚军 216 名，春戍 89 名，秋戍 317 名，守城军余 89 名，屯田军余 77 名，旧属灵山卫。

雄崖守御千户所，额设正千户 2 员，副千户 2 员，百户 5 员，所吏目 1 员，京操军春戍 252 名，秋戍 319 名，守城军余 51 名，屯田军余 77 名，后设千总 1 员。

王徐寨备御百户所，在内城东北 80 里，寨城，额设正千户 1 员，副千户 1 员，百户 1 员，属于莱州卫。

马停寨备御百户所，在府城 125 里，寨城额设千户 1 员，属于莱州卫。

灶河寨备御四百户所，在府城 150 里，寨城额设百户 1 员，属于莱州卫。

马埠寨备御四百户所，在府城东北 160 里，寨城，额设百户 1 员，属于莱州卫。

夏河寨备御千户所，在胶州西南 80 里，寨城，额设正千户 1 员，副千户 1 员，百户 1 员。后改设掌印千总 1 员，属灵山卫，又裁千总。

浮山备御千户所，额设正千户 1 员，副千户百户 1 员，后改设千总 1 员。

③青州府境内的卫所及军额

在青州府境内设 2 卫、2 守御千户所，其基本情况如下：

青州左卫，在府城东门内，设官指挥使 1 员，同知 2 员，指挥佥事 4 员。经历司、经历、知事各 1 员，镇抚司镇抚 2 员，左、右、中、前、后 5 所正副千户、百户各三五员。京操军春班 1497 人，秋班 2105 人，守城军余 729 人，屯田军余 453 人。

塘头寨备御百户所，在乐安县东北。隶青州左卫，设官百户 1 员，守寨军余 100 名。

安东卫，在日照县南 90 里，隶山东都指挥使司，设官指挥使 1 员，同知 2 员，佥事 4 员，经历司经历、知事各 1 员，镇抚司镇抚 2 员，左、前、后 3 所正副千户百户各三五员。京操军春班 844 人，秋班 631 人；守城军余 358 人，屯田军余 391 人。

石旧寨备御千户所，即安东卫后千户所，在日照县之东。

诸城守御千户所，在县治南，隶山东都指挥使司，设官正副千户各 1 员。镇抚百户各 1 员、吏目 1 员。京操军春班 123 人，秋班 428 人；守城军余 98 人。

莒州守御千户所，在州城内，隶南京都督府，设官正副千户各 1 员，镇抚百户各 1 员，吏目 1 员，京操班军 81 人，守城军余 100 人。

表2-2 明代登莱青三府境内卫所兵比配置一览

府境	卫/守御所	备御所	京操军	城守军	屯军	捕倭军	总计
登州	登州卫		2009	250	114	828	3201
		福山所		114			114
	宁海卫		1615	1110	391	354	3470
		金山所		114			114
	奇山所		498	112	60	75	745
	宁津所		529	106	68	68	771
	大嵩卫		1491	358	428	246	2523
		大山所		26			26
	靖海卫		1593	150	211	313	2267
	成山卫		1250	261	240	234	1985
		寻山所		94			94
	威海卫		1368	75	224	285	1952
		百尺所		35			35
	海阳所		496	126	66	102	790
莱州	莱州卫		1720	302	447	413	2882
		王徐寨		48			48
	胶州所		406	94	77	44	621
	鳌山卫		1630	107	290	385	2421
		浮山所		56			56
	雄崖所		571	97	77	110	855
	灵山卫		1223	116	287	191	1817
		夏河所		67			67
青州	青州左卫		3602	720	453	（缺）	4793
	诸城所		651	98	（缺）	（缺）	749
	安东卫		1576	358	391	269	1669
				48			48

2. 山东海防三营

（1）山东海防三营的设立

洪武年间，明政府在山东沿海设立多处卫所，形成了比较严密的海防体系，但卫所各有辖区，分区防御，职权有一定限制，而且卫所均设于海岸线一带，彼此之间依然有相当距离，遇事难以互相支援。

倭寇在出动时，往往集中兵力，结伙行动，且行动诡秘，流窜性很强，常常"倏忽而至"、劫掠一番后立即撤走。沿海卫所本来实行分区防御,兵力分散各地,倭寇的流窜作战,的确令沿海卫所防不胜防。

为了解决兵力分散的矛盾,为了增强海防力量的机动性,遇紧急情况时能够及时增援,永乐年间,明政府在登州组建了相对独立的军事力量登州营,作为海防、抗倭的机动部队。随后不久,明政府在文登、即墨建立类似登州营的文登营和即墨营。当时,登州营、文登营和即墨营,号称"海防三营"。这是明代山东海防部署的重大变化。

永乐七年(1409年),设立登州营,位于登州备倭城内。嘉靖《山东通志》的记载是这样的:"登州营,在府城北,原系新开海口。宋庆历间,浚池引海水,置刀鱼寨以备北虏。国朝洪武九年,指挥使谢观复疏通海口,湾泊海船,装运登州府库物至辽东交卸,供备军饷;立为登州营,环以砖城,设备倭都指挥一人,总登莱沿海军马。""备倭都司,登州营驻扎,总登莱沿海军马。洪武间设。"[1]据道光《重修蓬莱县志》记载:"七年,建登州营于备倭城内,给符验。"[2]光绪《增修登州府志》记载:"七年,建登州营于备倭城内,给符验。(洪武四年调发卫所兵马造用金宝符及走马符牌,寻改为金符,有诏:调军,省府同覆奏纳,符用宝。)"[3]

即墨营,原在即墨县南70里金家岭,宣德八年(1433年)移于县北10里。金家岭在今青岛市崂山区石老人北。即墨营设置的具体时间,亦有永乐二年(1404年)、宣德四年(1429年)两种说法,两种说法相差25年。

据乾隆《莱州府志》记载:"即墨营:明永乐二年设,在县南七十里金家岭,宣德八年移县北十里。"[4]据同治《即墨县志》记载:"永乐二年,设即墨营,在县南七十里金家岭,宣德八年移县北十里。"[5]据周如砥撰《驳迁即墨营于胶州议》记载:"至永乐间,又立即墨等三营以分控二十四卫所。"[6]另蓝田撰《城即墨营记》记载:"即墨未有营也,有之自宣德己酉始,在县治之北十里。海滨诸卫之兵分番于京师,乃选步、骑之精者千有二百人、将领之才者二人,常屯于营,防御倭夷之出没,而贼盗之窃发者,亦责成之,营未有城也,有之自张文博始。"[7]

文登营设立于宣德年间。至于设立的具体时间,有宣德二年(1427年)、宣德四

---

[1] 嘉靖《山东通志》卷十一《兵防》,第4页,明嘉靖十二年(1533)刻本。
[2] 道光《重修蓬莱县志》卷四《武备·营制》,第2页。
[3] 光绪《增修登州府志》卷十二《军垒》,第3页。
[4] 乾隆《莱州府志》卷五《兵防》,第2页。
[5] 同治《即墨县志》卷四《武备·营汛》,第2页。
[6] 周如砥:《驳迁即墨营于胶州议》。同治《即墨县志》卷十《艺文·文类中》,第69页。
[7] 蓝田:《城即墨营记》。同治《即墨县志》卷十《艺文·文类上》,第39页。

年（1429年）两种说法。据《大清一统志》卷一百三十七《登州府》记载："文登营：在文登县东十里。明宣德二年建，初在县西门内，十年迁此。有土城周三里，东、西、南三门，营当东面之险，今移县城中。"①据光绪《增修登州府志》记载："宣德四年，建文登营，原在文登县城内，十年，始于县东十里筑城。"②可知，文登营原在文登县城西门内，宣德十年（1435年）移于县城东10里。

在此需要说明的是，史料中有关即墨营设立于永乐二年（1404年）的记载令人费解，而设立于宣德年间的说法似乎更能说得通。备倭都司设立于永乐六年（1408年），登州营设立于永乐七年（1409年），而且备倭都司"总登莱沿海军马"。即墨远离莱州府、登州府治，此处偏僻，备倭都司设立之前，为何首先在此地设营？其设立目的究竟是什么，我们不得而知；此外，我们还要注意，如果说即墨营设立于宣德四年（1429年），那么亦即登州营设立二十年后，方有文登营和即墨营。

（2）山东海防三营的总兵力、兵额数及其来源

海防三营的兵额总数，据《明英宗实录》记载，正统八年（1443年），"登州、文登、即墨三营，官军三千九百二人，宜令各带家小随营住坐，月粮登州营就本府仓，文登、即墨营就文登、即墨县仓，全关米一石行粮俱住支计算，一年积出行粮二万八千余石……"③

登州营的兵额数，据道光《重修蓬莱县志》记载："设把总指挥二员，团练京操军、中军管队官、千百户三十一员，旗军一千五百二十四名，马五百二十一匹。"④

即墨营的兵额数，明人蓝田在《城即墨营记》中说道："海滨诸卫之兵分番于京师，乃选步骑之精者千有二百人，将领之材者二人，常屯于营，防御倭夷之出没，而贼盗之窃发者，亦责成之。"⑤而据乾隆《莱州府志》："万历二十一年，因倭寇屡警，改设守备一员，中军一员，哨官四员，兵丁九百一十九名。"⑥万历《莱州府志》记载，即墨营，"因倭警，万历二十一年改为守备府，设守备一员，中军一员，哨官四员，实在军士九百一十九名。"⑦

---

① 《大清一统志》卷一百三十七《登州府》，《景印文渊阁四库全书》第476册，第695页；光绪《文登县志》卷一下《关隘》记载同，第30页。
② 光绪《增修登州府志》卷十二《军垒》，第3页。
③ 《明英宗实录》卷一百零一，第3–4页，台北"中央研究院"历史语言研究所校印本，1962年，第2037–2038页。
④ 道光《重修蓬莱县志》卷四《武备·营制》，第2页，清道光19年（1839）刻本。
⑤ 蓝田：《城即墨营记》。同治《即墨县志》卷十《艺文·文类上》，第39页。
⑥ 乾隆《莱州府志》卷五《兵防》，第2页，乾隆五年（1740）刻本。
⑦ 万历《莱州府志》卷五《兵防》，第10页，民国二十八年（1939）铅印本。

文登营的兵额数，据嘉靖《宁海州志》记载："在文登县东北十里，宣德间置……马步旗军一千二百人，官取之诸卫所，军取之宁海、威海、成山、靖海四卫。"①

可见，各营的兵力并不多，每营一般在1000人–1500人之间，差不多相当于一个普通千户所的兵力。而按照卫所制度，一卫的兵力就达5600人。由此可以推断，营的地位以及三营指挥官的级别都不可能太高。

嘉靖《宁海州志》的一段记载大体解释了营与卫的关系，即文登营"官取之诸卫所"，军取之各卫。登州营、即墨营的情况也基本如此。

在起初，由于没有统一的调度，营与沿海卫所的关系显得十分混乱。如"登州营备倭官军八百六十名，俱青州等卫拨来，而登州官军却拨一百余名南去即墨营备倭。"②青州距登州距离很远，青州等卫官兵长途跋涉，调登州营备倭，而登州卫官军却又被调往即墨营。如此安排，的确很不合理。这大约是正统八年（1443年）的事。

关于官兵的调拨该如何处理，各方曾有着不同的意见。经过激烈争论，最后达成一致，即登州、文登、即墨三营海防军士，各携带家小"随营住坐"，所需粮食就近支取。此后，山东海防三营的兵员来源逐渐固定下来。

综合山东沿海各地方志资料可知，山东三大海防营的兵员应该全部来自于周边各卫和守御所。需要指出的是，卫和守御所的编制是完全一样的，只是大小不同而已，其兵源都分为4个部分，分别是京操军、城守军、屯军、捕倭军。海防营从卫和守御所调拨的，全部是捕倭军。分驻各地的备御所只有少量城守军余，因此海防营的兵员与备御所关系不大。

以文登营为例，其总兵力为1040人，具体情况如下：

宁海卫，捕倭军登州营62名，文登营292名，合计354名。

威海卫，捕倭军登州营126名，文登营159名，合计285名。

成山卫，捕倭军文登营234名。

靖海卫，捕倭军文登营213名。

宁津守御千户所，捕倭军文登营68名。

海阳守御千户所，捕倭军文登营74名，即墨营28名，合计102名。

嘉靖《宁海州志》所记载：文登营"军取之宁海、威海、成山、靖海四卫"③的说法，基本是准确的。只不过除了以上4卫之外，还包括宁津守御千户所、海阳守御千户

---

① 嘉靖《宁海州志》上《建置三·附》，天一阁藏明代方志选刊续编57，上海书店1990年出版，第766页。
② 《明英宗实录》卷一百一，第4页，台北"中央研究院"历史语言研究所校印本，1962年，第2037–2038页。
③ 嘉靖《宁海州志》上《建置三·附》，天一阁藏明代方志选刊续编57，上海书店1990年出版，第766页。

所的捕倭军。

登州营、即墨营的资料有限，情况尚且不明。据可查资料，登州营的兵力：

登州卫，登州营820名。

奇山守御千户所，捕倭军登州营75名。

宁海卫，捕倭军登州营62名，文登营292名。

威海卫，捕倭军登州营126名，文登营159名。其他不详。

即墨营的兵力：

海阳守御千户所，捕倭军文登营74名，即墨营28名

大嵩卫，捕倭军即墨营246名。其他不详。

关于即墨营兵员，周如砥在《驳迁即墨营于胶州议》中说道："此鳌、灵七卫所之军，所以驻于即墨营也。"① 根据以上材料推断，"七卫所"可能指的是鳌山卫、灵山卫、大嵩卫、安东卫、海阳守御千户所、雄崖所、胶州所。

需要注意的是，营与卫所兵源的关系不是单一的。例如，在以上卫所中，情况最为特殊的是宁海卫、威海卫、海阳守御千户所，宁海卫、威海卫的捕倭军分别隶属登州营、文登营，而海阳守御千户所的捕倭军则分别隶属于文登营、即墨营。

综合以上材料可知，营兵的来源于周边各卫所，各卫和守御所的捕倭军，依然隶属于各卫和守御所，而不是完全分属于各营；而卫和守御所的捕倭军，又肯定都与各营有着一定的关系。这种关系，在起初可能不是隶属、统属，或者调防，而极有可能是仿照京师三营和班军的模式，定期将卫和守御所的捕倭军抽调到各营，集中训练。道光《重修蓬莱县志》、光绪《增修登州府志》对登州营的职能均是这样解释的："团练京操军"②、"团练京操班军。"③这样，营的性质就是训练中心，而其主要职能基本就是平日里集中训练，遇战事则用之作战。这与明初设立的"内卫京师、外备征战"的三千营、神机营、五军营等京营极为相似。

（3）山东海防三营的职官设置与级别

山东海防三营的职官设置与卫所有很大不同。永乐、宣德时期，各营军官均为"把总"。到万历年间援朝御倭战争时期，山东海防三营的长官改为守备，在级别上有所提高。

"把总"一职，原在明代京营、边军系统中设置，秩比正七品，低于军中统率千名

---

① 周如砥：《驳迁即墨营于胶州议》。同治《即墨县志》卷十《艺文·文类中》，第70页。
② 道光《重修蓬莱县志》卷四《武备·营制》，第2页。
③ 光绪《增修登州府志》卷十二《军垒》，第3页。

战兵之千总（守备），麾下约有战兵四百四十人。明初多以功臣、外戚充任。

登州营，据道光《重修蓬莱县志》记载："设把总、指挥二员，团练京操军，中军管队官千百户三十一员，旗军一千五百二十四名，马五百二十一匹……正统间调去京操马一百三十匹，余存营，立为马步三十队。"① 光绪《增修登州府志》卷十二《军垒》记载："设把总、指挥各一员，中军管队官千百户三十一员，团练京操班军。"②

文登营，据光绪《文登县志》卷一《关隘》记载："宣德间设把总一员，中军等官二十三员，旗军一千一百四十名，原额马四百一十四匹，正统间调去京操马一百五匹，余存营，立为马、步二十二队。"③ 光绪《文登县志》卷五《职官表》记载："文登营职官：把总，宣德四年（1429）设，万历十九年（1591）裁，改设守备。考明把总无品级、无定员，文登营把总多以指挥兼领，盖为备倭设也。"④ 光绪《增修登州府志》卷十二《军垒》记载："设把总、指挥各一员，中军管队官千百户二十三员。"⑤

即墨营：据乾隆《莱州府志》记载："设把总二员；万历二十一年（1593），因倭寇屡警，改设守备一员、中军一员、哨官四员。"⑥ 据同治《即墨县志》记载："设把总二员。"⑦

除了职官设置的不同之外，卫所官员是可以世袭的，而海防三营的把总、守备等官职不可以世袭，是一种流官。可见，山东海防三营是一种截然不同于卫所制度的军事单位。

从海防三营军官的调任与升迁，可以了解军官的级别。以文登营为例，光绪《文登县志》卷五《职官表一》、光绪《增修登州府志》中所记载的历任把总、守备共29人，其中20人明确记载其原任职衔、任职地点和机构。

明宣德四年（1429）设文登营把总，主要将领有：

王雄，景泰间任，曾任捕倭明威将军，指挥佥事。

袁琮、王柱、王梦、李鉴等人只有名字，其他情况不详。

王恺，弘治二年（1489）威海卫指挥佥事，任掌印，历文登营把总。

石守忠，嘉靖二十八年（1549）任成山卫指挥佥事。历文登营把总、备倭都司。

---

① 道光《重修蓬莱县志》卷四《武备·营制》，第2页。
② 光绪《增修登州府志》卷十二《军垒》，第3页。
③ 光绪《文登县志》卷一下《关隘》，第8页。
④ 光绪《文登县志》卷五《职官表一》，第23页。
⑤ 光绪《增修登州府志》卷十二《军垒》，第3页。
⑥ 乾隆《莱州府志》卷五《兵防》，第2页。
⑦ 同治《即墨县志》卷四《武备·营汛》，第2页。

第二章　明代山东海防与海防文化

李瀛，千户谦子。正德十二年（1517）袭千户，调福山所，后陞宁海卫指挥，历文登营把总、山东都司领秋班，授护国大将军。正德十二年（1517），嘉靖十九年（1540）任福山中前所副千户。

刘绍远，登州卫人；商之霖，靖海卫人，其他不详。

李桢，万历间任宁海卫掌印，历文登营把总。

刘平，正德间任威海卫掌印，六年（1511），流贼近城，以炮击之，遁去，历文登营把总。

侯永沐，万历间任宁海卫指挥使，历文登营把总。

袁贡，武举，嘉靖间任成山卫指挥佥事，历登文二营把总。

万历十九年（1591），文登营改设守备，将领有：

罗袍，莱州卫指挥，十九年（1591）任。

王建极，安东卫同知，二十年（1592）任。

张楷，济宁卫署佥事，武进士，二十一年（1593）任。

杨如松，安东卫佥事，二十三年（1595）任。

裴虞度，二十四年（1596）任；镗子，隆庆间袭登州卫指挥同知，历文登营守备。

王家将，安东卫指挥，二十五年（1597）任。

李茂实，青州卫同知，三十二年（1604）任。

戈定远，临清卫指挥，三十六年（1608）任。

费惠，济南卫佥事，武举，三十九年（1611）任。

胡来贡，东昌卫佥事，四十年（1612）任。

彭云翮，莘县武进士，四十四年（1616）任。

周鸿谟，四十八年（1620）任，详防抚中军。

天启年间，房可宗任文登营守备，益都人，四年（1624）任。

在以上把总、守备中，来自山东沿海卫所者有15人，占四分之三，其中威海卫2人、宁海卫3人，成山卫2人、安东卫3人、靖海卫、登州卫、莱州卫、青州左卫各1人。

由此可见，文登营把总、守备多由山东沿海卫所官员调任，少数由山东内陆卫所官员调任。登州营、即墨营的情况想必也大致如此。

（4）营的性质及其营卫关系

有人认为海防三大营对沿海卫所有分控之权，或者认为营官可以节制、控御相关卫所。当然，这种认识不是无缘无故产生的，而是来源于史书、史料中的相关记载。如郑若曾在《筹海图编》中曾记载："登州营……登、莱二卫，并青州左卫俱隶焉"，

"文登营……宁海、威海、成山、靖海四卫俱隶焉。"①周如砥在《驳迁即墨营于胶州议》中说："永乐间又建即墨等三营，以分控二十四所……"②光绪《文登县志》记曰："（文登营）设把总为营官，多以指挥为之，盖以节制三卫，联络声援。"③

以上史料中，在谈到营与卫所的关系时常用"隶"、"分控"、"节制"等字眼，如果按照现代汉语的理解，自然会理解为卫所隶属于"营"，或者把"营"看作备倭都司和卫所之间的一级军事机构。在这里，有一个很大的疑问。营官的级别较低，与卫的长官几乎平级，"营"所辖兵力只有一千多人，而且其兵力依然隶属于各卫和守御所，并没有完全独立出来。他如何去节制多个卫所呢？从这些情况来看，原先那种认为"营"是备倭都指挥使司和卫的中间军事指挥机构的说法，是缺乏说服力的。

换一个角度来看，如果"营"是介于都司和卫所之间的军事单位，那它的兵额数则包括所辖各个卫所的兵额数。如果是这样的话，它所辖军队数量则极为庞大，绝不是区区一千多人。以"八路军115师"的编制为例，师下辖343旅、344旅及师直独立团、骑兵营、炮兵营、工兵营、辎重营、教导营，全师共15000人。

从职官级别、兵员来源等可以看出，营与卫所之间绝对不可能是上下级的隶属关系。山东海防三营与沿海卫所的关系类似于京营和卫所。在起初，海防三营很可能是效仿了京营和"京操班军"的做法，平日进行训练，提高战斗力，有战事则用之作战。两者的差别不能单纯理解为战时体系和平时体系的差别。在明代军事体系中，卫所与营从明朝初年就是并存的。营制偏重于作战，卫所则偏重军政的说法，也不准确。卫所分驻各地，分区防御，承担的本来就是作战和防御任务。

总之，营和卫所是两种截然不同的军事单位，又是并存的。不能把两者完全对立起来，也不能把两者生硬绑在一起。

"营"的职官设置、兵员来源等与传统的卫所制度有很大差别。营与卫所的职能各有侧重，卫所基本上是各有辖区，分区防御，而海防三营基本上是分区"控御"，遇有战事，与控御范围内的卫所相配合、相呼应。而三营之间又互为犄角，彼此策应、支援。这种策应、支援主要是战略上的。倭寇一旦侵扰某处，在当时的交通、通讯条件下，就近的"营"要想迅速支援，是难以做到的。因为，往往等不到支援部队赶到，倭寇可能已经劫掠完毕，迅速撤退。

---

① 《筹海图编》卷七《山东事宜》，第455—456页。
② 周如砥：《驳迁即墨营于胶州议》。同治《即墨县志》卷十《艺文·文类中》，第69页。
③ 光绪《文登县志》卷一下《关隘》，第8页。

卫所制度和营的设立，其实是各有利弊的。这反映了在军事思想上"分守各地"还是"集中兵力"的矛盾。永乐十三年（1415）开始，明政府开始实行京操制度，山东沿海各卫和守御所的京操军分春秋两班入京操练；三营陆续设立后，卫所的捕倭军又调至沿海三营集中操练，这样一来，沿海卫所兵力骤减，抵抗倭寇的能力反而下降了。在当时，找不到一个更好的办法来解决"分守"与"集中"这一矛盾，所以出现了营和卫所并立的局面。

此前，有很多人曾认为明代山东建立起为"营—卫所—寨—司—墩堡"的海防体系，其实是一种误解。在这种说法中，很多根本就不属于一个系统的元素被混杂在一起，无法形成一个严谨的体系。

就海防体系而言，不同的角度可以有不同的解释。从兵制来看，主要是卫所制度，卫所由都司统辖。卫下有千户、百户所，百户所下有总旗、小旗。营是一种独立的军事单位，与都司、卫所并存。营与卫所之间也没有上下级的隶属关系。

从海防筑垒看，府县各有城池，卫所也有城池或者军寨，分驻各地的备御所亦修有大小不等的军寨，而卫所分别管辖有数个或者十几个烟墩。"寨"不是一级军事单位，只是军队驻扎的营寨而已。巡检司严格来说属于地方行政系统，不属于军事系统。因此，所谓的"都司、营、卫所、寨、司、墩堡"的防御体系的说法是不严谨的。这只是人们的一种感性的认识而已。

3. 山东沿海的水师

在大规模的水师建成之前，明政府主要依靠派遣重臣巡视海上的方式加强海防，每隔几年即派一大臣巡视出海巡视一次。

明朝初年，在东南沿海地区，水军已具有一定实力。明初水军，按55艘至100艘船组为1艜，是水军的基本组成单位，各分属沿海各水寨，每寨最少1艜。计有福建5水寨、浙江宁海6总寨、山东莱州8总寨，共辖48个水寨。沿海每百户所和巡检司还各配战船2艘。据不完全的统计，明初在东南沿海的船数为：广东300艘，福建137艘，浙江448艘。

明朝初年的海防方针是"防御之法，守海岛为上"。为了巩固近海岛屿及海岸，必须派战船出外海巡哨和拦击，每春出海，迄秋招还，海上遇敌，"大船薄战，快船逐之"①，因而明初强调制造"多橹快船"。

明朝初年，明政府偏重于"陆岸防御"，在北起辽东、南至海南岛的中国沿海，构

---

① 《明史纪事本末》卷五十五《沿海倭乱》。

筑以卫城、所城为骨干，堡、塞、墩、烽堠和障碍物相结合的军事工程措施。后来，由于采取禁海政策，不许民间帆船下海，再加上水师的建设要受造船技术、航海经验等条件的制约，明政府对水师建设有所忽视。

对于明朝注重海岸防御、忽视水师的做法，郑若曾在《山东预备论》一文中曾提出异议，并提出了建议，他说："山东诸郡，民性强悍，乐于战斗。倭之短兵，不足以当其长枪劲弩；倭之步战，不足以当其方轨列骑。万一至此，是自丧其元也。所虞者，登莱突出海中，三面受敌，难于提备，国朝专设备倭都指挥一员，巡海副使一员，分驻二郡，卫所森严，墩堡周备，承平日久，不无废驰，申明振厉，庶几其无患乎？虽然倭船至岸而后御之，亦末矣，孰若立水寨、置巡船，制寇于海洋山沙，策之上也。"① 郑若曾的建议很有见地，但真正实行起来并不容易。建设水师不仅需要强大的经济基础，而且还需要造船技术、航海经验、海战经验等一系列条件，再加上明政府始终采取放弃海洋、强化陆岸防御的海防策略，致使其在水师的建设上一直处于踯躅不前的艰难境地。

据《明会要》载，洪武初年，"沿海卫所，每千户所设备倭船十只，每百户船一只，每卫五所共五十只。每船，旗军一百户"②。这可能是对东南沿海卫所的要求，也可能是统治者的一种设想。在地方志中，关于山东沿海卫所水军与备倭船的记载很少，具体情况不详。

在山东，海防的重点是登州和莱州。据史料记载，在莱州和登州是有水军的。《即墨县志》曾记载，明朝初年在山东莱州府制定了水军"海哨"之制，作为防倭之法："卫所既设官兵，又制有数百料大船、八橹哨船、若风尖快船、高把哨船、十桨飞船凡五等，以三四五月出哨，谓之大汛，七八九月出哨，谓之小汛。盖倭船之来视风所向，清明后风自南来，重阳后风起自北，皆不利于行故也。"③

嘉靖二十五年至三十五年（1546-1556），登州水师总共拥有战舰50艘，不计后勤补给人员，约有官兵3000人左右，分为水左营、水右营、水前营、水后营、水中营5营10哨，其中以福船2艘、海苍1艘、艟2艘编为1哨，设哨官1人，2哨为1营，设领兵官1人。平时，水左、水右、水前、水后4营舰船，各以1哨出海巡察，另1哨则在港内休整训练，即平常日共有4哨20艘战舰在登州海面游弋巡防；水中营则把守天桥口和振扬门，负责水城警戒防务。水师府设于水城内。

---

① ［明］郑若曾：《山东预备论》，第15页。《万里海防图论》，"丛书集成续编"，第243册，新文丰出版公司印行，第752页。
② 龙文彬：《明会要》，北京中华书局，1956年，第1195页。
③ 乾隆《即墨县志》卷四《武备志》，第5-6页，乾隆二十九年（1764）刻本。

后来，登州水师的设置发生了一些变化。据光绪《增修登州府志》记载："（天启）二年，设登莱总兵。时陆师为陆左、陆右、陆中、陆前、陆后、陆游、火攻7营，水师为水左、水右、水中、水游、平海5营。水营或领以参将，或领以游击，悉听防抚提调。后又设辽东总兵。挂征虏前将军印号东江大帅。（崇祯）十一年，移总兵镇临清，登州设城守营，并十二营为六营，水陆各左、中、右三营。每营设将军一员，中军一员，千总一员，把总二员，共官兵9197员。"①

登州水师的战舰主要有福船、海苍、艟3类。福船是登州水师的主力战舰，吃水1丈2尺，高大如楼，内部分为4层，可容百人，"诚海战之利也"②。海苍船小巧灵活、迅捷，一般吃水7～8尺，容30～50人，"头锐，四桨一橹，其行如飞，不拘风潮顺逆皆可航行"③。较海苍更小者为艟，即苍山船。苍山船形体较小，只容37人，其中捕盗、舵工、椗手、缭手各1名，甲长3名，水兵30名。"苍山船首尾皆阔，帆橹并用。橹设船傍近后，每傍五枝，每枝五挑，挑二人，以板闸跳出，露首于外……戚继光云：倭舟甚小，一入里海，大福海苍不能入，必用苍船逐之，冲敌便捷"④。

无论从战舰数量、战舰规模，还是从战舰的作战性能来看，登州水师还是具有一定实力的。黄克缵（1550-1634年）是福建晋江梅林人，万历八年（1580）进士。曾任山东左布政使。万历二十九年（1601），升任右副都御史，巡抚山东。他在《东牟（指登州）观兵夜宴蓬莱阁》碑刻诗中这样赞美登州水师："天光海色春相映，叠鼓鸣笳夜急催。鳌首三山含雾动，潮头万马拍空来。"然而，由于通信及其他条件的限制，水军在当时没有发展成为独立的军种，而是一直按防御区域的划分，受陆岸防守官指挥的。

万历年间，又重新加强了莱州水师，直接原因是因为抗倭援朝战争加强海防的需要，另一方面则是因为莱州海防地位的重要。据万历《莱州府志》记载：莱州"齐东山川辽阔，淄青胶密之间自汉来时有反侧，故国初多设营卫，近岛寇，震邻仓，卒莫知为计，夫是以益讲于兵，而莱人旧不能操舟，贼来何计遏之海上？故又设战船，势不得不以南人领之矣。"⑤

莱州水师不是独立的，而是属于莱州营的一部分。据乾隆《莱州府志》记载："在府城内。明万历二十五年，以倭警创设参将一员，统领全营。……设把总六员，分掌六

---

① 光绪《增修登州府志》卷十二《军垒》，第5页，清光绪七年（1881）刻本。
② 谢国桢：《明代社会经济史料选编》（上），福州：福建人民出版社，1980年，第235页。
③ 《明史》卷九十二《兵四》。
④ 同前注。
⑤ 万历《莱州府志》卷五《兵防》，第9页，民国二十八年（1939）铅印本。

营，各有署一所，每营哨官五员，共三十员。各营房一所，马步兵三千名。二十六年，以都司管参将事。二十九年，以游击管参将事。（万历）三十年二月，知府龙文明以倭寇警，议请添水寨一营，在三山下。设把总一员，哨官二员，沙船十三只，唬船六只，水兵四百一十八名。九月裁减营员，止存把总五员，哨官十二员，兵三千四百余名。"① 另据乾隆《掖县志》记载："郡守龙文明又请准三山岛设水师营弁丁，继设登莱防院、海防道厅各官。今水营防院虽省，而道厅仍司之。"②

可见，在山东，除了在莱州、登州水城驻有一定规模的水师，各卫所分别设有一定数量的备倭船外，其他海疆各处所置战船甚少。与东南沿海地区的水师相比，山东水师的规模要小得多。

总之，由于明王朝长期实行"海禁"政策，其在军事上基本上采取了放弃海岛，将岛屿军民撤于陆地的消极防御战略，水师的规模受到很大限制，这在全国都是一个比较普遍的问题。另一方面，由于明王朝对登州、莱州海防十分重视，实行了较为严密的海防措施，登州、莱州沿海卫所的防御体系建设以及登莱水师的建设相对完备，对于防止倭寇侵扰、防卫海疆起到了十分重要的作用。因此，明洪熙以后，山东海疆并没有发生严重的紧急状况。

二、山东沿海的巡检司

巡检司是元明清时期县级衙门所属的基层组织，常简称为巡司。巡检司的主要职能是稽查往来行人，打击走私，缉捕盗贼，维护地方治安。明代海防体系中，沿海巡检司起着不可忽视的作用，但巡检司属于行政而非纯军事系统，相当于今天的公安派出所。巡检司归属各县，由典史管辖。

明代，在登、莱、青三府辖境中的沿海巡检司多达20多处，它们与沿海卫所一样，成为明代山东抗击倭寇的主要基层组织机构。

1. 登州府境内的巡检司

据顺治《登州府志》记载，明代登州府境内共设有巡检司10处③，分别为：

杨家店巡检司，属蓬莱县，在蓬莱县城东南60里，洪武九年（1376）设，设巡检1员，守城弓兵21名，守墩弓兵9名，下辖烟墩3座：黄石庙、城后、石圈；康熙

---

① 乾隆《莱州府志》卷五《兵防》，第1页，乾隆五年（1740）刻本。
② 乾隆《掖县志》卷二《海防》，第84页，乾隆二十三年（1758）刻本。
③ 顺治《登州府志》卷五《武备》，第15—16页，清康熙三十三年（1694）刻本。

十六年（1677）裁。

高山巡检司，属蓬莱县，在蓬莱县城东80里朱高山，元设之，明因之，设巡检1员，守城弓兵24名，守墩弓兵6名，下辖烟墩2座：大山、高山。康熙十六年（1677）裁。

马亭镇巡检司，属黄县，在黄县县城西40里，金设之，明因之，洪武三十一年（1398）移至白沙，设巡检1员，守城弓兵15名，守墩弓兵15名。康熙十六年（1677）裁。

东良海口巡检司，属招远县，在招远县城西北50里寨内，明初设，设巡检1员，守城弓兵24名，守墩弓兵6名。乾隆三十年（1765）裁。

孙夼镇巡检司，属福山县，在福山县城西北35里，洪武九年（1376）设，洪武三十一年（1398）移至西北20里浮栏海口，设巡检1员，守城弓兵20名，守墩弓兵9名，下辖烟墩3座：旗掌、塔山、岗嵛。顺治十二年（1655）裁。

行村寨巡检司，属莱阳县，在莱阳县城南90里，景泰二年（1451）设，设巡检1员，守城弓兵22名，守墩弓兵9名，下辖烟墩3座：高山、田村、灵山。雍正十三年（1735）裁。

乳山寨巡检司，属宁海州，在宁海州城西南140里，宋设之，明因之，设巡检1员，守城弓兵21名，守墩弓兵3名，守堡弓兵4名，下辖烟墩1座：里口。雍正十三年（1735）裁。

辛汪寨巡检司，属文登县，在文登县城北90里，洪武九年（1376）设，宣德九年（1434）移至长峰寨，设巡检1员，守城弓兵27名，守墩弓兵3名，下辖烟墩1座：辛汪。康熙十八年（1679）裁。

温泉镇巡检司，属文登县，在文登县城东北90里，金设之，明因之，宣德九年（1434）移至古峰寨，雍正十三年（1735）裁。设巡检1员，守城弓兵24名，守墩弓兵6名，下辖烟墩2座：可山、半月山。

赤山寨巡检司，属文登县，在文登县城东南120里，洪武九年（1376）设（缺），设巡检1员，守城弓兵27名，守墩弓兵3名。嘉靖三十五年（1556）裁。

登州府境内所巡检司，全部设于沿海险要之地。其中，赤山寨巡检司在明朝即被裁废，其他大多数巡检司延续到清朝前期。

2. 莱州府境内的巡检司

据《莱州府志》记载，莱州府境内共设有巡检司8处，分别为：

海沧巡检司，属掖县，在掖县县城西北90里，洪武二十三年（1390）设，乾隆七年（1742）裁。

柴胡寨巡检司，属掖县，在掖县县城北20里，洪武二十三年（1390）设，雍正十二年（1734）裁。

亭口镇巡检司，属平度州，在平度州城西南77里，明初设，顺治十六年（1659）裁。

固堤店巡检司，属潍县，在潍县县城东北40里，洪武十三年（1380）设，民国二年（1913）裁。

鱼儿镇巡检司，属昌邑县，在昌邑县城北50里，初设年代不详，明朝末年裁。

古镇巡检司，属胶州，在胶州西南120里，洪武八年（1375）设，乾隆三十六年（1771）裁。

逢猛镇巡检司，属胶州，在胶州北10里，洪武八年（1375）设之，雍正十二年（1734）裁。

栲栳岛巡检司，属即墨县，在即墨县城东北90里，洪武四年（1371）设，雍正十二年（1734）裁。

莱州府境内所设巡检司，除亭口镇巡检司、固堤店巡检司距海岸有一定距离外，其他各处均设于沿海要冲。其中，鱼儿镇巡检司在明朝末年早被裁撤，其他大多数巡检司延续到清朝前期，固堤店巡检司存在时间最长，于民国二年（1913）被裁撤。

3. 青州府境内的巡检司

据《青州府志》记载，明代青州府境内共设有巡检司13处，分别为：

颜神镇巡检司，属益都县，在益都县城西180里，嘉靖三十七年（1558）设，顺治二年（1645）裁。

淄河店巡检司，属临淄县，在临淄县城南15里，初设时间不详，嘉靖年间废。

田镇巡检司，属高苑县，在高苑县城西北，初设时间不详，嘉靖年间废。

高家港巡检司，属乐安县，在乐安县城东北100里，明朝初年设，雍正十二年（1734）裁。

乐安镇巡检司，属乐安县，在乐安县城西南60里，明朝初年设，雍正十二年（1734）裁。

广陵镇巡检司，属寿光县，在寿光县城东北50里，初设时间不详，顺治十六年（1659）裁。

穆陵关巡检司，属临朐县，在临朐县城东南110里大岘山上，后移至蒋峪，洪武三年（1370）设之，民国元年（1912）裁。

信阳镇巡检司，属诸城县，在诸城县城南120里，洪武三年（1370）设，光绪十七年（1891）裁。

南龙湾海口巡检司，属诸城县，在诸城县城南 130 里，后移至程家集洪武九年（1376）设，乾隆七年（1742）裁。

紫荆关巡检司，属蒙阴县，在蒙阴县城东南 50 里，成化二年（1466）设，万历末年裁。

十字路巡检司，属莒州，在莒州城南 100 里，初设时间不详，康熙十六年（1677）裁。

葛沟店巡检司，属莒州，在莒州城西南 90 里，后移至石埠集，景泰七年（1456）设，康熙十六年（1677）裁。

夹仓镇巡检司，属日照县，在日照县城东南 25 里，洪武二年（1369）设于三皇岭，后改在夹仓镇，乾隆七年（1742）裁。

青州府靠近内陆，境内所设巡检司中，高家港巡检司、广陵镇巡检司、信阳镇巡检司、南龙湾海口巡检司、夹仓镇巡检司各处均设于沿海要冲。淄河店巡检司、田镇巡检司、紫荆关巡检司 3 处在明朝即被裁废，其他大多数巡检司延续到清朝前期，信阳镇巡检司、穆陵关巡检司存在时间最长，分别于光绪十七年（1891）、民国元年（1912）被裁撤。

第三节　明代山东海防指挥机构

一、军事指挥

明政府在军事领导体制上的基本特征是管兵、调兵与用兵分离，使之互相牵制。兵部无力独立治军，军队的粮饷供给由户部负责，兵工武器归工部，太仆寺管马政，吏部管武学培养人才；凡重大事项都要由兵部会同有关部门协商，然后奏请皇帝核定。如此一来，权力高度集中在皇帝手中。此外，明政府特别重视"用印"、"掌印"制度。礼部制定了各种各样的印，各级都要见印行事。都督府、都司、卫、所的领导分工，也都以"掌印"者为主要负责人。遇到战事，皇帝选定将帅，赋与帅（将）印，将帅凭此才能指挥军队，俗称"挂印将军"。

1. 五军都督府与兵部

在明代，兵部和五军都督府共掌军事，构成中央最高军事统御机构。

洪武十三年（1380），朱元璋为防止军权过于集中，改大都督府为中、左、右、前、后五军都督府，都在京师。五军都督府分领在京各卫所，及在外各都司、卫所，对全国军队实行分片管理。都督府的主要职责是领导、管理全国各都指挥使司（简称都司）、卫所官兵，负责这些军队的训练，纪律，补给、屯田等事务。各都督府互不相属，都直接与兵部联系，在兵部与都司之间，有承上启下的作用。

五军都督府每府各有左右都督各1人、都督同知各1人、都督佥事若干。都督府都督等官，后渐变为空衔。统兵之官，加总兵、副总兵、参将、游击将军、守备等衔，始有带兵之实权。

兵部设尚书1人为长官，左、右侍郎各1人为副。主要职责是制订军事计划，管理武职人员，组织军队校阅和传达皇帝命令、调动军队等。兵部下设武选、职方、车驾、武库4个清吏司，每司郎中1人，员外郎1人，主事2人。

都督府管军籍、军政，有统兵权，而调兵权则归于兵部。遇有战争时，并不由都督领兵作战，而是由皇帝临时任命总兵官，指挥各卫所调集的军队进行作战，战争结束后，总兵官交还将印，军队各回原卫所。这种将管兵、调兵与用兵分离的军事体制，大大加强了皇帝对军权的控制。

卫所制度是明代军事制度的主要内容之一。明政府在京师（北直隶）和南京（南直隶）两京各卫，称为京卫，各设指挥使司，有指挥使（正三品）、指挥同知（从三品）、指挥佥事（正四品）等官。在外全国13省各设都指挥使司，简称"都司"，是地方平时的最高军事领导机构。此外，明政府在边防要地则单设都司，实行军民合一的统治，如辽东都司、大宁都司、万全都司，有都指挥使（正二品）、都指挥同知（从二品）、都指挥佥事（正三品）等官。另在边境、海疆的陕西、山西、湖广、福建、四川5省的省城之外，增设行都指挥使司，以辅都司之不及。另有留守司，分别为中都留守司、兴都留守司，主要防卫皇陵及显陵。总计，全国共设16都司、5行都司、2留守司。

都司卫所，有实土、非实土之分。大多数都司卫所本是军事建置，与行政区划无关，但是边境卫所也兼理民事，实际变成地方行政区划。在不设府、州、县的地区，卫所亦兼理民政，为实土卫所。

全国各地都司分别隶于中央的五军都督府，并听命于兵部，其中浙江都司、辽东都司、山东都司隶左军都督府，陕西都司、陕西行都司、四川都司、四川行都司、广西都司、云南都司、贵州都司隶右军都督府，河南都司隶中军都督府，湖广都司、湖广行都司、福建都司、福建行都司、江西都司、广东都司隶前军都督府，大宁都司、万全都司、山西都司、山西行都司隶后军都督府。后来，明政府在东北、西北、西南少数民族地区又建立了羁縻性都司卫所，如奴儿干都司、乌斯藏都司、朵甘都司，设都指挥、指挥、千户、百户等官，由当地部落首领担任，可以世袭，但须接受朝廷的统一节制。

总之，中央军事统御机构兵部和五军都督府的并立，导致军事领导体制及其运行机制存在着"平时体制"、"战时体制"的差别。在"平时体制"中，五军都督府起主导作用；卫所军册籍掌于五府，兵部无得预闻。在地方，平时的军事领导为都指挥使（都司），其职能是"掌一方之军政。各率其卫所隶于五府，而听命于兵部。"

都指挥使是地方平时的最高军事长官，负责管理所辖区域内卫所以及所有与军事有关的事务和本地区防御作战的指挥。中央的都督府和地方的都司及所辖卫所形成平时的军事领导体制。卫所制下，权力分散，兵将分离。在"战时体制"中，兵部起着主导作用。如出征、军队调动，必由兵部题请，五府不得干预。出征时朝廷颁印信，临时择将，调卫所军出征。

2. 山东都指挥使司

明政府在各省设都指挥使司掌一省或一方军政，负责管理所辖区内卫所，处理与军事有关的各项事务和本地区防御作战的指挥，是地方平时最高军事领导机构。遇有重大事情，都指挥使司、布政使司、按察使司三司合商，序衔都指挥使司在布政使司、按察使司二司之上。

都指挥使司设都指挥使1人，正二品，其职能是"掌一方之军政。各率其卫所隶于五府，而听命于兵部。"。都指挥使下设都指挥同知2人，从二品。都指挥佥事4人，正三品。都指挥使及同知、佥事，以其中一人统领司事，称为掌印；一人负责练兵，一人负责屯田，称为佥书，有的则分管巡捕、军器、漕运、京操、备御等事务。不担负具体职务的则称为带俸。鉴于都司的地位重要，明政府规定不许世袭，而是由朝廷选择任命。自卫指挥以下，官兵多世袭。

洪武元年（1368）四月，置山东等处行中书省，治济南府。洪武三年（1370）十二月置青州都卫，治青州府。洪武八年（1375）十月，改都卫为山东都指挥使司。洪武九年（1376）六月改山东行中书省为承宣布政使司。山东都指挥使司随后也移至济南。山东都指挥使司属于中央五军都督府之左军都督府。

洪武元年（1368）立军卫法，自京师至地方皆设卫所，分屯设兵，控扼要害之地。卫下辖千户所，千户所下辖百户所。各卫、所皆统属于都司。洪武七年（1374）更定制度，以5600人为卫，1200人为千户所，120人为百户所。所设总旗2，小旗10。

每卫一般下辖前、后、中、左、右5千户所，如不止5所，则以前前、后后、左左、右右、中前、中后、中中、中左、中右等名。千户所又分为10个百户所，每百户所112人。另有守御千户所，多直属都司。此外，还有屯田、群牧等千户所。

卫设指挥使1人，正三品；指挥同知2人，从三品；指挥佥事4人，正四品；镇抚司镇抚2人，从五品。千户所设正千户1人，正五品；副千户2人，从五品；镇抚2人，从六品。百户为正六品，无定员。

各卫所平时屯守，战时奉命攻守。每逢战事，朝廷临时命将，即所谓"征伐统于诸将"，并非由都司指挥作战。战事完毕，卫所士兵则又散归原地。

据《明史》记载，"初，洪武二十六年定天下都司卫所，共计都司十有七，留守司一，内外卫三百二十九，守御千户所六十五。及成祖在位二十余年，多所增改。其后措置不一……"①据《大明会典》记载，万历初有内外卫493，守御、屯田、群牧千户所359，仪卫司25，以及土官隶于都司卫所者宣慰司2、招讨司、宣抚司6、安抚司17、长官司64。

明初，山东都司下辖"青州左护卫（后为天津右卫）、青州护卫（革）、兖州护卫（革）、兖州左护卫（后为临清卫）、登州卫、青州左卫、莱州卫、宁海卫、济南卫、平山卫、德州卫（后改属后府）、乐安千户所（后改名武定，属后府）、胶州千户所、诸城千户所、滕县千户所。"②后来，山东的卫所有所调整，主要以增设为主："山东都司旧有青州左护卫，后改天津右卫。旧有贵州护卫，革。登州卫青州左卫、莱州卫、宁海卫、济南卫、平山卫、安东卫；以下添设：灵山卫、鳌山卫、大嵩卫、威海卫、成山卫、靖海卫、东昌卫、临清卫（旧兖州左护卫，后改）、任城卫、济宁卫（旧武昌左护卫，后改）、兖州护卫、胶州千户所、诸城千户所、滕县千户所、肥城千户所；以下添设：海阳千户所、东平千户所、宁津千户所雄崖千户所、浮山前千户所、福山中前千户所、奇山千户所、濮州千户所、金山左千户所、寻山后千户所、百尺崖后千户所、王徐寨前千户所、夏河寨前千户所、鲁府仪卫司、德府仪卫司、泾府仪卫司、衡府仪卫司德府群牧所、泾府群牧所、衡山群牧所。"③由以上记载来看，《明史》对明初山东卫所的统计，仅限于卫和守御所，而此后的统计，把守御所和备御所一并统计在内。

3. 备倭都指挥使司

"都司"，原指地方一省的最高军事指挥机构，即"都指挥使司"的简称。据《明史》记载："都司，掌一方之军政，各率其卫所以隶于五府，而听于兵部。"④这里的"都司"指的是军事机构，其长官为"都指挥使、同知、佥事"等。后来，"都司"演化为官职名称。

明代，在沿海省份的"都司"与各地镇戍官中均有专门负责"备倭"的官员，即

---

① ［清］张廷玉等撰：《明史》，志第六十六，兵二卫所、班军。
② 《明史》，志第六十六，《兵二卫所、班军》。
③ 同前注。
④ 《明史》卷七十六《志第五十二·职官五》。

"备倭都司"①。"备倭都司"一词多指的是官职名称,而不是军事机构,与其意思相同的还有"备倭都指挥"、"备倭都指挥使"等。如,嘉靖《山东通志》卷十一《兵防》记载:山东都指挥使司,"其设员则都指挥使、都指挥同知、都指挥佥事各一人,员缺则署都指挥摄焉。又领京操军二人,攒运粮储一人,登州备倭一人,德州守备一人。"②其中,山东都指挥使司以下,分别是巡察海道、临清兵备道、曹濮兵备道、武定兵备道、青州兵备道、沂州兵备道,其后为督漕都司、备倭都司和德州守备,再往后才是各地卫所。"督漕都司,临清州驻扎,攒运江北粮储。永乐十二年设。备倭都司,登州营驻扎,总登莱沿海军马。洪武间设。德州守备,德州驻扎,成化间设。"③"登州营……设备倭都指挥一人,总登莱沿海军马。"④在《筹海图编》"山东兵防官考"中则称之为"总督登莱沿海兵马备倭都指挥"。雍正《山东通志》"卷二十·海疆"在记载"兵备海防道"时称:"明洪武初设。沿海诸卫,领以备倭都指挥使,兼置巡察海道……指挥使驻登州府,海道一驻青州,一驻武定州,皆管民兵、巡司、马快,谓之兵备海防道。"⑤

《大明会典》、《明史》中,亦明确以为"备倭都司"指的是官职。据《大明会典》记载:"总督备倭都司一员,旧设,驻登州府。"⑥《明史》"志第五十二·职官五"曰:"总督备倭都司一人,领蓟镇班都司四人……"⑦《志第六十七·兵三·海防》曰:"于山东则登、莱、青三府设巡察海道之副使,管理民兵之参将,总督沿海兵马备倭之都指挥……"⑧另据顺治《登州府志》记载:"备倭都司,在水城内。永乐六年,始命都指挥王荣总领之。其后宣城伯卫青、永康侯徐安镇之。嗣是,职任不一,或署都指挥,或以都指挥体统行事。永乐七年,给符验。九年,加总督。万历二十年后,或以游击,或以参将,或以总兵统领焉。"⑨道光《重修蓬莱县志》记载:"巡察兵备道。

---

① 肖立军在《明初山东总督备倭官浅探》一文中使用了"总督备倭官"一词,就是为了将"山东都司"和"备倭都司"严格区分开来,避免将两者混淆。有人认为"备倭都司"是军事机构,甚至认为其属于"行都司",此观点有待商榷。
② 嘉靖《山东通志》卷十一《兵防》,第1页,"天一阁藏明代地方志选刊续编"影印本,第51册,上海书店,1990年,第705-706页。
③ 嘉靖《山东通志》卷十一《兵防》,第3-4页。
④ 嘉靖《山东通志》卷十一《兵防》,第11页。
⑤ 雍正《山东通志》卷二十《海疆》,第2页,《景印文渊阁四库全书》(第540册),台湾商务印书馆发行,第368页。
⑥ 《大明会典》卷一百二十七《镇戍二·将领下》。
⑦ 《明史》卷七十六《志第五十二·职官五》。
⑧ 《明史》志第六十七《兵三·海防》。
⑨ 顺治《登州府志》卷五《武备》,第2页,清康熙三十三年(1694)刻本。

正德六年，惩流贼乱，奉敕与备倭都司参同军务，仍合莱州壮快，以实行伍。"①

《大明会典》、《明史》、顺治《登州府志》、道光《重修蓬莱县志》中均使用"备倭都司"一词，而光绪《增修登州府志》中同时使用了"备倭都指挥使司"、"备倭都司"。表面上看，"备倭都指挥使司"似乎与"山东都指挥使司"类似，但"备倭都指挥使司"指的亦是官职。据光绪《增修登州府志》记载，最早担任"备倭都司"的有王荣、卫青、徐安。"王荣，（永乐）六年任。""卫青，字明德，华亭人，以靖难功世袭济南卫都指挥使。十四年任。先是，十一年即率沿海军士剿倭寇。次年还京师。致是。复敕往剿倭寇，大获，遂留登州备倭。""徐安，永康侯，（正统）十三年任。"②需要指出的是，光绪《增修登州府志》虽然列出了担任"备倭都司"的都指挥、都指挥同知、都指挥佥事，但这些官职不是同时存在的，而是前后相继的，也就是说"备倭都司"仅仅是一种官职，而不是由都指挥、都指挥同知、都指挥佥事等共同组成的一个军事机构。天启年间，明政府又设立"总督备倭都司"，亦明确指的是官职。据光绪《增修登州府志》记载："天启中，又增设总督备倭都司一人，即以总兵、副总兵摄之。"③

"备倭都司"存在的时间很长，前后也有一个演变的过程。在起初，"备倭都司"应该是山东都司派出的杂务官，专门负责沿海抗倭。后来，由于倭寇侵扰不断，"备倭都司"常驻登州，遂逐渐带有征伐官、镇戍官的某些特征；天启年间，"总督备倭都司"直接由总兵兼任，也正说明了这一特征。光绪《增修登州府志》中所记任职备倭都司的近 50 名将领中，时用、胡俊、戚景通、唐儒、魏一清、夏忠等 6 人曾"以都指挥体统行事"。除张虤、戚景通、戚继光、赵康侯由周边卫所升任之外，其他人均由外地甚至省外卫所调任。在调任之前，多数为卫指挥、佥事或者同知。此外，担任"备倭都司"者的职官由都指挥向都指挥同知、都指挥佥事的演变，再到后来"备倭都司"由总兵兼任，反映了备倭都司"职任益轻"④的趋势。

总之，在卫所制度下，卫与卫、守御千户所之间互不统属，各自为战，遇有紧急战事，难以互相协调、配合。"备倭都司"设立后，这一问题在某种程度上得到了解决。到天

---

① 道光《重修蓬莱县志》卷四《武备·营制》，第 2 页，"中国地方志集成·山东府县志辑 50"，凤凰出版社等，2004 年，第 54 页。

② 光绪《增修登州府志》卷三十六《武秩上》，第 1—2 页，"中国地方志集成·山东府县志辑 48"，凤凰出版社等，2004 年，第 345 页。

③ 光绪《增修登州府志》卷三十六《武秩上》，第 1 页。

④ 同前注。

启年间，随着总兵的设立、营兵制的发展，"备倭都司"由总兵兼任，实际上形同取消。

4.登莱副总兵、山东总兵

明初，镇守边区的统兵官有总兵和副总兵，无定员。总兵官本为差遣的名称，无品级，统辖兵士、编制定员、位阶不固定，通常为公侯或地方都督充任。遇有战事，总兵佩将印出战，结束缴还。

洪武二年（1369），开始设立总兵。据《明史》记载："总镇一方者为镇守，独镇一路者为分守，各守一城一堡者为守备，与主将同守一城者为协守。"① 总兵官之下，还设有副总兵、参将、游击将军，游击之下还有坐营官、守备、把总、提调官等。洪熙元年（1425），始颁将军印在诸边将，但镇守蓟镇的总兵不得称将军挂印。

宣德、嘉靖年间，总兵官的派遣增多。总兵官渐成常驻武官，成为镇守地方的最高军事长官。这改变了练兵将领不指挥作战，指挥作战的将领不管练兵的问题，有利提高军队的战斗力，但也存在着总兵称霸一方、拥兵自重的可能。为加强中央集权，明政府派巡抚参与军队管理，从而削弱总兵官的权力。

到明末，由于战争次数多，时间长，还朝交印、军回卫所的制度渐次罢废。同时，还根据需要配备协守副总兵、分守参将、游击将军、守备若干。凡驻省城的总兵官，多代都司而成为地方最高军事长官。在明朝末年，全国总兵不过20人左右，权力非常大。

万历年间，明政府在山东先设登莱副总兵，后又设山东总兵。随后，总兵、副总兵的设置多次反复。

万历二十一年（1593），日本权臣丰臣秀吉发动"壬辰战争"，率军入侵朝鲜，山东沿海局势危急。明政府调集南北陆水官兵加强海防，万历二十一年（1593）在登州增设副总兵，与巡察海防道分掌水陆各营，归山东巡抚节制。据《增修登州府志》记载："副总兵，明万历二十一年设，号副将，天启二年裁，崇祯三年复设。"②《重修蓬莱县志》记载："万历二十一年，因倭寇朝鲜，调南北水陆官兵防海，登遂为重镇……设副总兵领之……"③

万历二十三年（1595），以李承勋为副总兵兼备倭都司。万历二十四年（1596年），撤销都指挥使一职，改设"镇守山东备倭总兵官"，负责山东沿海海防，登州备倭都指挥司改为登州总镇府，仍在水城。

天启元年（1621年），设山东总兵官，号总镇，驻登州，归登莱巡抚节制。据《明

---

① 《明史》卷七十六《志第五十二·职官五》。
② 光绪《增修登州府志》卷三十六《武秩上》，第5页，清光绪七年（1881）刻本。
③ 道光《重修蓬莱县志》卷四《武备·营制》，第3页，清道光十九年（1839）刻本。

史》记载:"镇守山东总兵官一人,天启中增设。"①记载:"天启元年,又设登莱总兵,号总镇。"②总镇府由水城迁至府城内。崇祯二年(1629),裁登州总镇;崇祯七年(1634),明政府复设总兵,仍驻扎登州,由倪宠"充防海总兵官,镇守山东全省地方"。③与此前相比,总兵管辖范围和职权有所扩大,可以统御山东全省军事力量。崇祯十一年(1638),山东总兵官移驻临清,登州改设城守营。

登莱总兵、副总兵直接统辖的兵力,万历二十一年(1593),"分中、后二营,中营设把总一员,哨官二员,军四百名,家丁三名,马三匹,屯种长山岛;后营设把总一员,哨官四员,军六百八十六名,马三百六十二匹,屯种濒海荒地;分团操营为二,团操左营仍以中军领之,设哨官五员,增兵六百四名,马一百六匹团;操右营设把总一员,哨官五员,兵五百八十名,马一百六匹,设副总兵统领之。"④万历二十八年(1600),"又增团操中营,设把总一员,哨官四员,兵七百八十九名,马五匹团;操前营设把总一员,哨官四员,兵七百二十六名,马五匹。"⑤崇祯五年(1632),"设陆营七(陆左营、陆右营、陆中营、陆前营、陆后营、陆游营、火攻营),水营五(水左营、水右营、水中营、水游营、平海营),后十二营并为十营。"⑥崇祯十一年(1638),"登州设城守营并水师营,十营并为六营,水陆各左、右、中三营。"⑦

起初,山东总兵职权局限于海防,管辖之地也局限于登莱沿海。受到明朝廷以文抑武政策的影响,山东总兵权力被文臣分割,受到总督和巡抚的调遣和节制。崇祯年间,山东总兵职权得以固定,海防与地方盗寇兼领,有权统帅全省的水陆官兵,镇守全省地方。

二、"文官参赞军务"

为了防止将领擅权割据,明政府延续宋朝的做法,让文官"参赞军务",以文官监督、制约武官,形成了"以文统武"的军事机制。

---

① 《明史》卷七十六《志第五十二·职官五》。
② 光绪《增修登州府志》卷三十六《武秩上》,第3页,清光绪七年(1881)刻本。
③ 《登莱总兵倪宠为奉简书敬陈循名责实收安攘之效事奏本》。《中国明朝档案总汇》(第18册),第121—122页,桂林:广西师范大学出版社,2001年,第1452页。
④ 道光《重修蓬莱县志》卷四《武备·营制》,第3页,清道光十九年(1839)刻本。
⑤ 同前注。
⑥ 同前注。
⑦ 道光《重修蓬莱县志》卷四《武备·营制》,第4页,清道光十九年(1839)刻本。

所谓"参赞军务",又称"赞理"、"协赞",最初是明政府派往总兵武臣处协助处理军机的文官差遣。明代中叶以后,这类差遣职权不断扩大。嘉靖《山东通志》在谈到卫所军队与地方武装、军队系统与地方政府之间的关系时使用了"备警"、"讥"、"守"、"督察"等词:"其沿海,备警则有墩有堡有营烽堠,相望互为声援,讥之以巡司,守之以备御所,而督察于兵宪焉。"① "讥"的意思是查问和盘查。"兵宪"又称兵备副使,由按察使或按察佥事充任,是分巡道的一种。据《明史》记载:"自世宗世倭患以来,沿海大都会,各设总督、巡抚、兵备副使及总兵官、参将、游击等员,而诸所防御,……于山东则登、莱、青三府设巡察海道之副使,管理民兵之参将,总督沿海兵马备倭之都指挥……"② 顺治《登州府志》中则说:"有都司以镇之,有巡察兵备以监之。"③

明代各省军队的基本情况是:全省的军队总统于巡抚、都指挥使司、总兵,某一区域的军队统于参将和兵巡道、海防道。地方官统民兵,其在城者为马快、壮丁,由知州领之;在乡者为弓兵,由巡检领之。

1. 提刑按察使司所属各道

(1) 提刑按察使司所属各道的军事职能

明政府在地方上废除元朝的行省制度,改行中书省为承宣布政使司,由承宣布政使司(简称布政司)、提刑按察使司(简称按察司)、都指挥使司(简称都司)分掌一省行政、司法、军事,并称"三司"。三司同秩同阶,互不统属,各对中央负责。

承宣布政使司设左、右布政使各一人,从二品;左、右参政,从三品;左、右参议,无定员,从四品。参政、参议因事添设,各省不等。承宣布政使司参政、参议分司诸道,设有督粮道(13布政司各1员,俱驻省城)、督册道(江西、陕西等间设)、分守道。

提刑按察使司主管一省的刑名、诉讼事务,同时也是中央监察机关都察院在地方的分支机构,对地方官员行使监察权,因此兼具司法和监察职能。其主官为提刑按察使,或称为按察使,简称臬台、臬司,与承宣布政使并为一省最高长官。提刑按察使掌管全省的刑名案件,但其审理权限仅仅限于徒刑以下(包括徒刑)的案件,徒刑以上的案件必须报到刑部审理。

提刑按察使司设按察使一人,正三品;副使,正四品;佥事无定员,正五品。提刑

---

① 嘉靖《山东通志》卷十一《兵防》,第2页,明嘉靖十二年(1533)刻本。
② 《明史》卷九十一《志第六十七·兵三·边防海防》。
③ 顺治《登州府志》卷五《武备》,第2页,清康熙三十三年(1694)刻本。

按察使司副使、金事，分道巡察，其兵备、提学、抚民、巡海、清军、驿传、水利、屯田、招练、监军，各专事置，并分员巡备京畿。

在明代"三司"中，都指挥使司是地方最高军事领导机构。除都指挥使司之外，在山东布政使司、按察使司两司中，与山东海防有关的部门和职官还有按察使司系统下属的分巡道。

提到分巡道，有必要与分守道相区分。布政使司置参政、参议，分司诸道，称分守道，简称"守道"，由各省布政使派驻于一定的府州地区，一般是3至4个府州，协助布政使掌理该地区钱谷，督课农桑，考核官吏，简军实，固封守。按察使司置副使、金事，分司诸道，称"分巡道"，负责监督、巡察其所属州、府、县的政治和司法等方面的情况。还在一些地方设整饬兵备道。整饬兵备道始置于洪武年间，本为遣布政司参政或按察副使至总兵处整理文书，参与机要之临时性差遣。弘治年间，始于各省军事要冲遍置整饬兵备之"道员"，称为兵备道。兵备道的主要职责是监督军事，并可直接参与作战行动。此官由按察使或按察金事充任，是分巡道的一种，属于按察使司系统。又称兵备副使、兵宪。此外，又有协堂道、水利道、屯田道、管河道、盐法道等。

在山东，据《明史》记载，"布政司参政、参议分司诸道……分守道：山东济南道、东兖道、海右道。"① 以上分守道官员均住在省城，主要负责向各府、直隶州传达、催办布政司的公事。

"二十九年，改置按察分司为四十一道……山东三：曰济南道，曰海右道，曰辽海东宁道。"② 后来又有所变动："按察司副使、金事分司诸道……兖州道（驻沂州）、济宁道、青州海防道、济南道（移德州）、海右道（驻省）、海道（驻莱州）、登莱道、辽海道。"③ 分巡道即按察分司。另外还设有，"整饬兵备道：……临清道、武德道（驻武定州）、曹濮道（驻曹州）、沂州道、辽东道。"④

由《明史》以上记载可以看出，布政使司所属的分守道中，有"海右道"；按察使司所属的分巡道中，亦有"海右道"；调整后按察使分司中，则有海右道（驻省）、海道（驻莱州）、青州海防道、登莱道等分司。以上各道，名称或完全相同，或十分接近，所辖范围亦有重合，但所属系统、职权范围等大不相同，不能混淆。

需要特别注意的是"海右道"，虽然其名称带有"海"字，但与海防、海运等均无

---

① 《明史》卷七十五《志第五十一·职官四》。
② 《明史》卷七十五《志第五十一·职官四》。
③ 同前注。
④ 同前注。

直接关系。"海右"①表明的只是地理方位,即大海的西部沿岸一带,亦即山东东部沿海一带。

(2)山东沿海的分巡道、兵备道

①海道(巡察海道副使)

以文管辖制武官,是明代政治制度的一个重要方面。据顺治《登州府志》记载,对沿海卫所和军事力量,"有都司以镇之,有巡察兵备以监之。"②按察使司在沿海地区设置的分巡道、兵备道,大部分都与山东海防有关,而布政使司设置的分守道参与军务的情况虽然也有,但比较少见。

"分巡道"、"整饬兵备道"、"海防道"等这些官员,都属于文官,在各种方志记载中,他们大部分被列为"文秩",但他们的职责与海防或者当地军事有着密切的关系。按明朝制度,这些人亦属于"海防"官员,而且在海防事务中起着举足轻重的作用。特别是,在对卫所军每5年一次的考核中,巡抚、按察使等官员都要参与意见,同意后,卫所军方可通过。

在《明史》中,分巡道与整饬兵备道是分列的,其职责肯定有明确的区分。此外,在《明史》所列山东按察司所辖分巡道中,有青州海防道、海道道、海道、登莱道③,特别是海右道、海道,两者虽有一字之差,但是两个官职肯定是不一样的,不能混淆在一起。一般来说,两者可能既没有前后的继承关系,其职权范围也有明显区别。而海防道与兵备道都与军事有关,职能上有点类似。这些职官之间的关系是什么,他们又是是如何演变的,有待进一步考证。

海道副使全称"提刑按察使司巡视海道副使",是明代在沿海地区所设置主管海防事务的文官,兼及外贸和外交。亦称巡察海道、巡查海道、巡视海道等。在各地地方志中,海道副使列为文秩。

为了防御沿海海盗倭寇的侵犯,明代在浙江、福建、广东、山东等沿海地区设立巡海道,多由按察副使(正四品)出任。巡海道有"经略海防、简练水陆官兵、处备粮饷"之责,同时也有权督察地方,举劾文武官吏、条陈军民利弊,遇贼寇犯境,"大责督兵剿之,小责捕而诛之"。

---

① "海右"一词,最初泛指位于我国黄海、东海西边的近海地区。在我国传统文化中,古人以坐北面南为尊,而坐北面南时左为东、右为西。据《明会要》卷七十三《十三布政司分辖道》载:明初"山东分道三:……海右道辖青、登、莱三府"。
② 顺治《登州府志》卷五《武备》,第2页,清康熙三十三年(1694)刻本。
③ 登莱道为山东按察使下副使道,即分巡道,驻登州。在此并不展开。

据《明史》："自世宗倭患以来,沿海大都会,各设总督、巡抚、兵备副使及总兵官、参将、游击等员,而诸所防御……于山东则登、莱、青三府设巡察海道之副使,管理民兵之参将,总督沿海兵马备倭之都指挥……"① 可见,其职权范围在登、莱、青三府。嘉靖《山东通志》卷十一《兵防》:"巡察海道,分署莱州府。弘治间建,按察司副使领之……"②

据嘉庆《续掖县志》卷一《职官》记载:"明正统设巡查海道……弘治十二年,始建公署于莱,其职辖三郡,兼兵民。正德七年,青州设兵备,本道只辖登、莱。隆庆二年,登州复设兵备,兼莱州兵政,而本道改为分守,仍辖三郡,专制民事。万历二十七年,复与登州道并理莱州军务,以海防为名。"③据万历《莱州府志》卷二《职官》:"弘治十二年,始于莱建巡察海道公署,其后或驻本府,或驻登州,隆庆建。又移分守道驻本府。万历二十年因倭变,分守道加海防。"④乾隆《莱州府志》:"巡察海道,隆庆二年改分守道,万历二十三年改海防道。"⑤

另据乾隆《掖县志》记载:"又设巡查海右道副使以提调之;后又改设分守海右道参政、分守海防道参议,招兵团练,改卫兵备,兼辖青登莱三府。府设海防同知,分领海汛;县设海防丞。今止守道、参议、府同知、县丞司海防,其寨营卫所巡检司等官军、弓兵在掖者,俱节奉裁省。"⑥乾隆《即墨县志》记载:"又设巡察右道副使以提调之,后又改设分守海右道参政、分守海防道参议,招兵团练,改衔兵备道,兼辖登莱三府。"⑦

上面材料中,提到两个海右道和一个"海防道":"巡查海右道副使"和"分守海右道参政"、"分守海防道参议"。按照明制,"巡查道"、"海防道"为按察使司所派遣,"分守道"为布政使司所派遣,而"分守海防道"的提法,并不多见。具体真实情况如何,需要进一步考证。

②巡察兵备道(兵巡道)

兵备道,全称整饬兵备道,明朝时在边疆及各省要冲地区设置的整饬兵备的按察司分道。分巡道兼兵备职者,又称兵巡道、兵备道,仍兼副使、佥事等衔。

---

① 《明史》志第六十七《兵三·海防》。
② 嘉靖《山东通志》卷十一《兵防》,第2页。
③ 嘉庆《续掖县志》卷一《职官》,第24页,清光绪十九年(1893)刻本。
④ 万历《莱州府志》卷二《职官》,第6页,民国二十八年(1939)铅印本。
⑤ 乾隆《莱州府志》卷六《职官》,第5页,乾隆五年(1740)刻本。
⑥ 乾隆《掖县志》卷二《海防》,第81页,清乾隆二十三年(1758)刻本。
⑥ 乾隆《即墨县志》卷四《武备》,第3页,清乾隆二十九年(1764)刻本。

洪熙元年（1425），仁宗鉴于武臣疏于文墨，遂遣文臣前往各地总兵官驻所整理军机文书，这是文臣参赞地方军务之始。正统年间，明政府开始以都察院官员整饬兵备、提督兵备。

兵备官，多由按察司副使或佥事充任，又称兵宪、兵备副使、兵备佥事。初期是因事专设，事毕即罢，裁革不定，属于临时差遣；后演变为常设，但其品秩仍取决于本官官衔。兵备官赴任，由皇帝给予敕书规定其具体权限，除由分巡道兼任的兵备官以外，专任兵备官只有关防，没有正印。兵备官可节制卫所军队，但受督抚节制。

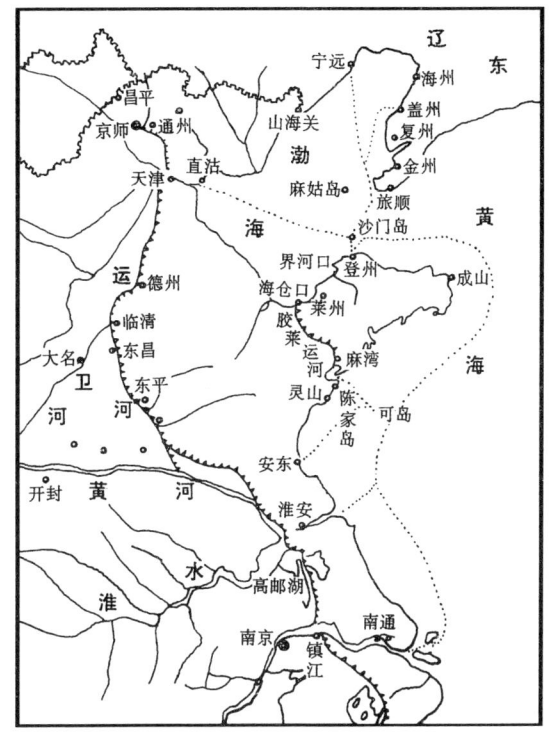

图 2-3 明代北方海运和河运主要航路示意图

兵备道集军事、监察大权于一体，主要为稳定地方治安而设，同时又要协助巡抚处理军务，其军事职权主要包括分理军务，操练卫所军队和地方民快，缉捕盗贼镇压民乱，管理卫所兵马、钱粮和屯田，巡视江湖防御等。兵备官为按察司官员，本身具有监察权、司法权，职权还包括监督官兵，问理刑名，禁革奸弊等。

各地兵备道的职权因地制宜，不尽相同。兵备道与布、按二司其他诸道在职权、辖区等方面上会有重叠。兵备道官员有专任的，也有分守道、分巡道、巡海道等兼任的。兵备道虽由按察司官员出任，但是它的设置和裁革皆由兵部负责。

从成化到弘治年间，为了稳定地方治安，在各地特别是沿边地区不断增设兵备官员。到了正德、嘉靖年间，由于各地民变增多，沿海地区倭寇为患，又在全国范围内大量增设兵备道，或者用分守道、分巡道兼理兵备，而兵备道也逐渐演变成常设。

明朝初年，山东的整饬兵备道主要有临清道、武德道（驻武定州）、曹濮道（驻曹州）、沂州道、辽东道。后来，在登、莱、青三府也设立了兵备道、海防道。

在顺治《登州府志》、光绪《增修登州府志》中，对设在登、莱二府的分巡道、兵备道、海防道之间的关系做了详细的解释。史料中出现了"兵巡道"、"巡察兵备道"、"兵备道"三个名词,从设置时间和行文来看,指的应该是同一个。同时,"兵巡道"与"海防道"是分列的。

据顺治《登州府志》:"巡察兵备道,弘治十二年,建署莱州,去登二百二十里。"①"巡察兵备道。正德六年,惩流贼乱,奉敕与备倭都司参同军务,仍合莱州壮快,以实行伍。嘉靖三十四年,建署于登,以备巡历。四十一年时,专设海防道于登。万历二十年,因倭寇朝鲜,调集南北水陆官兵防海,登遂为重镇,与诸边等。四十六年,加兼海运,凡济青濒海县悉隶焉。"②光绪《增修登州府志》:"弘治十二年,设巡察兵备道于莱州。"③

光绪《增修登州府志》卷二十五《文秩一》记载:"兵巡道……登莱本分巡道,弘治十二年改为兵备道,驻莱州。嘉靖三十四年兼管海防,副使陶大年始,即登州南门内和丰仓旧址建公署,以备巡历。四十一年专设海防道于登。"④光绪《增修登州府志》卷十二《军垒》记载:"弘治十二年,设巡察兵备道于莱州。正德六年,惩流贼乱,敕兵备道与备倭都司参同军务,仍合莱州壮快,以实行伍。嘉靖三十四年,建兵备道署于登州。四十一年,始专设巡察海防道于登州。"⑤

综合以上材料可知,登莱道原为分巡道,后改设兵备道,驻莱州。从弘治十二年(1499)一直到嘉靖三十四年(1555)的50多年间,"巡察兵备道"署设于莱州,1555年开始又于登州设署,并兼管海防。再到1562年,又在登州设立海防道。后来,兵备道兼管沿海海运。

关于青州兵备道,在嘉靖《青州府志》中,"按察分司"被列入"卷十一·兵防":"……后因矿盗窃发设守备指挥一员,领敕备御。正德五年,流贼猖獗,乃革守备,设兵备佥事,自牛鸾始,嘉靖三十年抚按疏请副使莅之专。"⑥按察分司,"在府治南,奉敕整饬青州兵备山东按察司副使之署,国朝正德五年兵备佥事牛鸾建,嘉靖二十五年孟淮修……"⑦据咸丰《青州府志》卷二十七《营建考三》记载:"按察分司,旧志云在前司街,今为参将署;益都县志云参将署在东南隅。"⑧据咸丰《青州府志》

---

① 顺治《登州府志》卷五《武备》,第2页,清康熙三十三年(1694)刻本。
② 顺治《登州府志》卷五《武备》,第2页,清康熙三十三年(1694)刻本。
③ 光绪《增修登州府志》卷十二《军垒》,第4页,清光绪七年(1881)刻本。
④ 光绪《增修登州府志》卷二十五《文秩一》,第2页,清光绪七年(1881)刻本。
⑤ 光绪《增修登州府志》卷十二《军垒》,第4页,清光绪七年(1881)刻本。
⑥ 嘉靖《青州府志》卷十一《兵防》,第1页,明嘉靖四十四年(1565)刻本。
⑦ 同前注。
⑧ 咸丰《青州府志》卷十《职官表六》,第2页,清咸丰九年(1859)刻本。

卷二十九《兵防考》记载："青州兵备道衙门,自明正德年设,时青营守备、千总及马步兵丁俱属道辖,外又部推道标守备一员,把总二员,标兵三百名,后减为二百名。"①而卷十《职官表六》关于职官的记载,需要注意以下人员:"牛鸾,献县人,正德五年,以知益都县升山东金事,兵备青州之设始此。""牟朝宗,宜宾进士,钟志云兼管分巡海右道。""刘桢,山阴进士,钟志云兼管分巡海右道。""刘应时,洪洞进士,钟志云兼管税粮屯田道。""鲁思虞,常山进士,以驿传道驻扎,带管本道。""王道显,同安进士,金事进,钟志云兼理海防自道显始。""李本辉,锦衣卫,进士,《山东通志》作曲沃人,按察使升右布政使,仍管本道。"②据以上材料推测,兵备道可能身兼数职。另据嘉庆《续掖县志》卷一《职官》记载:"正德七年,青州设兵备……"③青州兵备道设立以后,原"巡察海道"只辖登、莱。

此外,在光绪《增修登州府志》中,还提到了"招练道"和"监军道":"明天启元年设,即钟楼南旧军器局建公署。"④"防抚陶朗先题请设员招集辽人,安置潍县,旋裁。"⑤

③海防道

"海防道"主要设置在沿海地区。"海防道"与"兵备道"的职责相当,主要是维护地方安定,弹压地方,同时还要承担海防的责任。

据《明史》记载,分巡道中有"青州海防道",但咸丰《青州府志》卷十《职官六》关于"海防道"的记载十分简单:"海防道专辖青州,其兼管海右者亦仍驻青州也。"⑥据咸丰《青州府志》卷二十七《营建考三》:"……又有海防道署,旧志云在城东南隅;益都县志云在城北隅。"⑦

另据乾隆《续登州府志》记载:"明洪武初,设沿海诸卫,领以备倭都指挥使,兼置巡察海道……指挥使驻登州府。海道一驻青州,一驻武定州,皆管民兵、巡司、马快,谓之兵备海防道。"⑧在以上这段材料中,涉及"海道"、"巡察海道"、"兵备海防道"3个名词,实际上指的是同一个官职。它们的职责为"管民兵、巡司、马

---

① 咸丰《青州府志》卷二十九《考六·兵防考》,第4页,清咸丰九年(1859)刻本。
② 咸丰《青州府志》卷十《职官表六》,第1—7页,清咸丰九年(1859)刻本。
③ 嘉庆《续掖县志》卷一《职官》,第24页,清光绪十九年(1893)刻本。
④ 光绪《增修登州府志》卷二十五《文秩一》,第6页,清光绪七年(1881)刻本。
⑤ 同前注。
⑥ 咸丰《青州府志》卷十《职官表六》,第8页,清咸丰九年(1859)刻本。
⑦ 咸丰《青州府志》卷十《职官表六》,第2页,清咸丰九年(1859)刻本。
⑧ 乾隆《续登州府志》卷七《海疆》,第7页,清乾隆七年(1742)刻本。

快"。马快指的是在衙门里负责侦缉逮捕罪犯的差役。

明代登州、莱州所辖海疆最为广大,"海防道"也是最为重要的职官之一,不过"海防道"设置办公的地点,先是设在莱州,后来随着沿海海防形势的变化,登州也设海防道。

"巡察海道"原辖登、莱、青三府,正德五年(1510)青州兵备道设立后,只辖登、莱二府。据乾隆《莱州府志》记载,"巡察海道,隆庆二年(1568)改分守道,万历二十三年(1595)改海防道。"① 乾隆《掖县志》:"分守海防道署,在县治西南,北邻察院,明弘治十二年创建。"②

据宣统《山东通志》记载:"嘉靖四十一年,设巡查海防道于登州,置团操营,以海防道中军领之。"③ 乾隆《续登州府志》:"(嘉靖)四十一年,专设海防道于登。"④ 道光《重修蓬莱县志》:"(嘉靖)四十一年,专设海防道于登,置团操营,设民壮五百名,海防道中军领之。"⑤ 另据嘉庆《续掖县志》卷一《职官》记载:"隆庆二年,登州复设兵备,兼莱州兵政……万历二十七年,(莱州分守道)复与登州道并理莱州军务,以海防为名。"⑥ 可见,关于登州"海防道"最早设置于嘉靖四十一年(1562年)的时间是基本一致的。

明人毛纪(1463-1545)曾撰《分守海防道题名记》:"我朝以青登莱三郡濒海,岛屿联亘,倭夷出没,内而岩矿旷阻,无知草窃,容亦有之,粤自国初,命东省宪臣一人巡察海道,奉玺书以从事,为保障计也。其海滨卫所营寨,虽总于备倭武臣,而简阅调度必由海道。凡夫禁御奸宄、伸雪枉抑、与除利弊,悉于是乎。督理之旧莅斯任者,率自臬司东巡海上,而道里辽隔,公务积滞,本兵因言者,乃令建海道公署于莱,以便行事,盖弘治之十有二年也。寻值流贼之变,青郡增设兵备,遂以其郡属之,故令海道兼理登莱兵备,而青不与焉,非旧也。盖正德之七年也。后以海道治所在莱,行伍弗充,仓猝奚以应变,乃调取二郡民兵,以官领之,分队团操,立舍以居之。盖嘉靖之初年也。其控辖固守之法,随时益损,久而后定。自兹海邦寇盗敛戢,得无他虞。"⑦ "宪臣",指按察使。"臬司",指的是按察使司。可见,毛纪所说的"分守海防道"其实

---

① 乾隆《莱州府志》卷六职官》,第5页,乾隆五年(1740)刻本。
② 乾隆《掖县志》卷一《公署》,第35页,清乾隆二十三年(1758)刻本。
③ 宣统《山东通志》卷一百十五《兵防志第八·海防》,民国四年(1915)铅印本,第3283页。
④ 乾隆《续登州府志》卷七《海疆》,第7页,清乾隆七年(1742)刻本。
⑤ 道光《重修蓬莱县志》卷四《武备·营制》,第3页,清道光十九年(1839)刻本。
⑥ 嘉庆《续掖县志》卷一《职官》,第24页,清光绪十九年(1893)刻本。
⑦ 毛纪:《分守海防道题名记》。乾隆《莱州府志》卷十三《艺文》,第67页,清乾隆五年(1740)刻本。

指的是"巡察海道副使"。此外,毛纪介绍了"巡察海道副使"以及后来的"海防道"等设官的演变与变迁。但毛纪的记载有一些并不准确的地方。起初,"巡察海道副使"属于分巡道,而不是分守道;隆庆二年(1568),"巡察海道副使"的确曾改为"分守道",负责民事,但毛纪在1545年已经过世。当然,还有一个可能就是,在此前已经发生过这种变化。

2. 山东巡抚与登莱巡抚

(1)山东巡抚

明中叶以后,战乱较多,朝廷为加强对军事将领的控制,设置了总督、巡抚等官职。总督、巡抚之设,最初往往以都御史充任,如派都御史巡抚而兼军务的称提督;有总兵的地方加赞理或参赞;管辖地域广或战略重要方向,则设总督;凡尚书、侍郎任总督者,皆加都御史衔。这些措施,含有以文官领军之意,用以防止将帅专兵。

起初,总督、巡抚等职官均系朝廷因事制宜、临时差遣的大员,不属地方官员。巡抚又称抚台,巡抚的全衔称为"巡抚XXX地方兼提督军务",其职责主要是督理税粮,总理河道,抚治流民,整饬边关,后遂偏重军事。巡抚虽非地方正式军政长官,但因出抚地方,且职权不断扩大,节制承宣布政使司、提刑按察使司、都指挥使司三司,实际掌握着地方军政大权。也有总督兼巡抚者,合称为督抚。

从明宣德年间开始,各省常设巡抚官渐成制度。巡抚由中央的派出大员向地方的军政长官转化,由临时性的差遣向常设性的机构转化,其职权也向抚循地方、考察属吏、提督军务转化。至嘉靖年间,明代全部13个布政使司均设定员巡抚。巡抚居三司之上,为各省最高军政长官,设有巡抚衙门,三司属其管辖。总督、巡抚制度的设立,适应了明朝中后期整肃兵备、防御外寇的需要。同时,这种领导体制成为文官领导武官的基本模式。

明正统五年(1440),明中央政权正式设置山东巡抚一职,该职全称为"巡抚山东等处地方督理营田兼管河道提督军务"。正统十三年(1448)又规定:巡抚一职必须由中央官员都御史(正二品)专任此职。这样,明代山东巡抚全权负责山东省军政事务,成为山东地方最高行政长官,但尚属临时派遣,无固定任期。明代山东共有12位巡抚,除1位是举人外,其余11人全为进士出身。

(2)登莱巡抚

登莱巡抚就是为抵抗后金而设置。嘉靖时期开始,倭患日炽,明政府于沿海一带海防重地加设总督、巡抚以赞理军务。明万历年间,随着后金政权的兴起,明朝与后金之间在辽东地区展开了争夺全国最高统治权的战争。

天启元年（1621），明政府为防备后金从海路南下，从山东巡抚分离出登莱巡抚，全称巡抚登莱地方赞理军务，或称山东海防巡抚，品秩为正四品，号防抚军门，主理山东省东部登州府、莱州府一带，登州和莱州二府从属，其主要职责是调兵御寇，海防事宜因此也归其统筹。同时，增设镇守登莱总兵官1人，督理提调沿海兵马备倭之都指挥，终明一代未有大的变化。

据《明史》记载："巡抚登莱地方赞理军务一员。天启元年设。"① 据雍正《山东通志》记载："海防巡抚都御史，嘉隆之际，倭寇朝鲜，登莱设海防道，以副使金事推补。天启中，设登莱巡抚，以都御史任，主调兵御寇，济南巡抚则筹饷以济之。"② 据乾隆《续登州府志》记载，"万历二十年设登莱巡抚，驻扎莱州府，称防抚军门，专辖沿海屯卫，兼辖辽东各岛。"③ 光绪《增修登州府志》记载，"天启元年，设巡抚登莱赞理军务一员，号防抚军门，亦称防院，驻登州，专主调兵、御寇，山东巡抚则筹饷以济之。崇祯二年裁，三年复设。"④

登莱巡抚因事而设，专主军政，是专门海防事务的巡抚。需要注意的是，在《增修登州府志》中，登莱巡抚被列入"文秩"。登莱巡抚官署设在登州府城内，以蓬莱城钟楼西街路北旧登州卫署改建而成。登莱巡抚其上为山东巡抚兼提督军务，当时的登州镇总兵和东江镇⑤总兵都归登莱巡抚节制。

崇祯二年（1629），明政府撤销巡抚一职，第二年复设；登莱巡抚存在的时间较长，自陶朗先、袁可立等继有14任，直至明亡。有明一代，登莱巡抚计14任，分别是：

第一任登莱巡抚为陶朗先，浙江秀水人，天启元年（1621）六月任，天启二年（1622）四月庚午离职。据《明熹宗实录》记载，天启元年（1621）六月，陶朗先升任都察院右金都御史，巡抚登莱等处地方⑥。

袁可立，河南睢阳人，天启二年四月乙亥（1622）任，天启四年（1624）三月丁巳（1624年）离职。袁可立在任上时，收难民，练辽兵，颇有政绩，后来被列入登州名宦祠。他是唯一被列入登州名宦祠的登莱巡抚。

武之望，天启四年三月辛未（1624）任，天启五年（1625）离职。

---

① 《明史》卷七十三《志第四十九·职官二》。
② 雍正《山东通志》卷二十五之一《职官一》，第67页，清乾隆元年（1736）刻本。
③ 乾隆《续登州府志》卷七《海疆》，第7页，清乾隆七年（1742）刻本。
④ 光绪《增修登州府志》卷二十五《文秩一》，第1页，清光绪七年（1881）刻本。
⑤ "东江镇"治所在今朝鲜民主主义人民共和国平安北道皮岛，辖区包括辽河以东的沦陷区，实际拥有渤海各岛，旅顺堡，宽奠堡，以及朝鲜境内的铁山、昌城等据点。明末抗金大将毛文龙曾任东江镇总兵官。
⑥ 《明熹宗实录》卷十一，第4页，台北"中央研究院"历史语言研究所校印本，1962年，第550页。

李嵩，山西荣河人，天启五年（1625）十二月任，天启七年（1627）五月离职。

孙国祯，浙江慈溪人，天启七年（1627）五月戊戌任，崇祯元年（1628）九月离职。

王廷试，江西南昌人，崇祯二年（1629）任，崇祯三年（1630）六月离职。

孙元化，直隶嘉定人，崇祯三年（1630）六月癸酉任，崇祯五年（1632）二月离职。

谢琏，崇祯五年（1632）二月任，同年六月离职。

陈应元，崇祯五年（1631）六月壬辰任，崇祯八年（1635）十月辛巳离职。

杨尔兴，崇祯八年（1635年）十一月丙辰任。

杨文岳，四川南充人，崇祯九年（1636）任，崇祯十二年（1639）离职。

徐人龙，浙江上虞人，崇祯十二年（1639）五月己未任，崇祯十四年（1641）离职。

曾樱，江西峡江人，崇祯十四年（1641）任，崇祯十五年（1642）离职。

曾化龙，福建晋江人，崇祯十五年（1642）十一月任。

3.海防同知、海防丞、典史

明代，凡沿海紧要地区之府、厅，均置海防同知，协助府、厅长官专管海防事宜。万历中期，山东青、登、莱三府才开始设立海防同知，相比东南沿海地区要晚一些。

万历援朝抗倭战争开始后，山东海防形势骤然严峻起来，事务日渐繁多。山东沿海各府没有专管海防事务的官员，造成诸多不便。山东巡抚郑汝璧提出，在不增加官员数目的情况下，将沿海三府同知改为海防同知。郑汝璧上《专官足饷留军疏》，向明政府请示：

"臣行布、按、都司议称：青、莱、登三府逼近海洋，一切御倭事宜，如修筑城堡、墩台，打造军火、器械，及查理军伍、支放粮饷等项，无专官董理，多致耽废。在各省、直设有海防同知管理，东土似宜仿而行。但添官必须增费，又属未便。查得三府清军同知，事务颇简，合行改为海防，兼摄清军、盐捕事务，仍给关防，行令专心料理。等因到臣。该臣看得：青、莱、登防海事务，如城堡之缮修，军伍之查补，兵饷之收支，诸务填委，至为烦重。缘佐理府官向无专职，上司文移随便批发，而动致参差，下官承委任意奉行，而每多迟滞。甚有一事方委，而他事复临，一官方查，而别官又理，人无专责，势多耽误。以呼吸之军情、重大之边务，疏盭若此，殊为未便。若照省直事例另设一官，又恐滋费，查得三府同知事务颇简，堪以专摄，合无改为海防同知，兼管清军、盐捕事务，各给关防以便行事，其有克举职业，有裨海防者特加奖荐，不次超擢，如经理无法，怠玩废职者，查参究治，庶官不必添设，而事权既专责，成亦便矣。"[①] 据《明神宗实录》记载：万历二十三年（1595）正月癸未，"铸给青州、莱

---

① 《由庚堂集》卷二十六《专官足饷留军疏》，《续修四库全书》（第1356册），上海：上海古籍出版社2002年，第655页。

州、登州各海防同知兼管清军、驿传、盐捕关防"①。万历二十四年（1596）十一月丁巳，吏部议覆：海防同知专防海事，不许署府县印缺，从之②。此后到明朝末年，青、登、莱三府均设海防同知，专管海防事务，原先的职责亦兼理不变。到了清朝初年，仍设海防同知，据乾隆《掖县志》记载："府设海防同知，分领海汛；县设海防丞。今止守道、参议、府同知、县丞司海防，其寨营卫所巡检司等官军，弓兵在掖者，俱节奉裁省。"③

除海防同知外，各州县均设典史，为县令的佐杂官，是掌管缉捕、监狱的属官。各县的巡检及其所辖弓兵，都由典史管辖。典史无品阶，属于未入流（九品之下）的文职外官，但在县里的县丞、主薄等职位裁并时，其职责由典史兼任，因此典史职务均由吏部铨选、皇帝签批任命，属于"朝廷命官"。洪武十三年，典史的月俸是月米3石。

第四节　明代山东海防筑垒

一、山东沿海卫所城池的修筑

元末明初，由于火器大量使用，其杀伤力、破坏力大，对城池的坚固程度提出了更高的要求。此外，明代卫所多设立于险要之地，有些甚至立于僻偏人疏之处，卫所军士平日须有驻扎、屯集之所，以求自身安全；遇有战事，或可依托城池和有利地形发动进攻，战斗失利之时又可依托城池据守。有鉴于此，营建城高池深、规模宏大的海防兵垒成为迫切而又十分必要的事情。据统计，明政府筑建或重修的府州县以上的重要城池就有1500余座；在南起广东，北至辽东的沿海一带，共构筑卫所城池达181所之多，下辖关隘、堡、寨、墩台1622座，形成了一套以卫所城池为主体的、防止倭寇入侵和海盗骚扰的完整而严密的海防筑城体系。其中，在山东海岸线构筑的海防筑垒有登州、莱州、威海、青州、大嵩、靖海、成山等11座，府城、卫城、千户所城14座，堡寨134座，烽堠墩台269座。

---

① 《明神宗实录》卷二百八十一，第3页，台北"中央研究院"历史语言研究所校印本，1962年，第5191页。
② 《明神宗实录》卷三百零四，第3页，台北"中央研究院"历史语言研究所校印本，1962年，第5702页。
③ 乾隆《掖县志》卷二《海防》，第81页，清乾隆二十三年（1758）刻本。

1. 登州府境内

在登州沿海卫所中，登州卫、宁海卫设立较早，而登州城为登州府治、蓬莱县治和登州卫所在地，宁海城为宁海州治和宁海卫所在地，因此明政府对登州城、宁海城的建设十分重视，多次增修、重修。两城不仅具有相当规模，而且具有较强的防御能力。

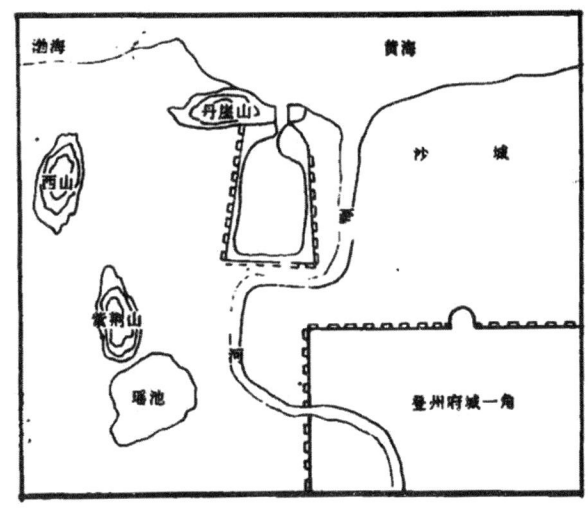

图 2-4　明代登州城位置图

据《顺治登州府志》记载，登州府城，"城周九里，高三丈五尺，皆砖石，门四，东曰春生，南曰朝天，西曰迎恩，北曰镇海。门楼连角楼，共七座。窝铺五十六，上下水门各三，小水门一。池阔二丈，深一丈。""洪武间指挥谢观、戚斌，永乐间指挥王宏相继筑濬。万历间，倭犯朝鲜，增筑敌台二十八座。崇祯间，知府桂恪、戴宪明先后增高三尺五寸。"①

除登州府城外，在北部海滨丹崖山下，明政府在宋代"刀鱼寨"的基础上修筑登州水城一座，"在大城北，相连，原名备倭城。由水闸引海入城中，名小海，为泊船所。洪武九年，立帅府于此。周三里许，高三丈五尺，阔一丈一尺。门一曰振扬楼。铺共二十六座。""万历丙申，因倭警总兵李承勋甃以砖。东北西三面共增敌台三座，南一面仍旧。知府徐应元重修。崇祯十一年，知府陈钟盛、同知来临增修。"②此外，在登州府城以西栾家口亦建有备倭城，"明时建，以备倭。高丈余，城上有庙，祀天后圣母。"③

宁海州城，"旧土城。洪武十年，指挥陈德砌以砖石。周九里，高三丈二尺，阔二丈。门四，东曰建武，西曰奉恩，南曰顺正，北曰镇海。楼铺二十八。池阔二丈五尺，深九尺。""弘治初，副使赵鹤龄令州卫兼修。正德七年，流贼陷莱阳，知州章浄

---

① 顺治《登州府志》卷三《城池》，第1页，清康熙三十三年（1694）刻本。
② 同前注。
③ 道光《重修蓬莱县志》卷二《地理志·城池》，第12页，清道光十九年（1839）刻本。

重修。嘉靖二十六年，大水坏城，知州李光先重修。万历二十年，因倭警，知州陈善浚池，水环四面。二十二年，知州张以翔增修垛口、城楼、角楼及敌台十二座。三十九年，大水，知州王以仁重修。"①

大嵩卫、靖海卫、成山卫、威海卫四卫设立稍晚，均设于洪武三十一年（1398）。由于明政府此时国力日趋强盛，筑城技术进一步成熟，其城池或为石城，或为砖城，其坚固程度大大超过前代筑城。

据《顺治登州府志》记载，威海卫城，"砖城。周六里有奇，高一丈七尺，阔一丈。门四，楼铺二十。池阔一丈五尺，深八尺。"

大嵩卫城，"砖城。周八里，高一丈九尺，阔一丈五尺，池深二丈，阔八尺。门四，东曰承安，南曰迎恩，西曰宁德，北曰镇清。楼铺二十八座。洪武三十一年指挥邓清筑。"

成山卫城，"石城。周六里一百六十八步，高二丈八尺，阔二丈。池深一丈二尺，阔称是。今圮。门四，东曰永宁，西曰迎恩，南曰镇远，北曰武宁。楼铺三十四，洪武三十一年建。崇祯十二年，文登知县韩士俊教谕台尔瞻、成山卫指挥唐文焯、姬肇年重修。"

靖海卫城，"石城。周九百七十丈，高二丈四尺，阔二丈。门四，后以倭患，塞西门。今存三，楼铺二十九。洪武三十一年建。池深一丈，阔二丈五尺。"②

不仅沿海各卫建有规模较大的城池，几乎所有重要的千户所也建筑城垒，驻军防御。其中，奇山所、宁津所设立于洪武三十一年（1398）；大山所、海阳所、百尺所、金山所、寻山所，均设立于成化中期。以上所城全部为砖城。

奇山所、宁津所、海阳所为守御千户所，直隶山东都司，并不隶卫。奇山守御所城"周二里，高二丈二尺，阔二丈。门四，楼铺十六。池阔二丈五尺，深一丈。"

宁津守御所城"周三里，高二丈五尺，阔二丈三尺。门四，楼铺十六。池阔二丈，深一丈。"

海阳守御所城"周三里，高二丈，阔一丈二尺。西南二门，楼铺二十九。池深一丈，阔二丈。"③

除以上三个守御千户所外，福山备御中前千户所在福山县治西，设立于洪武十年（1377），属登州卫，其所城修筑情况不详。

除福山所外，其他备御所均设立于成化年间，其城池全部为砖城。百尺崖备御所在

---

① 顺治《登州府志》卷三《城池》，第 2 页，清康熙三十三年（1694）刻本。
② 顺治《登州府志》卷三《城池》，第 3 页，清康熙三十三年（1694）刻本。
③ 同前注。

文登县东南百四十里，属威海卫，其所城"周三百三十步，高三丈，阔二丈三尺。东西南三门，楼铺十五。池阔二丈，深一丈。"

金山备御所在宁海州东北40里，属宁海卫，其所城"周二里，高二丈三尺，阔五尺。东南二门，楼铺二十。池阔二丈二尺，深一丈八尺。"

大山备御所在大嵩卫西，属大嵩卫，其所城"周四里，高一丈五尺，阔一丈五尺。门四，楼铺十五。池阔一丈，深七尺。"①

寻山备御后千户所在文登县东南120里，属成山卫，所城"周三里有奇"。

2. 莱州府境内

莱州府境内共有莱州卫、灵山卫、鳌山卫三卫和胶州守御千户所、雄崖守御千户所二所，各有城池。

据万历《莱州府志》记载，莱州府城，"洪武四年，莱州卫指挥使茆贵建，后圮坏日甚。万历二十六年，朝鲜倭警，分守宪副于仕廉、郡守王一言、县令卫三省同议大修，寻皆迁去。宪副盛稔、郡守龙文明、县令刘蔚相继董其事，三年之内大功告成，创建规模倍于往昔。周九里有奇，高三丈五尺，基厚二丈，门四，东曰澄清，南曰景阳，西曰武定，北曰定海。城下为池，深二丈，伟倍之。详大理寺丞董基修城志，有都御史赵熠、检讨周如砥、吏部主事姜仲轼记。"②

鳌山卫城，"洪武二十一年，卫国公徐辉祖开设，指挥金事廉高建砖瓮。周五里，高三丈五尺。门四，东曰镇海，南曰安远，西曰迎恩，北曰维山。池深一丈五尺，广二丈五尺。在即墨县东四十里。"③

灵山卫城，"洪武三十五年建。壁瓮，周三里，高二丈五尺，门四，池深一丈五尺，阔二丈。在胶州东南九十里。"④

即墨营城，"土筑，在县北十里。宣德八年建，周四里，高一丈五尺，阔一丈五尺，门四。"⑤

雄崖所城。在即墨县东北90里。

3. 青州府境内

青州府境内共设有青州左卫、安东卫二卫和诸城守御千户所一所，各有城池。

---

① 顺治《登州府志》卷三《城池》，第3-4页，清康熙三十三年（1694）刻本。
② 万历《莱州府志》卷三《城池》，第1页，民国二十八年（1939）铅印本。
③ 万历《莱州府志》卷三《城池》，第2页，民国二十八年（1939）铅印本。
④ 同前注。
⑤ 同前注。

据嘉靖《青州府志》记载，青州府城，"国朝三年守御都指挥叶大旺增崇数尺，垒石甃瓮，周一十三里有奇，高三丈五尺，壕阔如之，深一丈五尺。为门者四，东曰海晏，旧名海岱，南曰阜财，旧名云门，西曰岱宗，旧名泰山，北曰瞻辰，旧名凌霄。天顺间，都指挥高源、知府徐郁、赵伟修城楼台铺。正德七年，佥事牛鸾、知府朱鉴，嘉靖八年，知府江珊相继修。西门无月城，嘉靖十三年兵备佥事康天爵增筑。"①

安东卫城，"临东海。建置无考，垒石甃瓮。周五里，高二丈一尺，阔二丈，壕深广如之。为门者四，岁久渐圮。嘉靖三十四年，经历何亨请修，规制仅存。"②

石旧寨备御所石城，"在（日照）县东南，周三里有奇。"③

夏河备御所石城，"周四里，在（诸城）县东南。"④

塘头备御所土城，"在（乐安）县东北，周三里。"⑤

此外，明代登州、莱州的沿海卫所虽然结构严密，但卫所均设于海岸线一带，彼此之间依然有相当距离，遇事难以互相支援。为了增强海防力量的机动性，遇紧急情况时能够及时增援，明朝永乐、宣德年间，又组建了登州营、文登营和即墨营，合称"海防三营"。登州营"总戍"设于蓬莱城。文登营建于宣德四年（1429），原在文登县城内，宣德十年（1453）始于县东10里筑城⑥，"土城。周三里，东西南三门。"⑦即墨营在莱州府境内，原置营于县南70里金家岭寨，土城，周二里。宣德八年（1433），移置于即墨县北10里，营城"土筑……周四里，高一丈五尺……门四。"⑧三营犄角拱立，互相策应，使得整个山东沿海卫所都有了强大的纵深支持和稳定可靠的后援保障，对倭寇产生了强力的震慑作用。

二、山东沿海各县城池的修筑

明代城池的构筑形制，基本上继承了前代模式，都是以护城河、城墙作为主体结构。一切从军事需要出发，多层次、大纵深成为明代城池构筑的重要特点。

---

① 嘉靖《青州府志》卷十一《城池》，第25页，明嘉靖四十四年（1565）刻本。
② 嘉靖《青州府志》卷十一《城池》，第33页，明嘉靖四十四年（1565）刻本。
③ 同前注。
④ 嘉靖《青州府志》卷十一《城池》，第32页，明嘉靖四十四年（1565）刻本。
⑤ 嘉靖《青州府志》卷十一《城池》，第30页，明嘉靖四十四年（1565）刻本。
⑥ 光绪《增修登州府志》卷十二《军垒》，第3页，清光绪七年（1881）刻本。
⑦ 顺治《登州府志》卷三《城池》，第3页，清康熙三十三年（1694）刻本。
⑧ 万历《莱州府志》卷三《城池》，第2页，民国二十八年（1939）铅印本。

为了加强城墙的强度,明代基本用砖包砌,并用花岗石和条石为墙基,这方面超过了历代。至于城池的设备,如雉堞、城门、瓮城、角楼、马面和兵马道等构筑形式,大体和前代城池相同。

1. 登州府境内各县城池的修筑

各县衙署所在地多为当地的政治、文化中心,也是经贸往来的中心。明朝时,登州府管辖宁海州、蓬莱县、黄县、福山县、招远县、文登县、栖霞县、莱阳县八县,除栖霞县、莱阳县两县地处半岛中部以外,其他各县均濒临沿海。为了防备倭寇的侵扰,在明朝政府的统一部署下,登州沿海各县均十分重视城墙的修筑,纷纷在原先城池的基础上扩大修筑的规模。

在明代之前,登州所属各县城池多为土城。自明朝中期以后,各县城池多相继改筑为石城,或者砖石结合,抵御能力大为提高。

据史料记载,文登县城,"旧土城。洪武元年,莱州镇抚韩整重修。周七里,高二丈,阔一丈。门三,东曰望海,南曰新建,西曰昆嵛。楼铺共十五座。池阔三丈,深八尺。""嘉靖间知县胡景华、张先相继修之。万历八年,知府刘自化议甃以石,知县郭包田竣事,增高五尺。十四年,知县李雷光复修。"[①]

黄县县城,"旧土城,颇阔。洪武五年,守御千户章胜病于难守,中分其半,改筑之。周二里有奇,高二丈四尺。四门,东曰正东,南曰朝景,西曰振武,北曰镇海。上各有楼池,阔一丈四尺,深八尺。十八年,革千户所。""正德十一年,知县周淳因水患逼近更筑,仍做水门以泄水。嘉靖二十二年,知县贾璋重筑。万历二十一年,知县张彙选甃以石,增筑楼堞。崇祯十三年,邑绅内阁范复粹提请增修,知县任中麟竟其事,增三尺。"[②]

招远县城,"旧土城……元末毁于兵。洪武三年,王明善建。正德六年知县申良筑。周二里有奇,高二丈四尺,阔一丈二尺。楼铺八座,池阔二丈二尺,深一丈,门三,东曰盐臬,南曰通仙,北曰望海。""嘉靖二年,知县罗锦增修,东南开门,曰云路。十一年,知县屈允元重修石城。"[③]

福山县城,"旧土城,多圮。洪武四年,分莱州卫右所备御于此。九年,置登州卫,撤莱州卫右所,还调登州卫中前所,备御千户员贵修。永乐九年,千户周圮砌以砖

---

① 顺治《登州府志》卷三《城池》,第3页,清康熙三十三年(1694)刻本。
② 顺治《登州府志》卷三《城池》,第1页,清康熙三十三年(1694)刻本。
③ 顺治《登州府志》卷三《城池》,第2页,清康熙三十三年(1694)刻本。

石，周二里，高二丈二尺，阔一丈。门三，东曰镇静，南曰平定，西曰义勇。建敌楼于上。池阔一丈五尺，深八尺。""宣德间千户王海，天顺间千户王钰，弘治十五年知县应珊、千户王麟，万历六年知县华岱、千户卢汝弼相继修筑。十九年，因倭警知县张所修增雉堞敌台。四十二年，毁于水，知县傅春修筑。四十三年，知县宋大奎竟其事。"①

栖霞县、莱阳县两县县城距海较远，在明朝初年时受倭寇威胁相对较小，城池的增筑不像其他各县那样迫切，因此时间稍晚，但两县城池亦有相当规模。后来，随着倭寇时常深入内地侵扰，两县城池陆续得到加固、重修。如栖霞县城，"旧土城，几二里许，甚早隘。成化六年，知县娄鉴稍加增葺……嘉靖三十七年，倭夷流藩，士民惊徙。知县李撰相其形势，廓其规模，伐石鸠工，阅月徂成。万历六年，知县鲍霖始竟其功。高丈余，广六尺，门四，东曰寅宝，西曰迎恩，南曰环翠，北曰迎仙，楼四铺三。""（万历）十年始瓮石堤，长一百五十步，护城址。二十五年，知县鲍纹建瓮城一座，敌台八座。崇祯十二年，知县钟其伟增城三尺。国朝顺治五年，登州府知府张尚贤重修。"②

莱阳县城，"旧土城。周六里，高一丈八尺，阔一丈二尺。""洪武三十一年，指挥邓青复筑。正统五年，知县郭敏重修。弘治二年，知县吴昂增修……正德十四年，知县司迪改砖城，增敌台八座。门四，东曰望石，南曰迎仙，西曰太平，北曰旌旗……嘉靖三十四年，知县牛山木重修。崇祯十六年，署印推官胡守德、知县关捷先重修。"③

2. 莱州府境内各县城池的修筑

莱州府辖平度州、胶州二州，共掖县、潍县、昌邑、高密、即墨五县，除高密县外，辖境内皆有海岸，而尤以掖县、即墨县的海防地位最为重要。

据万历《莱州府志》记载，平度州城，"洪武二十二年，知州刘厚土台，周五里有奇，高三丈，阔一丈五尺，门三，东曰迎阳，南曰永宁，西曰安庆。池深九尺，阔倍之。成化十二年，知州林恭重修。"④

昌邑县城，"宋建隆三年土筑，周五里，高一丈八尺，阔一丈五尺。门三，东曰奎聚，南曰阳鸣，西曰瞻宸。池深九尺半，广倍之。正德六年，值流贼之变，本府同知刘文龙重修。"⑤

潍县城，"汉时土筑，周九里有奇，高二丈八，尺阔一丈五尺。门四，东曰朝阳，

---

① 顺治《登州府志》卷三《城池》，第1页，清康熙三十三年（1694）刻本。
② 顺治《登州府志》卷三《城池》，第2页，清康熙三十三年（1694）刻本。
③ 同前注。
④ 万历《莱州府志》卷三《城池》，第1页，民国二十八年（1939）铅印本。
⑤ 同前注。

南曰安定，西曰迎恩，北曰望海。池深一丈五尺，阔如之。正德七年，以流贼陷城，本府推官刘信重修。"①

胶州城，"土筑。洪武八年，千户申义瓮以砖，周四里，高二丈五尺，基广丈余。门三，东曰迎阳，南曰镇海，西曰用城。池深一丈五尺，广倍之。万历癸酉（元年），知州王琰重修。二十五年，增敌台八座。"②

高密县城，"元至正十二年，知县泰裕伯土筑。周三里有奇，高二丈五尺，阔一丈二尺。门四，东曰广惠，西曰通德，南曰永安，西南曰保宁。池深一丈，广倍之。嘉靖二年，以寇屡残，郡守郭五常申请砖筑。"③

即墨县城，"元至正十一年，知县吕俊土筑。周四里，高一丈六尺五寸，阔丈余。门三，东曰潮海，南曰环秀，西曰通济。池深七尺，广二丈。正德六年，流贼遍境，知府高元中重修。邑人御史蓝田记。万历二十八年，因倭警，知府龙文明、知县刘应旂易土以砖。"④

3.青州府境内各县城池的修筑

明代时，青州府辖莒州一州和益都、临淄、博兴、高苑、乐安、寿光、昌乐、临朐、安丘、诸城、蒙阴、沂水、日照共十三县。其中，辖境东南的日照、诸城两县海防地位最为关键，而北部的乐安、寿光两县虽然也濒临沿海，但由于山东半岛东面有登州、莱州两州的屏护，所以其海防地位已大大下降。也正是由于这个原因，胡宗宪在《筹海图编》中，并未将青州府辖境内的卫所及烟墩等情况统计在内。

现将青州府境内临海的日照、诸城、乐安、寿光四县城池的情况简单作一介绍：

日照县城，"金置县时所筑，周二里，高二丈有奇，壕阔一丈五尺，深半之。元至正十七年，毛贵寇益都邑人相士安率众修筑固守。国朝正德七年州判王伯安重修。门三，东曰永安，西曰太平，南曰望海。"⑤

诸城县城，"即唐密州，时为南北二城。国朝洪武四年，守御千户伏彪修，合为一，周九里，高二丈七尺，壕阔一丈就吃，深半之。为门者五，正南曰永安，东北曰乘武，西北曰西宁，东曰镇海，西南曰政清。正德八年知县申良重修，嘉靖二十八年知县祝天保复修。"⑥

---

① 万历《莱州府志》卷三《城池》，第1页，民国二十八年（1939）铅印本。
② 同前注。
③ 万历《莱州府志》卷三《城池》，第1页，民国二十八年（1939）铅印本。
④ 万历《莱州府志》卷三《城池》，第2页，民国二十八年（1939）铅印本。
⑤ 嘉靖《青州府志》卷十一《城池》，第33页，明嘉靖四十四年（1565）刻本。
⑥ 嘉靖《青州府志》卷十一《城池》，第31-32页，明嘉靖四十四年（1565）刻本。

乐安县城，"即故广饶城，周五里，高二丈五尺，池阔二丈，深一丈。成化间知县马亮重筑。正德六年流贼破。明年，兵备佥事牛鸾复补筑新之，为门四，东曰东作，西曰西成，南曰阜财，北曰通济。"①

寿光县城，"……周三里半，辟门五，东曰宣和，西曰阅丰，南曰纳凯，其西二门无名。正德六年，知县张良弼重筑，增置敌楼、月城；七年，知县刘澜于壕外筑堤护之。九年知县李阶继葺。"

由于莒州和益都、临淄、博兴、高苑、临朐、昌乐、安丘、蒙阴、沂水等县并不临海，因此其城池的修筑情况从略。

三、山东沿海寨城、墩堡的修筑

1. 登州府境内

由于军寨及寨城规模较小，且数量较多，大多不见经传，只有少数在地方史志中有所记载，其中如黄河寨备御百户所，设百户3员，守城军余30名，守墩军余15名；刘家汪寨备御百户所，设百户3员，守城军余35名，守墩军余15名；解宋寨备御百户所，设百户4员，守城军余40名，守墩军余9名。以上三寨俱登州卫中右千户所分设，各有城寨。

黄河寨城，"石城。周一百三十八丈，高二丈五尺，阔一丈五尺。"②

刘家汪寨城，"石城。周一百八十丈，高二丈五尺，阔一丈三尺。南一门，楼铺五。池阔一丈，深五尺。"③

解宋寨城，"石城。周二百四十尺，高二丈五尺，阔一丈三尺。南一门，楼铺五。池阔一丈，深五尺。"④

卢洋寨备御百户所，设百户5员，守城军余38名，守墩军余15名，系福山备御中前千户所分设。卢洋寨城，"砖城。周二里，高二丈七尺，楼铺六，东西二门。池阔一丈，深七尺。洪武二十九年百户张刚筑。"⑤

清泉寨备御百户所，设百户3员，守城军余15名，守墩军余6名，守堡军余2名，

---

① 嘉靖《青州府志》卷十一《城池》，第29页，明嘉靖四十四年（1565）刻本。
② 顺治《登州府志》卷三《城池》，第4页，清康熙三十三年（1694）刻本。
③ 同前注。
④ 同前注。
⑤ 同前注。

系宁海卫后所千户所分设。清泉寨城，"砖城。周二里，高二丈五尺，阔一丈五尺。门一，楼铺六。"①

登州府境内各卫直接管辖的墩台，登州卫有6座，威海卫8座，宁海卫6座，成山卫10座，大嵩卫7座，靖海卫直辖墩台最多，有20座；奇山守御千户所4座，宁津守御千户所8座，海阳守御千户所7座；福山备御中前千户所2座，寻山备御后千户所8座，金山备御千户所5座，百尺崖备御后千户所6座，大山寨备御千户所2座；此外，刘家汪寨5座，解宋寨3座，芦洋寨6座，清泉寨2座。

据顺治《登州府志》记载，登州府府境内烟墩与堡的数量为210处。其中各卫所所辖烟墩115处，各地巡检司所辖烟墩16处，共计131处，其基本情况如下：

登州卫6处：蓬莱阁、田横寨、西庄、林家庄、抹直口、教场。

刘家汪寨5处：矫家庄、湾子口、淋嘴、西峰山、城儿岭。

解宋寨3处：木基、解宋、虚里。

芦洋寨6处：郭家庄、磁山、鹚鸣、八角嘴、城阴、白石。

福山备御中前千户所2处：鼍后、营后。

宁海卫6处：后至山、草埠、小峰、戏山、貉子窝、马山。

金山备御千户所5处：庙山、凤凰、小峰山、骆驼、金山。

奇山守御千户所4处：木柞、埠东、熨斗、现顶。

清泉寨2处：清泉、石沟。

宁津守御千户所8处：慢埠、龙山、羊家岛、芝麻滩、万古、柴家山、青埠、孟家山。

大嵩卫7处：望石山、擒虎山、草岛嘴、辛家寨、刘家岭、麦岛、杨家嘴。

大山寨备御千户所2处：大山、虎巢山。

靖海卫20处：柘岛、铎木、郭家口、石岗山、唐浪顶、标杆顶、瓜蒌寨、狗脚山、石脚山、路家马头、赤石、长会口、经土崖、明光山、青岛嘴、姚山头、峰窝、浪浪、大湾口、黑夫厂。

成山卫10处：白峰头、狼家顶、高础山、仲山、太平顶、夺姑山、马山、崮嘴、俞镇、里岛。

寻山备御后千户所8处：青鱼、葛楼山、马山、杨家岭、小崂山、黄莲嘴、古老石、长家嘴。

---

① 顺治《登州府志》卷三《城池》，第4页，清康熙三十三年（1694）刻本。

威海卫8处：绕绕（遥遥）、麻子、斜山、磨儿山、樵子埠、陈家庄、古陌顶、庙后。

百尺崖备御后千户所6处：望天岭、蒲台顶、百尺崖、嵩里、老姑顶、曹家岛。

海阳守御千户所7处：乳山、帽子山、驴山、白沙、峰子山、城子港、小龙山。

除卫所所辖烟墩外，各地巡检司所辖烟墩16处如下：

杨家店巡检司3处：黄石庙、城后、石圈；高山巡检司2处：大山、高山；孙夼镇巡检司3处：旗掌、塔山、岗崩；辛汪寨巡检司1处：辛汪；温泉镇巡检司2处：可山、半月山。赤山寨巡检司1处：田家岭。乳山寨巡检司1处：里口；行村寨巡检司3处：高山、田村、灵山。①

另，登州府境内各卫所所辖堡连同各地巡检司所辖堡共79处，各卫所所辖77处，乳山寨巡检司所辖2处。

福山备御中前所2处：福山、芝阳。

奇山守御千户所2处：黄务、西牟。

宁海卫12处：宋家、曲水、管山、板桥、石子儿、栲栳观、汤西、修福、查林、峰山、辛安、芜篓。

金山备御左千户所4处：邹山、清泉、石沟、朱家。

威海卫4处：曹家庄、豹虎、峰山、天都。

百尺崖备御千户所3处：芝麻岭、宝家崖、转山。

成山卫9处：神前、祭天岭、报信口、堆前、歇马亭、洛口、石峀、北留村、张家。

寻山备御后千户所7处：曲家埠、胜佛口、大水泊、老翅、纪子埠、蒸饼山、青山。

宁津守御千户所9处：帽子山、崮山寨、高楼山、拖地岗、王家铺、大顶山、土现口、龙虎山、崮山。

靖海卫8处：蒸饼山、孤西山、憨山、望将山、坟台顶、店山、葫芦山、起雨山。

海阳守御千户所10处：窄山、猪港、扒山、桃村、孤山、黄利河、孔家庄、撒雪山、老埠港、汤山。

大嵩卫5处：小山、黄山、青山、管村、界河。

大山寨备御千户所2处：双山、黄阳。

乳山寨巡检司2处：长角岭、高庄。②

---

① 顺治《登州府志》卷三《城池》，第4页，清康熙三十三年（1694）刻本。
② 同前注。

2. 莱州府境内

莱州府辖境的南部与北部均濒临沿海，因此寨城多集中在沿海地带。而烟墩的设置则以南部沿海为主，北部沿海的烟墩则要稀疏得多。

据万历《莱州府志》记载，莱州府境内的寨城很多，最主要的有以下几处：

马埠寨城，"周二里，高一丈五尺，阔一丈。南北二门。池深八尺，广一丈。在府西二十五里。"①

王徐寨城，"壁瓮。周二里，高一丈五尺，阔一丈。南北二门。池深八尺，广一丈，在府东北八十里。"②

马停寨城，"垒以石。周二里，高一丈五尺，阔一尺。南北二门。池深八尺，广一丈。在府东北一百六十里。"③

灶河寨城，"周二里，高一丈五尺，阔一丈。南北二门。池深八尺，广一丈。在府北五十里。"④

夏河寨城，"石垒。周三里有奇，高一丈七尺，阔二丈五尺。门四，池深六尺。阔一丈五尺。在胶州西南。"⑤

张家寨城，"土筑。在即墨县西南五十里里仁乡阴岛社。周二里，高二丈一尺，阔一丈。"⑥

楼山寨城，"土筑。在即墨县南四十里里仁乡南曲社。周二里。"⑦

此外，万历《莱州府志》还记载，除张家寨城、楼山寨城外，在即墨县境内还有以下寨城，但其具体筑城情况不详，如田村寨城，在即墨县东北 90 里东移风乡古青社。金家岭城，在即墨县南 70 里仁化乡浮峰社。周 2 里。子家庄寨城，在即墨县东南 90 里仁化乡郑瞳社。萧旺庄寨城，在即墨县东南 50 里海润乡萧旺社。走马岭寨城，在即墨县东北 90 里东移风乡颜武社。羊山寨城，在即墨县东北 100 里东移风乡兴仁社。大港寨城，在即墨县东北 60 里海润乡皋虞社。栲栳岛寨城，在即墨县东北 90 里东移风乡兴仁社。由此亦可以看出，当时即墨海防地位之重要。

另据万历《莱州府志》记载，莱州府境内的烟墩共有 175 处，其基本情况如下：

---

① 万历《莱州府志》卷三《城池》，第 2 页，民国二十八年（1939）铅印本。
② 同前注。
③ 同前注。
④ 同前注。
⑤ 同前注。
⑥ 同前注。
⑦ 同前注。

灵山卫辖墩堡 30：防子峰、将军台、沙沟、黄埠、敲尧山、唐岛、安岭、李家岛、西子埠、风火山在卫南；野山埠、黄山、长城岭、威家疃、捉马山、张哥庄、胡蓝嘴在卫东；沙嘴在卫东北；孙家港、刘家沟、白塔夼、交叉涧、青石山、崇石山、东石山在卫北；焦家村、石喇叉、鹿角河、花山、大河口在卫西。

鳌山卫辖墩堡 26：分水岭、石岭、小崂山、横担、擎石、龙口、石老人、栲栳岛、兰旺、捉马嘴在卫南，狼家嘴、高山、羊山，在卫东；走马岭、峰山、蝎皮岭、黄埠、石炉山、桑园、石张口、大村、明旺、管前、马山、孙疃、那城在卫北。

浮山寨备御千户所辖墩堡 18：麦岛、错皮岭、双山、塔山、瓮窝头在所东；转头山、狗塔埠、桃村、中村、东城、张家庄、程家庄在所南；程羊、女姑、楼山、孤山、红石、斩山在所西。

胶州守御千户所辖墩堡 25：鹿村、八里庄、柘沟河、塔埠、江家庄、沙埠、洋河、石河在所南；孤埠、杜家港、沙岭、大埠、峰村、陈村、辛庄、石河河在所东。新增墩堡：沽河、会滩在所东；三里河、千斤石、海庄、陈家岛、龙泉、刘家港，在所东南；圈林、龙潭在所南。辖寨 6，海庄寨、陈村寨、橛城寨、龙泉寨、两河寨、龙潭寨。

夏河寨备御千户所辖墩堡 16：夏河、沙岭、黄埠、徐家埠、紫良庄、海王庄、车垒山、大盘在所南；北显沟、赵家营、走马岭、封家岭、沙岭、小滩、王家庄、丁家庄在所北。

雄崖守御千户所辖墩堡 11：椴村、王骞、王家山、公平山、望山在所南；青山、米粟山、北堑、陷牛山、朱皋、白马岛在所北。

王徐寨备御千户所辖墩 6：虎口、兹口、庄头、王徐、识会在所北；高沙在所西。

马停寨备御百户所辖墩 5：盐场、零当望在所北；河口、界首、黄山在所西。

灶河寨辖墩 3：单山、三山、本寨在所北。

马埠寨备御四百户所辖墩 3：海庙、扒埠在所北；马埠在所南。

除各卫所所辖 146 处烟墩外，各地巡检司也分别辖有一定数量的烟墩，共有 29 处，如：

柴葫寨巡检司辖墩 6：小皂儿、武家庄、上官、柴葫、大原在司北；诸高在司西。

鱼儿铺巡检司辖墩 6：黑山、河口、韩城、本司、烟火、立鱼河，俱在司北。

海仓巡检司辖墩 8：海郑、白堂、上山、后灶、东关，俱在司东。新增墩 3：花儿墩，在王徐寨；玉皇墩，在郎子埠；禄山墩，在禄山。俱万历二十五年（1597）建。

逄猛巡检司辖墩堡 3：互埠、彭家港、岛儿河，俱在司西。

古镇巡检司辖墩 3，西庄，在司南，古积、北青，在司东南。

栲栳岛巡检司辖墩3：栲栳岛，在司城内；丈二山，在司西南；望梅，在司东。

莱州府境内烟墩数量，各卫所所辖与各地巡检司所辖共计175处。

3. 青州府境内

青州府境内所设卫所数量较少，卫所下属的寨城数量也很少。目前，只有龙潭寨石城、高家港巡检司土城、夹仓镇巡检司石城等寥寥数处可以在各地方志中找到相关记载，但记述都十分简单。

"龙潭寨石城，周一里，在（诸城）县。南龙湾镇海口巡检司石城，周一百二十丈，在（诸城）县。信阳镇巡检司石城，周八十里，在（诸城）县南。萧家寨石城，周一里，在（诸城）县东南。"①

"高家港巡检司，土城，在（乐安）县北。"②

"夹仓镇巡检司，石城，在（日照）县南，周六十丈。"③

由于青州海防地位的下降，其辖境内的烟墩也不似东部沿海那样密集。据嘉靖《青州府志》记载，安东卫辖"墩一十有三：拦头山、雅高山、大河口、泊风、昧蹄沟、张洛、黑石、涛洛、小皂儿、三桥、风火山、虎山、关山。"④

诸城守御千户所辖"墩四：西大岭、黄石拦、东沙岭、黄石。"⑤

塘头寨备御百户所辖"墩十：公母堂、黄种、上泗河、旧寨、宁坟、荆阜、课墩、官台、甜水河、八面河。"⑥

石旧寨备御千户所辖"墩一十有五：南石臼、孤耆山、温桑沟、北石臼、青尼、董家、钓鱼、湘子泊、金线石、河故城、滕家、湖水、本寨、西堡、董家堡。"⑦

另，南龙湾巡检司辖"墩三：琅玡台、陈家贡、胡家。"

夹仓镇巡检司辖"墩四：相家、焦家、蔡家、三岔口。"

四、蓬莱水城：明代海防筑垒的杰出代表

从明洪武年间开始，倭寇频频侵扰我国，沿海地区均受其害。据记载，"倭寇所

---

① 嘉靖《青州府志》卷十一《城池》，第30页，明嘉靖四十四年（1565）刻本。
② 嘉靖《青州府志》卷十一《城池》，第32页，明嘉靖四十四年（1565）刻本。
③ 嘉靖《青州府志》卷十一《城池》，第34页，明嘉靖四十四年（1565）刻本。
④ 嘉靖《青州府志》卷十一《兵防》，第6页，明嘉靖四十四年（1565）刻本。
⑤ 嘉靖《青州府志》卷十一《兵防》，第7页，明嘉靖四十四年（1565）刻本。
⑥ 嘉靖《青州府志》卷十一《兵防》，第5页，明嘉靖四十四年（1565）刻本。
⑦ 嘉靖《青州府志》卷十一《兵防》，第6页，明嘉靖四十四年（1565）刻本。

明清山东海防遗存与文化

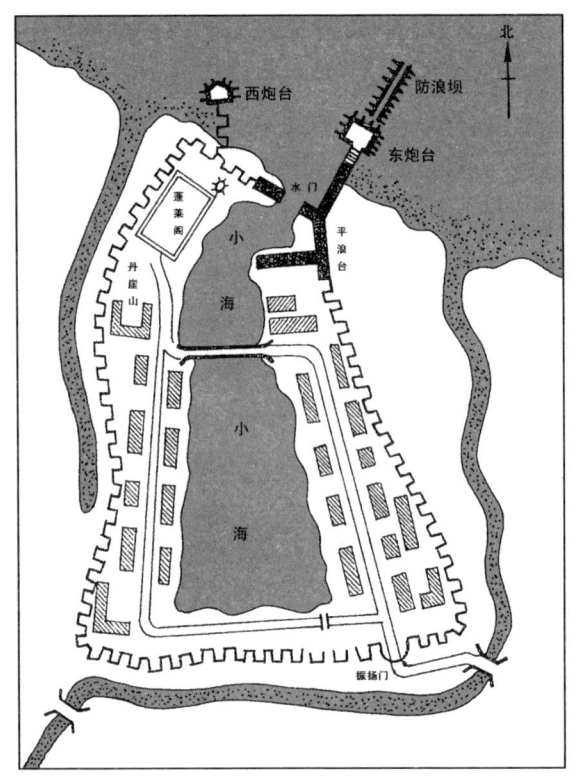

图 2-5 明代蓬莱水城及炮台示意图

经,村舍成墟"。由于倭寇的猖獗,人们对海上重镇的认识更加深刻。许多有识之士格外强调登州的特殊地理位置,提醒沿海守备者要多加关注。

洪武九年（1376）五月,明政府升登州为府,府治置于蓬莱县。关于建立登州府的原因,据《明太祖实录》载:"时以登莱二州皆濒大海,为高丽、日本往来要道,非建府治,增兵卫,不足以镇之"。①

洪武年间（1368—1398）,登州卫指挥使谢观,为加强海防以及保护海运的需要,上奏朝廷建议对画河入海处"挑浚绕以土地,北砌水门,引海入城,名新开口。南设关禁,以讥往来"②,以扩建港口。谢观的建议引起了明政府的高度重视,于是明政府在始建于北宋时期的"刀鱼寨"基础上,在南部加筑了城墙,将海湾环成"小海",从而建成了水城,称"登州水城"。这是我国北方颇具规模的人工港口和海上要塞。后因防备倭寇的需要,于此设帅府,因此又被称为"备倭城"。我们今天所看到的蓬莱水城,主要就是明代的遗迹。

"备倭城"主要由两部分组成,一是陆地设施,包括城墙、城门、敌台、炮台、天桥、衙署、驻兵营房等;二是海港设施,包括以"小海"为中心的防波堤、水门、平浪台、泊船码头等。

登州水城总体上呈不规则的长方形,南北较长,约计655米,其南面靠陆地较为宽阔,北面通海处则较狭窄。

---

① 《明太祖实录》卷一零六,第3页,台北"中央研究院"历史语言研究所校印本,1962年,第1768页。
② 光绪《增修登州府志》卷七《城池》,第2页,清光绪七年（1881）刻本。

城墙沿丹崖山地势修建，西面和西北两面高，东、南两面低。北墙建于丹崖山悬崖之上，因崖高 30 余米，地势险峻，故而以崖为墙，只建有 1.4 米的垛墙。西墙建于丘陵脊背，虽不高亦较险峻。东、南两墙因地势低洼，筑得较高，平均高度约 7 米，均系夯打而成。墙内外均为砖石包砌，下部用石，上部砌砖。城顶设有垛墙，垛墙下端有方孔，顶端有凹形垛口，垛口下方有方孔。城顶近垛墙处有用砖铺砌的"海墁"。

城墙上面筑有敌台，俗称箭楼，即周围有远望、射箭窗孔的城楼。万历二十四年（1596），为防御敌人攻城，总兵李承勋在原有敌台的基础上，"瓷以砖，东、北、西三面共增敌台三座"[1]。其中西墙一座敌台伸出墙外 5.5 米，宽 6.2 米，高与城齐，台顶有垛墙。敌台后侧有伸入城内与墙同高的台基，长 6.2 米、宽 7.4 米。

水城设有南北两座城门。北门即水门，俗称关门口，位置在水城东北隅的平浪台对面。水门东、西两侧筑有高大的门垛与城墙衔接。门垛基部为长方形大石砌成，上部砌砖。西门垛就建在基岩上。东门垛建于沙底，底有木桩，上砌长条石块。口门曾安设过栅栏，可以起落，用以阻、放船。这是船舰由水城通往外海的唯一通道。"水城北隅，尖兀波面，中开广浦，以泊艟艨，城缺丈余，以桥出入，上横巨板，名曰'天桥'"[2]，所以又称"天桥口"。

在水门口外的东西两侧分别设有一座炮台。西炮台，在水门西北 100 米，建于城外丹崖东侧的陡壁上，伸出城外 12 米，宽 12 米。城墙开有小门道，以供进出。东炮台建于沿东墙向北延伸出的墙体之上，高出城墙 2.5 米，上筑垛墙。炮台的底基为大型长条石砌，上部皆用砖砌。南有台阶以供军士上下。东、西两炮台呈犄角之势，封锁着水门口外海面，是护卫水城的重要设施。

南陆门和北水门遥向对立。南门称振扬门，为一座陆门，门通陆地，供车马行人之用。振扬门初建时原为土门，后发展为砖券门，立砖券顶，两券两伏。门洞宽 3 米，进深 13.75 米，最高处 5.3 米。城门内不远就是驻兵营地与署衙、寺、庙等。从南门入城，唯一的道路是通向水门内平浪台的南北干路。中部靠北边有一条小路，横跨小海腰间，通往丹崖山。水城东西两边则只有城墙，没有城门，不能出入。

水城中的港湾，俗称"小海"，是由画河口疏浚扩大后整修成的。小海北部窄，南部阔，状如一只卡腰的葫芦，由北而南总长 650 米，总面积约为 65000 平方米。在其中部卡腰处，有一条东西走向通道，横贯水上，中间有活动桥板，以利船只进出。

---

[1] 道光《重修蓬莱县志》卷二《地理》，第 11 页，道光十九年（1839）刻本。
[2] ［明］徐可先《增置天桥铁栅记》。道光《重修蓬莱县志》卷十二《艺文志上·记》，第 21 页。

小海的水位，随着大海潮汐的变化而升降，"满潮水深四尺五寸落潮无水。弱头石尖外，满潮水深六七尺，落潮二三里许外，水深丈余，三里外水深数丈。再外直接对海之长山岛，水深十二三丈不等"。据实测，小海平常实际水深达3米以上，300吨左右的海船，可以停靠，出入无碍。小海四周港岸经整修后，均可停船，这样整个小海可以同时靠泊上百只木帆船。平日里，小海供舰船停泊之用，同时又是水师操演排阵之所。

此外，为了抵御东北风和涌浪的力度，并阻挡泥沙侵入，避免造成严重回淤，在水门右侧抛石修筑了一道防波堤。防波堤由东北炮台向北伸出，涨潮时尽淹没，落潮时则部分露出水面。在水门外之左侧，则利用丹崖山靠海的陡坡，作为天然之防波墙。同时，在水门正南面约50米，以沙土石块填筑而成平浪台。平浪台东面与城墙衔接，西北角呈弧形，与城垣同高。其东北角有斜坡道下达码头，东侧有一敌台。平浪台有效地防止了东北风浪侵入城池，从而保证了小海内的风平浪静。平浪台北端建有平浪宫面对大海，俗称"小圣庙"，就是为了祈神平浪。

水城所依的丹崖山，正可以用作天然的瞭望台，同时又是船舶航行天然标识。站在丹崖山顶，无论是数十里以外的陆地，还是几十里的洋面，都可以一览无余；白天，过往船只以此山为参照标志，航行进港；夜晚，船舶则可利用丹崖山上的灯火导航。

丹崖山伸进海中的一部分，被用作天然的防波堤；水城港址在丹崖山内侧，宽阔隐蔽，适宜军用民需，船舶进出海口方便、通畅、安全。丹崖山下的画河直入大海，其入海口稍加修浚，即是一个优良的船舶出入口，而整个画河稍一改道，又被当成天然的护城河。

总之，整个水城的设计构思精巧，独具匠心，特点显著，别具一格，堪称天才杰作。备倭城环抱军港，护城河环绕备倭城；城围港，水绕城，堪称城中港，港上城，充分显示了水城建筑者丰富的想象力和卓越的聪颖智慧。登州水城建成后，登州的军事政治功能得到进一步加强，而其经济功能则进一步退化。

五、明朝后期山东沿海的炮台

明朝中叶以后，随着"铜将军火炮"、佛朗机、神火飞鸦（火箭）、子母炮、飞空击贼震天雷炮等火器的普遍使用，出现了炮台、碉堡和碉楼等军事筑垒。建筑炮台一方面是为了加强防御力量，控制海岸、海口和重要地段，另一方面也是为了加强对守兵的保护。

明代的炮台是一种碉楼式掩体工事，即类似于后来的炮楼或者碉堡。炮台一般都充分利用、依托有利地形构筑防御设施，有的则设置在地形开阔、易攻难守又便于倭寇登陆的地段。据《中国军事史》的介绍，那时的炮台高度通常为13—16米，构筑成3层，每层的四面都开设大小射孔，配置各种火炮，并在每层还备有铳和弩机。每座炮台的周围还构筑一道围墙，墙外挖掘一条环护壕沟，并在出入门口的壕沟上设置吊桥。

在山东沿海，大部分是相当简陋的露天式墩台。据雍正《山东通志》卷二十《海疆》记载："设炮曰台，司烽曰墩，皆有堡房，系陆路汛兵守之。按东省沿海设立炮台，自明万历间防倭备辽，其比如栉（zhi）。"① 可见，在《山东通志》中，凡是使用火炮的军事单元，都称之为炮台。这跟现在炮台的概念是不一样的。

按雍正《山东通志》中的统计，明代山东沿海炮台的修筑开始于万历年间，炮台总数达到一百多座：安东卫炮台、岚头山墩；日照县张洛口墩、涛洛口墩、夹仓口墩、东墩、石臼所墩、龙旺口炮台；诸城县宋家口墩、董家口墩、董家口东墩、亭子栏炮台、龙湾口墩、古镇口炮台、胶州大湾口墩、唐岛口炮台、张头嘴墩；即墨县女姑口墩、青岛口炮台、野鸡台墩、石老人墩、董家湾炮台、登窑口墩、七沟墩、大桥墩、崂山口炮台、走马岭墩、新庄墩、黄龙庄炮台、周哥庄墩、望山墩、七口墩、米粟墩、金家口墩；莱阳县何家口墩、北墩；海阳县丁字嘴炮台、羊角盘墩、草岛嘴墩；宁海州琵琶口墩、旗杆墩、黄岛口炮台、南洪墩、白沙墩、浪煖口墩；文登县五垒岛炮台、长会口墩、望海墩、龙王庙墩、朱家圈墩；荣成县马头嘴炮台、北墩、石岛口炮台、石岛北墩、家鸡旺墩、青鱼滩墩、倭岛墩、里岛墩、养鱼池炮台、池北墩、龙口崖炮台、朝阳口墩、灶埠口墩、海埠口墩、长峰口墩、樵子埠墩；文登县三官营墩、威海司东门外墩、祭祀台炮台、貊子寨墩；宁海州清泉寨墩、沿台墩；福山县之罘岛炮台、大口墩、八角口炮台；蓬莱县卢羊口墩、白石墩、刘家旺墩、湾子口墩、天桥口炮台；黄县黄河营墩、屺姆岛墩；招远县王徐口墩；掖县石灰嘴墩、高沙墩、三山岛炮台、小石岛墩、黑港口墩、海庙口墩、虎头崖墩；昌邑县鱼儿浦（铺）墩；利津县牡蛎口墩。②

以上炮台合计共91座。其中有70处原本是烟墩，而且有多处属于巡检司所管辖的烟墩。可见，大部分地方只是因为使用了火炮而被称为"炮台"。这些所谓的炮台最简单的结构就是烟墩加火炮，大部分处于有炮而无台的状态。再者，烟墩多设于偏僻之处或者高处，凡是可以放置于烟墩上使用的火炮，几乎全部是小型的炮。

---

① 雍正《山东通志》卷二十《海疆》，第8页，清乾隆元年（1736）刻本。《景印文渊阁四库全书》（第540册），台湾商务印书馆发行，第371页。
② 雍正《山东通志》卷二十《海疆》，第6—9页，清乾隆元年（1736）刻本。《景印文渊阁四库全书》（第540册），台湾商务印书馆发行，第370—371页。

第三章　清代前期的山东海防

第一节　清代前期山东行政区划的演变

一、清初的"撤卫设县"

清朝初年，在军事上没有立刻废除明代的卫所制度，而是对它进行了改革与调整。卫所暂时保留下来，但卫所原有的武职，或裁撤，或改置。明代设立的卫指挥使被废除，而代之以守备署。守备署设"守备一员，正五品，管理庶政，兼理屯务"。此时，卫所官员仍为武职，不过其职责已转向维持地方治安，缉捕贼盗，其原有的军事性质已经被改变。守备署变成与州县平行的特殊行政单位，凡城池、民社、学校、钱粮，均与州县相同。随后，卫所的官员由原来的世袭制改为任命制。卫所的守备、千总改由兵部推选，百总则由各省督抚选派委任。至此，卫所的军事性质已经完全消失。

在对卫所职官进行调整，逐渐取消其军事职能的同时，清政府又对卫所进行了裁撤，主要有两种形式，或将部分卫所改为州县，或将部分卫所归并附近州县。康熙年间，清政府加快了裁并卫所的步伐。雍正年间，开始大规模地裁并卫所。这样，从顺治开始一直到雍正年间，历经三朝，最终在全国范围内完成了"撤卫设县"。

山东沿海卫所的改造与调整亦开始于顺治年间，起初也是先裁减卫所官员，并将其由世袭制改为任命制。沿海卫所官员纷纷由卫指挥使改为守备，由千户改为千总。

顺治十二年（1655）始，清政府对山东沿海卫所进行了压缩和裁并，先后裁"青州左卫右、中、前、后四所，安东卫左、前二所，莱州卫右、中、前、后四所，灵山卫左、后二所，鳌山卫左、后二所，登州卫左、右、中、前、后五所，福山守御中、前二所，宁海卫左、右、前、后四所，威海左、前二所，成山卫左、前、后三所，靖海卫左、右、后三所，大嵩中、前二所……胶州所并于灵山卫，宁津所并靖海卫，奇山所并宁海卫，海阳所并大嵩卫。"①顺治十六年（1659），又裁并宁海卫。康熙十年（1671），裁灵山卫经历、夏河所千总、胶州所千总。康熙四十一年（1702），裁百尺崖后所，归并威海卫。

雍正二年（1724），裁山东都司。此后在各省均不再设都指挥使司，军权由督抚、提督来掌握。此后，"撤卫设县"的力度和速度进一步加大。

雍正十二年（1734），裁灵山卫，归并胶州、诸城县。同年，裁鳌山卫、雄崖所、浮山所，归并入即墨县。

卫所裁撤后，大部分并入附近州县。山东沿海经过"撤卫设县"，新增加两县，分别是海阳县，由大嵩卫改；荣成县，由成山卫改。

雍正十二年（1734），裁大嵩卫，"析行村、高山、林寺三乡设海阳县，析青山乡入宁海州，分拨县卫粮银。"②大嵩卫原属莱阳县地，因处嵩山之阳，故名。"撤卫设县"后，因县地处于黄海之北，故名"海阳"。同年，又裁威海卫、成山卫、靖海卫三卫，改为荣成县。

至此，卫所全部消失，明代以沿海卫所分区防御为核心的防御体系完全瓦解，取而代之的是绿营分汛把守和水师巡洋会哨相结合的防御体系。与明代相比，清代沿海驻军大为减少。

卫所撤销后，清政府还在雄崖所、浮山所、鳌山卫、灵山卫等原卫所所在地设巡检司。同时，胶州逢猛巡检司移驻灵山卫，改为灵山卫巡检司；宁海州乳山巡检司移驻靖海卫，改为靖海卫巡检司；文登温泉镇巡检司移驻于威海卫，改为威海巡检司。

安东卫的裁撤比较晚。乾隆九年（1744），裁安东卫并于日照县。在此前一年，夹仓巡检司移驻安东卫。

二、清代前期山东行政区划及其演变

清代山东行政区划基本沿袭明朝旧制，但雍正、乾隆年间稍有变更。如雍正十二年（1734），将武定州和沂州升为府，并将原青州府所属的颜神镇升为博山县；次年又将泰安州、曹州升为府。同时，裁并大嵩、成山2卫，改设海阳、荣成2县。

乾隆三十九年（1774），将临清、济宁升为直隶州，与府平级，而其余各州仍为散

---

① 昆冈，等：《钦定大清会典事例》，《续修四库全书》（第806册），上海：上海古籍出版社2002年，第698页。
② 《莱阳县志》，据民国二十四年铅印本影印，台北：成文出版社1968年，第112页。

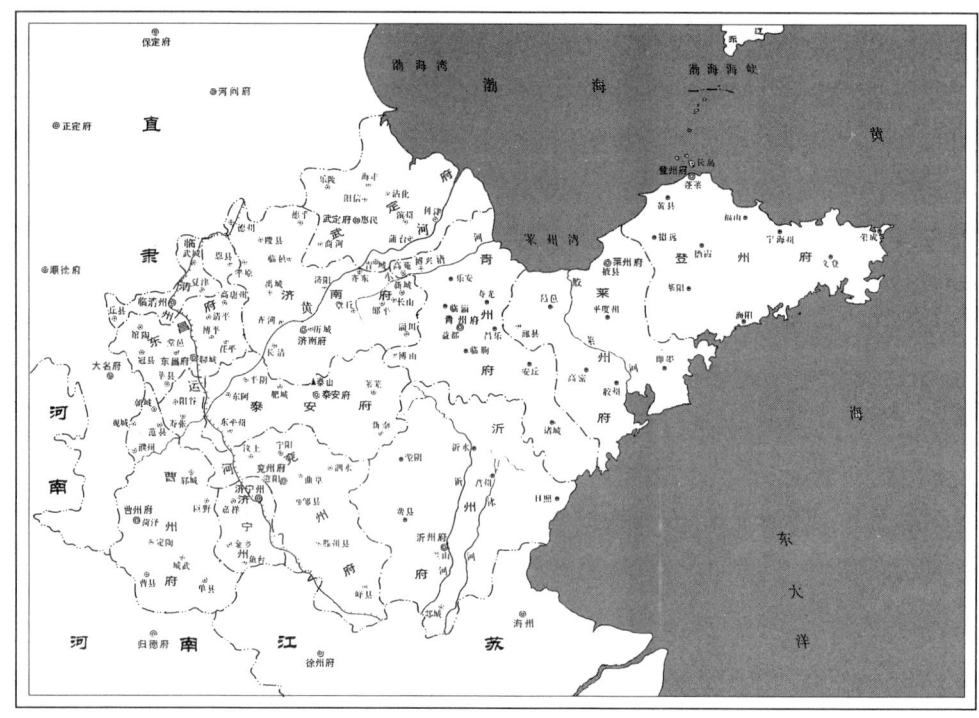

图 3-1 清代山东行政区划示意图

州,与县平级。这样,清代山东布政使司共辖 10 府、2 直隶州、105 州县。清代山东各府所辖州县如下表。

在山东所辖 10 府中,武定、沂州、登州、莱州、青州等 5 府 21 个州县临海。其中,武定府有海丰、沾化、利津 3 县;青州有乐安、寿光、诸城 3 县;登州府有招远、黄县、蓬莱、福山、宁海州、莱阳、文登、荣成、海阳 9 县;莱州府有掖县、潍县、昌邑、胶州、即墨 5 县;沂州府有日照 1 县。

与明代不同的是,清朝在行省与府(直隶州)之间设立"道",并派驻道员,其主要职责是负责协助巡抚和布政使、按察使处理各府、州的有关政务。但道不是固定的行政机构,而是属于临时派遣。清朝在山东共设三道,分别是济东道、兖沂曹济道、登莱青道。

济东道驻济南,负责济南府、东昌府、泰安府、武定府和临清直隶州的有关政务。
兖沂曹济道驻济宁,负责兖州府、沂州府、曹州府和济宁直隶州的有关政务。
登莱青道驻莱州,负责登州府、莱州府、青州府的有关政务。
再到光绪三十四年(1908),清政府升胶州为直隶州。胶州,本属莱州,光绪三十四年升直隶州，领县二：高密、即墨。

表 3-1　清代行政区划一览

省	道	府	府治	所辖州县	州县总计
山东布政使司	济东道（济南）	济南府	历城	历城、章丘、邹平、淄川、长山、新城、齐河、齐东、平原、德州、德平、临邑、长清、陵县、禹城、济阳	16
		东昌府	聊城	聊城、堂邑、博平、茌平、清平、莘县、冠县、馆陶、恩县、高唐州	10
		泰安府	泰安	泰安、新泰、东阿、东平县、平阴、莱芜、肥城	7
		武定府	惠民	惠民、滨州、阳信县、海丰县、乐陵县、利津、沾化、蒲台、青城、商河	10
		临清直隶州		武城县、夏津、丘县	3
	兖沂曹济道（济宁）	兖州府	滋阳	滋阳、曲阜、宁阳、邹县、泗水、滕县、峄县、汶上、阳谷、寿张	10
		沂州府	兰山	兰山、莒县、郯城、费县、沂水、蒙阴、日照	7
		曹州府	菏泽	菏泽、濮州、曹县、定陶、范县、观城、朝城、巨野、郓城、单县、城武	11
		济宁直隶州		金乡、鱼台、嘉祥	3
	登莱青道（莱州）	登州府	蓬莱	蓬莱、宁海州、黄县、福山、栖霞、招远、莱阳、文登、海阳、荣成	10
		莱州府	掖县	掖县、平度州、潍县、昌邑、胶州、高密、即墨	7
		青州府	益都	益都、博山、临朐、临淄、博兴、高苑、乐安、寿光、昌乐、安丘、诸城	11

三、山东的海口与海汛[①]

清代山东海防，注重海岸、海口的防守，不似明代那样放弃了海岛和海岸线。然而山东海岸线蜿蜒曲折，口岸众多，而且各地口岸险要形势各不相同，海防地位也因此各有差异。

清代前期，在明代基础上，对山东海疆、周边岛屿及其沿海海口、口岸的情况，有了进一步的认识。据雍正《山东通志》记载：山东海岸线，"自安东卫起，循海而东而北，至海丰县直隶交界止。"[②] 其中，《山东通志》卷二十"海疆"详细记载了山东沿海各重要海口、口岸，自南到北分别是：安东卫岚山口、日照县涨洛口、涛洛口、夹仓

[①] 海汛意思是海洋的汛期，也指海潮。
[②] 雍正《山东通志》卷二十《海疆志》，第 3 页，清乾隆元年（1736），景印文渊阁四库全书（第 540 册），台湾商务印书馆发行，第 368 页。

口、龙汪口；诸城县宋家口、董家口、龙湾口；胶州古镇岛口、淮子口；即墨女姑口、董家湾口、登窑口墩、巉山口、金家口；莱阳县何家口；海阳县行村口、丁字嘴口；宁海州乳山口、南洪口、浪煖口；文登县五垒岛口、长会口、望海口、靖海龙王庙口、柳埠口、朱家圈口；荣成县马头嘴口、石岛口、家鸡旺口、养鱼池口、龙口崖、朝阳口、长峰口；文登县龙王庙口、双岛口；宁海州金山口、养马岛口、龙门口、清泉寨口；福山县之罘岛口、大河口墩、八角口；蓬莱县卢羊口墩、刘家旺口、湾子口、抹直口、天桥口；黄县黄河营口；招远县东良口；掖县三山岛口、海沧口；昌邑县下营口、寿光县弥河口、乐安县新河口、利津县牡蛎口、沾化县绛河口、海丰县大沽河口①。以上海口、口岸在明代就受到重视，被视为海防要地，或设烟墩，或设巡检司，明代中期以后很多地方又添设炮台。

清朝初年，山东总督张元锡督管山东海防，他吸取前代海防思想的经验和教训，根据各地口岸海防地位的不同情形，将沿海口岸分为8种类型，即：险汛、要汛、冲汛、会汛、闲汛、散汛、迁汛、僻汛等"八汛"，并针对不同类型设计了相应的防卫方案。清制，凡千总、把总、外委等武官所统率的绿营兵均称"汛"，其驻防巡逻的地区称"汛地"。

乾隆五年（1740）《莱州府志》卷五《海汛》对山东沿海海口、口岸的情况进行了详细记载，并将其分为8种类型：

"海运故道，自江南淮安府起，至直隶张家港止，共止三千四百里，其间可以驻泊之口岸数百，可以避风之岛屿数百，相其形势，分别险、要、冲、会、闲、散、迁、僻之地而布置防汛。

一曰险汛：两山相扼，水多礁石，风汛无恒者，宜用把截。

二曰要汛：众道必由，舍此而歧者，宜屯重点。

三曰冲汛：往来必经驻泊定程者，宜用守防。

四曰会汛：居中控制众途总集者，宜立军门。

五曰闲汛：潮水出入，小口狭滩，不堪驻船者，宜设墩卒。

六曰散汛：道旁岛屿暂可避风者，宜委乡保。

七曰迁汛：避风入口、换风出口、无关正道者，宜用哨望。

八曰僻汛：支流数里，偏在一隅，不通大洋者，宜用侦探。"②

---

① 雍正《山东通志》卷二十《海疆》，第3-6页，清乾隆元年（1736），景印文渊阁四库全书（第540册），台湾商务印书馆发行，第368-370页。

② 乾隆《莱州府志》卷五《兵防》，第6-9页，乾隆五年（1740）刻本。

张元锡等人认为，"此八汛者，潦然心目，则可以审防汛之缓急，用兵之多寡，以逸待劳，百无一失。"①

譬如，在山东沿海的海口、口岸中，莺游山、斋堂岛、福岛、芝罘岛、三山岛、海仓口等属于冲汛，田横岛海口为"险冲汛"，淮子口为"险要汛"，成山头为"险中要汛"；延真岛、刘公岛、长山岛三处则为"冲要汛"。斋堂岛、福岛、芝罘岛、三山岛、海仓口为"冲汛"，唐岛为"次冲汛"，登州水城新开海口为"会汛"；闲汛有古镇口、薛家岛、屺𡷊岛，散汛有头营子、二营子、董家湾、女姑口，迁汛有灵山岛、登窑口，僻汛有柴胡荡。

对山东海疆认识的加深，影响着清政府在山东的海防建设。清政府本着"先冲要而后迁僻"的原则，因地制宜，设险防守，在关键地带重点布防，偏僻海口则实行巡哨侦察，充分反映了清政府重点防御和综合防御相结合的战略思想和以点带面的战略部署，可谓轻重有序，主次分明。

总的来看，山东海防的重点地区主要分为三部分：登州南北全境、莱州南面海岸，以及今日照市南北两侧的一段海岸。莱州北面海岸，因位置在山东半岛和辽东半岛环抱而成的"钳口"以西，而且东面有登州作掩护，其海防地位已有所下降。至于登、莱二州以西的海岸，因地处渤海腹地，且海岸多为泥滩，基本无险可守。

第二节 清代前期山东海防部署

一、军事部署

1. 八旗驻防要津、绿营分汛防守

旧时军队驻防的地方称为"汛"；清代，在沿海、沿江、沿河、沿边、大路通衢设立墩堡，驻扎官兵，划地分守，叫作汛地。"营汛"指军队的戍防，也指戍防军队。

清代前期的经制兵（正规军）有八旗兵和绿营兵两种。八旗兵由皇帝直接指挥，集中控制于京师及全国各战略要点，具有国家和地区主力机动兵团的性质；而绿营兵则由各省军、政长官指挥，分散驻防于全国各城镇，有地方镇戍部队的性质。八旗兵和绿营

---

① 乾隆《莱州府志》卷五《兵防·海汛》，第7页，乾隆五年（1740）刻本。

兵相比，处于特殊地位。满族大臣、将领可以指挥绿营，而汉族将领不能指挥八旗。

（1）青州、德州驻防八旗

八旗有满洲八旗、蒙古八旗和汉军八旗之分，其旗帜颜色和形状分别为黄、白、红、蓝四色旗和镶黄、镶白、镶红、镶蓝四旗。每旗设都统，归中央八旗都统衙门统管，地方督抚无权征调。八旗军又分为守卫京师的"禁卫兵"和驻防地方的"驻防兵"。"禁卫兵"以满洲八旗为主；"驻防兵"分布在全国各大省会、水陆要冲、边疆海防，控扼京师以外所有最重要的军事据点，合满洲、蒙古、汉军旗以为营。清军入关前，满、蒙、汉八旗的兵力合计14万8600余人。

八旗都统衙门，为八旗兵的最高领导机构，不局限于军事，凡户籍、民事统归其管理。每旗设都统一人（从一品）、副都统（正二品）二人，分管满、蒙、汉二十四旗的事务。

在山东，八旗兵主要驻防在青州和德州。

德州驻防八旗：顺治十一年（1654），直隶河间府（今河北省河间市）满洲驻防营（满洲镶黄、正黄和蒙古镶黄、正黄四旗）移防德州，归驻京都统直辖，官兵共355名。雍正二年（1724）添设甲兵160名，乾隆元年（1736）添设步兵50名。乾隆二十六年（1761）改归青州副都统管辖。

青州驻防八旗：雍正九年（1731），议政大臣田文镜题请于青州府设立满洲营，镇守山东地方，与德州营东西控制，别设城署、营房，分拨八旗兵驻扎。翌年正式定制，设将军1员，官兵总计2473名。乾隆二十六年（1761），裁将军缺，以专城副都统领之，驻守青州，兼辖德州驻防营。直至清末，隶属兵部，并可直向皇帝奏事。

青州、德州驻防八旗的任务是监控当地行政和驻军，基本不参与具体的海防事务。

（2）绿营山东三镇

清代前期，海防任务主要由沿海驻防的水陆绿营兵承担。绿营军以招降或招募的汉军组成，以绿旗为营标，故称绿营兵。

绿营的战略单位为镇，基本编制单位为营。清政府将全国划分为11个军事区，区的最高长官为总督，不设总督的区，则兼领提督的巡抚为最高长官。省的最高军事长官为提督或兼领提督的巡抚，省下分若干镇，镇的长官为总兵，镇下分若干协，协的长官为副将，协下设营，营的长官为参将、游击、都司或守备；营下设汛，长官为千总、把总或外委千总、把总。

绿营士兵有马兵、步兵、守兵之分。绿营士兵的升级，是按守兵升步兵，步兵升马兵，马兵升额外外委把总的顺序实行的。在兵役制度上，绿营主要实行的是募兵制，而非世兵制，绿营士兵一律募本地人充任，不得由外来或无固定籍贯的人充当，这是与明代的很大不同。

绿营的主要任务是镇戍。据《乾隆会典则例》记载，当时全国共66个镇，1169个营。绿营的兵种以步兵为主，也有部分骑兵和水军。绿营兵在极盛时期，兵力多达60余万。平时镇戍地方，战时从各镇中抽调官兵，集中使用。康熙年间，全国绿营兵额共有594414人，沿海各省驻守的绿营兵，合计293136人，几乎占了全国绿营兵的半数，其中山东为20000人。

山东原设临清、沂州两镇；后设登州镇、兖州镇、曹州镇三镇。清历朝驻山东绿营兵额为1.7万至2.4万人之间。

顺治元年（1644），设临清、沂州两镇；1658年沂州镇总兵官移驻胶州，改为胶州镇；1661年临清镇总兵官移驻登州，改为登州镇；康熙二十二年（1683）裁胶州镇；当时，山东只设登州镇，通省27营皆归其节制。雍正元年（1723）建兖州镇，嘉庆二十二年（1817）建曹州镇。

登州镇驻府城（今蓬莱市）。总兵官直辖本标中、右两营，兼辖文登、宁福、胶州、莱州、即墨、青州、寿乐7营，官兵共3709名。道光三十年（1850），登州镇改为水师镇兼辖陆路，同治十二年（1873）复改专管陆路。兖州镇驻府城（今兖州县），总兵官直辖本标中、右营，兼辖台庄、沂州、泰安、沙沟、武定、安东营和济南城守营，官兵共4716名。曹州镇驻府城（今菏泽市），总兵官直辖本标中、右两营，兼辖临清、德州、东昌、高唐、寿张、梁山、巨野7营。道光二十年（1840）添设桃源营；1841年添设单县营；同治元年（1862）添设濮州营，共计12营，官兵共4702名。

山东沿海各地为登州镇的防区。清代，镇、营、汛的兵额数及其上下级之间的隶属关系比较清晰，其基本情况如下：

登州镇，据乾隆《续登州府志》记载，驻扎府城，总兵官1员，带领中营中军游击1员，守备1员，千总3员，把总3员，外委千总2员，外委把总6员，马兵367名，步兵730名。右营游击1员，守备1员，千总2员，把总3员，外委千总3员，外委把总5员，马兵368名，步兵795名。

登州镇中营、右营：

分防蓬莱县汛，中右两营按年分番轮防。

中营：

分防黄县汛，把总1员，马兵11名。步兵90名。

分防招远县汛，把总1员，马兵11名，步兵90名。

分防黄河营汛，沿海西至屺姆岛，外委千总1员，步兵12名。

贴防钜齿牙山，栖霞县地方原右营汛中营贴防，步兵50名以上，俱中营汛。

右营：

分防栖霞县汛，千总1员，马兵10名，步兵70名。

分防莱阳县汛，把总1员，马兵10名，步兵70名。又游巡平度即墨交界马兵3名，步兵10名。

分防东海沿边汛，把总1员，马兵2名，步兵26名。

分防之罘岛汛，福山县地方外委把总1员，马兵2名，步兵20名。

分防钜齿牙山，步兵50名，以上俱右营汛。

文登营：副将1员，都司1员，前总2员，把总4员，外委千总1员，外委把总3员，马兵130名，步兵540名。

文登营驻劄本汛，县东北10里，副将1员，都司1员，把总2员，马兵72名，步兵200名。

分防文登县汛，千总1员，外委把总1员，马兵20名，步兵50名。

分防荣成县汛，千总1员，外委把总1员，马兵10名，步兵78名。

分防靖海卫汛，把总1员，外委把总1员，马兵12名，步兵112名。

分防海阳县汛，把总1员，外委把总1员，马兵16名，步兵64名，旧系宁福营汛，康熙三十九年（1700）改归本营。

宁福营：都司1员，把总2员，外委千总1员，外委把总2员，马兵65名，步兵266名。

宁福营驻扎宁海州。都司1员，把总1员，外委把总1员，马兵38名，步兵149名。

分防福山县汛。把总1员，马兵16名，步兵43名。

分防威海卫汛，外委把总1员，马兵2名，步兵30名。

分防行村海汛。海阳县沿海地方千总1员，外委千总1员，马兵9名，步兵44员[1]。

莱州营：参将1员，守备1员，千总1员，把总4员，外委千总1员，外委把总3员，马兵124名，步兵468名。

莱州营驻劄府城，参将1员，守备1员，千总1员，外委千总1员，外委把总3员。马兵36名，步兵214名。

---

[1] 乾隆《续登州府志》卷四《武备》，第9页，清乾隆七年（1742）刻本。

分防掖县汛，把总1员，马兵20名，步兵75名。

分防昌邑县汛，把总1员，马兵20名，步兵46名。

分防潍县汛，把总1员，马兵20名，步兵58名。

分防北海汛，把总1员，马兵14名，步兵39名。

分防西海汛，千总1员，马兵14名，步兵36名。

胶州营：据道光《重修胶州志》记载，副将1员，都司1员，千总2员，把总5员，外委千总1员，外委把总3员，马兵111名，内经制外委4名，额外外委2名，步兵446名。

专防胶州汛，城守把总2员，在城马兵54名，外经制外委4名，额外外委2名，支食马粮步兵199名。

分防外汛，千总1员，外委把总1员，马兵14名，步兵40名。

分防灵山卫等汛，本口千总1员，马兵10名，步兵51名；古镇口外委把总1员，马兵2名，步兵13名。

分防登窑口等汛，本口把总1员，马兵3名，步兵44名；青岛口外委把总1员，马兵1名，步兵12名。

分防岞山所汛，把总1员，马兵2名，步兵13名。

分防浮山所汛，把总1员，马兵6名，步兵31名。

分防安邱汛，把总1员，马兵13名，步兵43名[①]。

即墨营：驻扎即墨县，参将1员，守备1员，千总1员，把总1员，外委千总1员，外委把总1员，马兵81名，步兵286名。

分防平度州汛，把总1员，马兵15名，步兵60名。

分防高密县汛，把总1员，马兵14名，步兵50名。

分防诸城县汛，把总1员，马兵8名，步兵52名。

分防鳌山卫坡子口等汛，把总1员，外委把总2员，马兵13名，步兵60名。

青州营：参将1员，守备1员，外委千总1员，马兵70名，步兵298名。

专防益都县汛，把总1员，马兵18名，步兵55名。

分防临淄县汛，把总1员，外委把总1员，马兵7名，步兵35名。

分防博山县汛，把总1员，马兵8名，步兵20名。

分防博兴县汛，把总1员，外委把总1员，马兵9名，步兵45名。

---

① 道光《重修胶州志》卷十九《志九·兵防》，第1—2页，清道光二十五年（1845）刻本。

分防高苑县汛，把总1员，外委把总1员，马兵7名，步兵35名。

分防临朐县汛，把总1员，外委把总1员，马兵11名，步兵44名。

分防沂水县汛，千总1员，外委把总1员，马兵7名，步兵44名。又兼垛庄馹汛，马兵20名，步兵26名。

寿乐营：寿光、乐安、昌乐三县本属青州府所辖之地，而营汛则属莱州①。据咸丰《青州府志》记载，定制本营都司1员，千总1员，把总2员，外委把总1员，马兵57名，步兵226名。

驻扎寿光县，都司1员，把总1员，外委把总1员，马兵25名，步兵122名。

分防昌乐县汛，把总1员，马兵18名，步兵55名。

分防乐安县汛，把总1员，马兵14名，步兵49名。

此外，山东北部沿海设有武定营，南部沿海设有安东营，均属兖州镇。兖州镇的其他防区以及曹州镇的防区并不靠海，其分汛情况在此不赘述。

武定营，驻扎武定府，雍正十二年（1734）升州为府，游击1员，千总1员，外委千总1员，外委把总1员，马兵42名，步兵162名。

驻防佘家港汛，海丰县地方，守备1员，马兵20名，步兵60名。

分防海丰县汛，把总1员，马兵6名，步兵32名；又防大沽河步兵18名。

分防利津县汛，外委把总1员，马兵11名，步兵24名。又防台子关步兵16名。

分防沾化县汛，外委把总1员，马兵5名，步兵31名。

另有分防蒲台县汛、分防长山县汛、分防青城县汛、分防阳信县汛、分防乐陵县汛、分防滨州县汛，辖区均不靠海。

安东营，安东本卫地，在莒州日照县。

驻扎本汛，分防岚山头、涨锥、涛锥、夹仓四海口，都司1员，千总1员，外委千总1员，外委把总2员，马兵47名，步兵163名。

分防日照县汛，把总1员，马兵18名，步兵55名；

分防琅琊台东、亭子兰汛，兼董家、琅琊、龙湾三海口，把总1员，马兵4名，步兵30名。

分防龙汪海汛，外委把总1员，马兵2名，步兵14名。

分防莒州汛，把总1员，马兵16名，步兵54名。

---

① 咸丰《青州府志》卷二十九《考六·兵防考》，第3页，清咸丰九年（1859）刻本。

2. 山东水师与巡洋会哨制度

（1）山东水师

清军水师有内河、外海之分，外海水师又分为水兵与守兵两部分。

清代在全国设水师提督3人，分别是福建（驻厦门）、广州（驻虎门）、长江（太平、岳州轮流作驻地），另有兼辖水陆提督3人，分别是江南（驻松江）、湖南（驻辰州）、浙江（驻宁波）。1840年爆发鸦片战争的当时，清朝全国水师的外海战船共约930艘，在广东、福建、浙江、江苏四省敌前的水师兵力共约10万人，大小战船约700多艘。

在山东，清政府组建水师，原为"防守海口，缉捕海盗"，因此水师规模很小，约"存明制十分之一"。清代前期山东的水师只有一支，乾隆《续登州府志》称之为"登州镇标水师营"，为外海水师。

关于登州水师营的设立及变化，宣统《山东通志》的记载与道光《增修登州府志》有一些出入。总的来看，原只有前营水师，后分为前、后2营，后又裁撤，多次变化，最后只剩前营水师。

明崇祯十一年（1638），移镇临清，登州设城守营并水师营，水陆各左、右、中3营。清顺治二年（1645），水师裁为1营，设游击守备领之，初属城守营。顺治十八年（1661），移临清镇于登州，改为登州镇，以原隶属城守营之水师，改为前营水师，归镇标节制，水师的地位有所提高。康熙六年（1667），拨镇标左营守备1员，千总1员，把总2员，管领沙唬船及边江船共13艘，水兵386名，驻扎水城，分防东西海口。康熙四十三年（1704），增水师兵1200人。原前营水师分为前、后2营，设游击1员，改沙唬船为赶缯船，共20艘，分巡东西海口，东由水城至宁海，西由水城至莱州府。康熙四十五年（1706），前营水师移驻胶州，巡哨南海。后营水师仍驻守水城，巡哨北海。康熙五十三年（1714），裁撤后营，以后营游击领前营，水师官弁裁减700余人，拨赶缯船10艘归旅顺口水师营管驾，仅存前营水师游击1员，守备1员，千总2员，把总3员，赶缯船10艘，分南、北2汛，以游击、守备各带战船、水兵一半巡哨；

雍正七年（1729），每船增兵10人，两汛各增兵100人，增双篷艍船7艘，每艘添配水兵30人，南汛艍船3艘，北汛艍船4艘。雍正九年（1731），又增兵190人，增设艍船3艘，每艘配兵40人，南北汛各5艘。雍正十二年（1734），于成山头增设东汛水师，抽拨南北赶缯船各1艘，双篷艍船各一艘，抽调南北汛将弁4人，分配战守兵，巡哨成山、马头嘴一带。至此，山东沿海形成了三汛水师，均归水师前营统辖。

总计，登州前营水师定制，水战兵、守兵1200人，赶缯船12艘，双篷艍船12艘，每船各带脚船1艘。

北汛驻登州府水城，赶缯船与双篷艍船各4艘，共配战、守兵400人，南面巡哨至成山头，与东汛会旗，北向巡哨至隍城岛，与直隶、盛京分防水师会旗。

东汛驻养鱼池，赶缯船与双篷艍船各4艘，共配水战、守兵400人，南面巡哨至马头嘴，与南汛会旗，北面巡哨至成山头，与北汛会旋。

南汛驻胶州之头营子，赶缯船与双篷艍船各4艘，共有战、守兵400人。南面巡哨至与江南交界的莺游山，东至荣成县马头嘴，与东汛会旗。

无论规模还是战斗力，清代山东水师力量均无法与明代相提并论。山东海岸线漫长，而山东水师所设战船不过24艘，战、守兵1200余人，即便只是守卫近海海域与海岸线都是十分困难的。这样的水师只能在近岸浅海巡逻，用于对付零星的海盗船只，而不敢深入大洋活动。

（2）巡洋会哨制度

分班出巡警戒人员在预定的时间和地点会齐巡逻，称为"会哨"。明代水师就实行巡洋会哨制度，简称"海哨"。

清代沿袭明代旧制，实行巡洋会哨制度，即按照水师布防的位置和力量，划分一定的海域为其巡逻范围，设定界标，规定相邻的两支巡洋船队拨期相会，确保海区的安宁。条例规定，江海巡逻会哨有总巡、分巡之分。总巡指各镇水师官每年定期巡洋制度，分巡是指由都司、守备担负的巡洋任务。

山东水师力量较小，而分防的海域十分宽阔。登州前营水师共分北、东、南三汛，北汛以千总、把总为专汛官，以登州守备为兼辖官；东汛以把总为专汛官，以成山守备为兼辖官；南汛以千总、把总为专汛官，以胶州游击为兼辖官；俱以该管总兵为统巡官、统辖官。

登州前营水师巡洋的海域范围是，西至隍城岛与直隶武定营交界，南至莺游山中间180里海域，无适当的泊船地方，以中间海域为界，南90里由登州北汛专巡，北90里归盛京旗兵水师巡哨。

登州水师营北、东、南三汛各自巡逻的范围是：北汛巡至隍城岛以及与铁山之间的分防海域，东南巡至成山头；东汛北巡到成山头，西巡至马头嘴；南汛东巡至荣成县的马头嘴，南巡至莺游山。登州水师前营每年出海巡哨的时间是三月出洋，九月会哨。

山东水师及其巡洋会哨制度对保卫海疆安全，维护海洋秩序的安宁，特别是对抑制海盗的猖獗、肃清海盗之患起到了十分重要的作用。但是，由于长期实行"闭关锁国"政策，清政府对欧洲国家缺乏深刻的认识，在海防思想上是十分落后的。

清政府落后的海防指导思想，导致水师的任务以查缉海盗为主，水师的职责主要是沿海岸巡逻会哨，而这种任务要求和巡逻形式不仅限制了水师的航海能力，还深刻影响到自身技术装备的改善。这样的水师无论如何是无力担负反击西方列强入侵重任的。

二、清代前期山东沿海的巡检司

清代，沿用明制，继续在重要关隘、交通要道设置巡检司。清代前期，山东沿海各地巡检司在职能、归属上与明代一脉相承，没有变化，但数量有增有减，设置地点也有所调整。

雍正年间"撤卫设县"，有的卫所被裁撤而改为设置巡检司，比较典型的是靖海卫、威海卫、鳌山卫巡检司。据光绪《增修登州府志》记载："（顺治）十三年，裁成山、大嵩、靖海、威海四卫，成山改为荣成县，大嵩改为海阳县，靖海、威海俱改为巡检司，属文登。"[①]

巡检司仍归典史统辖。清代典史别称"右堂"、"少府"等，由儒士、吏员除授，未入流。典史办公地点称为典史廨，又称"巡捕衙"，下设攒典1人，协助办事。

清代山东沿海巡检司的职责主要是盘查过往渔船，维护社会治安等；遇到匪寇、海盗侵扰，巡检司也会协同地方武装进行抵抗。

据顺治《登州府志》记载，清朝前期一直到近代，登州府境内先后共设有巡检司15处[②]，分别为：

杨家店巡检司，属蓬莱县，洪武九年（1376）设，康熙十六年（1677）裁。

高山巡检司，属蓬莱县，元设之，明因之，康熙十六年（1677）裁。

东良海口巡检司，属招远县，明初设，乾隆三十年（1765）裁，移于黄山司。

黄山巡检司，属黄县，乾隆三十一年（1766）移招远东海巡检于此。

马停镇巡检司，属黄县，金设之，明因之，洪武三十一年（1398）移至白沙，康熙十六年（1677）裁。

孙夼镇巡检司，属福山县，洪武九年（1376）设，洪武三十一年（1398）移至西北20里浮栏海口，顺治十二年裁。

海口巡检司，属福山县，乾隆二十五年（1760）设，光绪末年裁；鳌山卫巡检移驻。

---

① 光绪《增修登州府志》卷十二《军垒》，第5-6页，清光绪七年（1881）刻本。
② 顺治《登州府志》卷五《武备》，第15-16页，清康熙三十三年（1694）刻本。

乳山寨巡检司，属宁海州，宋设之，明因之，雍正十三年（1735）裁。

靖海卫巡检司，原靖海卫南120里，雍正十三年（1735）设，乃宁海州乳山巡检司移驻。

辛汪寨巡检司，属文登县，洪武九年（1376）设，宣德九年（1434）移至长峰寨，康熙十八年（1679）裁。

赤山寨巡检司，属文登县，康熙十八年（1679）设；辛汪寨巡检司移于赤山寨。

温泉镇巡检司，属文登县，金设之，明因之，宣德九年（1434）移至古峰寨，雍正十三年（1735）裁。

威海巡检司，属文登县，雍正十三年（1735）设立，文登温泉镇巡检司移驻于此。

行村寨巡检司，属海阳县，景泰二年（1451）设，原属莱阳，雍正十三年（1735）后改归海阳。

石岛巡检司，属荣成县，雍正十三年（1735）设。康熙十八年（1679）辛汪寨巡检司移于赤山寨，雍正十三年（1735）改属荣成县，移于石岛。

在以上巡检司中，有8处为明代原设，至清朝前期继续留存。如孙夼镇巡检司、杨家店巡检司、高山巡检司、马停镇巡检司、东良海口巡检司、乳山寨巡检司、辛汪寨巡检司、温泉镇巡检司、行村寨巡检司。

在清朝前期，登州府境内的巡检司调整幅度比较大，按时间顺序看，顺治十二年（1655），裁孙夼镇巡检司。康熙十六年（1677），裁杨家店巡检司、高山巡检司、马停镇巡检司；康熙十八年（1679），移辛汪寨巡检司于赤山寨。雍正十三年（1735），原属莱阳行村寨巡检司后改归海阳；同年，乳山寨巡检司移驻靖海卫、温泉镇巡检司移驻威海、赤山寨巡检司移驻石岛。乾隆二十五年（1760），鳌山卫巡检移驻福山县，为海口司；乾隆三十年（1765），裁东良海口巡检司，并于次年移于黄山司。

再者，除大多数巡检司在清朝前期即鸦片战争之前被裁撤外，另有多处巡检司的驻所发生变化，但名称没有变化，如马停镇巡检司移至白沙、孙夼镇巡检司移至浮栏海口、温泉镇巡检司移至古峰寨、辛汪寨巡检司移至长峰寨，而赤山寨巡检司、威海巡检司、石岛巡检司、海口司、黄山司、靖海卫巡检司均为原有巡检司移驻而设，其中海口司在光绪末年被裁撤，是为数不多的、在鸦片战争以后仍延续存在多年的巡检司之一。

据《莱州府志》记载，清朝前期一直到近代，莱州府境内共设有巡检司11处：

海沧巡检司，属掖县，洪武二十三年设，乾隆七年（1742）裁。

柴胡寨巡检司，属掖县，洪武二十三年设，雍正十二年（1734）裁。

亭口镇巡检司，属平度州，明初设，弘治十年移古现，顺治十六年（1659）裁。

固堤店巡检司，属潍县，洪武十三年设，民国二年（1913）裁。

古镇巡检司，属胶州直隶州，洪武八年设，乾隆三十六年（1771）裁。

逢猛镇巡检司，属胶州，洪武八年设之，雍正十二年（1734）裁。

栲栳岛巡检司，属即墨县，洪武四年设，雍正十二年（1734），移驻雄崖所。

雄崖所，属即墨县，雍正十二年（1734）设，后移驻外县。

浮山所，属即墨县，雍正十二年（1734）设，乾隆三十七年（1772），移驻东平州。

鳌山卫，属即墨县，雍正十二年（1734）设，乾隆五十二年（1787）移驻福山县。

灵山卫，雍正十二年（1734）设，胶州逢猛巡检司移驻。民国二年（1913）裁。

在以上巡检司中，有 7 处为明代原设，至清朝前期继续留存。如海沧巡检司、柴胡寨巡检司、亭口镇巡检司、固堤店巡检司、古镇巡检司、逢猛镇巡检司、栲栳岛巡检司。

莱州府境内巡检司的调整情况，按时间顺序看：顺治十六年（1659），裁亭口镇巡检司。雍正十二年（1734），新设浮山所、鳌山卫巡检司两个巡检司，裁柴胡寨巡检司，移胶州逢猛巡检司驻灵山卫，移栲栳岛巡检司驻雄崖所；乾隆七年，裁海沧巡检司。乾隆三十六年（1771），裁古镇巡检司。乾隆三十七年（1772），移浮山所巡检司驻东平州。乾隆五十二年（1787），移鳌山卫驻福山县。

可见，莱州府境内的巡检司多在清朝前期即鸦片战争之前被裁撤；而雄崖所、浮山所、鳌山卫、灵山卫四巡检司为清朝前期雍正十二年（1734）新设立或者原有巡检司移驻而设，但随后雄崖所、浮山所、鳌山卫三巡检司又先后移驻外地。鸦片战争以后，原有的巡检司只剩下固堤店巡检司和灵山卫巡检司；民国二年（1913），两巡检司全被裁撤。

据《青州府志》记载，清朝前期一直到近代，青州府境内共设有巡检司 7 处，分别为：

颜神镇巡检司，属益都县，嘉靖三十七年（1558）设，顺治二年（1645）裁。

高家港巡检司，属乐安县，明朝初年设，雍正十二年（1734）裁。

乐安镇巡检司，属乐安县，明朝初年设，雍正十二年（1734）裁。

穆陵关巡检司，属临朐县，在大岘山上，后移至蒋峪，洪武三年（1370）设之，民国元年（1912）裁。

广陵镇巡检司，属寿光县，顺治十六年（1659）裁。

信阳镇巡检司，属诸城县，洪武三年（1370）设，光绪十七年（1891）裁。

南龙湾海口巡检司，属诸城县，后移至程家集洪武九年（1376）设，乾隆七年（1742）裁。

以上7处巡检司，全部为明代原设，至清朝前期继续留存。青州府境内巡检司的调整情况，按时间顺序看：顺治二年（1645），裁颜神镇巡检司。顺治十六年（1659），裁广陵镇巡检司。雍正十二年（1734），裁高家港巡检司、乐安镇巡检司。乾隆七年（1742），裁南龙湾海口巡检司。光绪十七年（1891），裁信阳镇巡检司。民国元年（1912），裁穆陵关巡检司。

青州府境内的巡检司亦多在鸦片战争之前被裁撤；鸦片战争以后，只剩下信阳镇巡检司和穆陵关巡检司，两者先后在光绪十七年（1891）、民国元年（1912）被裁撤。

除以上巡检司外，以下各处巡检司在明代时原属于青州府管辖。清朝初年，山东行政区划发生调整，各巡检司遂改属新设的沂州府，如夹仓镇巡检司，属日照县，在日照县城东南25里，洪武二年（1369）设于三皇岭，后改在夹仓镇，乾隆七年（1742）裁；十字路巡检司，属莒州，在莒州城南100里，康熙十六年（1677）裁；葛沟店巡检司，属莒州，在莒州城西南90里，后移至石埠集，景泰七年（1456）设，康熙十六年（1677）裁。沂州境内其他巡检司的情况在此不再赘述。

除巡检司之外，各县有马快与民壮，但由于资料有限，只能窥其一斑。如，蓬莱县，"民壮：五十名。"① 据康熙《莱阳县志》："本县，守城民壮八十名。"② 据民国《莱阳县志》，雍正年间，莱阳县"自莱海划分，其负地方防守之责者，惟登镇右管分防莱阳县汛，把总一员，马步兵五十三名，及守城民壮四十名。"③

据雍正《文登县志》："文登县额设民壮五十名。雍正二年，知县王一夔捐置器械，团练技勇。"④ 康熙《黄县志》："旧有乡勇营，千总一员，李复兴训练乡兵二百五十名，今废。"⑤ 据乾隆《威海卫志》：威海卫，"雍正六年，新设民壮三十名，十三年改设弓兵二十名。"⑥

据道光《重修平度州志》，平度州，"州署额设民壮长枪手十名，鸟枪手十八名。"⑦ "明人虽升为州，统二县，然其兵制，非府治，海防不置营，平度汛惟设千总，辖于即墨参将，计马步兵卒与知州民壮百有余人，足以司侦逻，禁攘窃，备邮传而已。"⑧

---

① 康熙《蓬莱县志》卷一《武备》，第23页，清康熙十二年（1673）刻本。
② 康熙《莱阳县志》卷二《建置·兵防》，第1页，清雍正元年（1723）刻本。
③ 民国《莱阳县志》卷二之一《政治志·内务·兵防》，第32页，民国二十四年（1935）铅印本。
④ 雍正《文登县志》卷二《武备》，第7页，清雍正三年（1725）刻本。
⑤ 康熙《黄县志》卷四《军器》，第5页，清乾隆二十一年（1756）刻本。
⑥ 乾隆《威海卫志》卷二《建置志·武备》，第5页，民国十八年（1929）铅印本。
⑦ 道光《重修平度州志》卷十四《志七·兵防》，第2页，清道光二十九年（1849）刻本。
⑧ 道光《重修平度州志》卷十四《志七·兵防》，第1页，清道光二十九年（1849）刻本。

第三节　清代前期山东海防指挥机构

清代以八旗兵、绿营兵为其主要军事力量，但在统治体制上，采用以满制汉、"以文统武"的原则，使他们相互制约，受命于清。

督、抚及漕运、河道所统兵员，为绿营兵，不能指挥八旗兵。而将军、都统、副都统、城守尉、防守尉则统率八旗兵，作为"驻防八旗"，分驻全国重要地点。八旗兵不受当地督、抚节制，有的却可节制部分绿营兵。

各省虽以提督、总兵统兵，军令则出自督、抚，即"以文统武"，防止武将专兵。当需大量用兵时，从各省抽调绿营，拼凑成军，由皇帝派经略大臣、参赞大臣为帅，统兵作战。战后，兵归原防，将回原任。为避免将领在一地掌兵过久，产生弊端，朝廷还定有限年更调的制度。

一、军事指挥

1. 议政王大臣会议、军机处、兵部

清王朝的中枢权力机关有议政王大臣会议、南书房、军机处和兵部。

清入关之前，凡军国大政皆交议政王大臣会议决定。努尔哈赤规定，旗主定期协商国是，后来定期为一月一次，形成了制度，成为最高决策机构。议政王大臣会议由满族上层贵族组成，其办事机关是议政处。入关以后，这一传统被继承下来。

康熙十六年（1677），选翰林入乾清宫南书店当班，替皇帝写谕旨、发布军政命令。南书房曾一度成为康熙年间的权力中心，而议政王大臣会议逐渐变为参谋会议。至乾隆五十六年（1791），议政王大臣会议最终废除。

雍正七年（1729年），清政府出兵镇压准噶尔部叛乱。雍正八年（1730），皇帝为掌握西北军情变化，及时下达诏谕，设立军机谋划与指挥机构，初名"军机房"，后来改名"办理军机处"。军机处成立后，南书房已成为皇帝筹办文词书画的文事机构。至此，议政王大臣会议虽仍保留，但已不能干预军权。

军机处独立于所有政府机构之外，无编制，无定员，无定品，亦无下属官署，是根据皇帝诏谕对政府机构发号施令的权威性御用组织。由皇帝指定数名满汉大学士和尚

书、侍郎、京堂等兼任军机大臣。开始时为三人，以后增加到五、七人，最多时十一人。由一人充任领班，根据皇帝个人的意图，处理军机要务。军机大臣不直接处理朝政，只有对皇帝献计策方案的义务。除军机大臣外，还有军机章京，也由朝官兼任，他们主要工作是"掌书谕旨，综军国之要，以赞治机务，日常值禁以待召见。"

军机处一方面向下传达皇帝意旨，一方面是汇合各方面情况，向皇帝汇报。有关边疆军事情况的报告，各总督巡抚及将军直接送交军机处；皇帝诏谕如需迅速送至边关，一般不经政府其他机构，或令兵部按特种文件加速传送，称为"廷寄"。军机处设立后，皇帝的决策得以及时贯彻执行，办事效率大为提高。军机处存在了180多年，宣统三年（1911年）被撤销。

清廷于皇太极天聪五年（明崇祯四年，1631）设兵部。清顺治元年（1644）设尚书，无定员。顺治五年（1648），定为满汉尚书各一人。满。汉、蒙族官员分掌武选、车驾、职方、武库四个清吏司，大体与明朝兵部组织相同。

在议政王大臣会议起中枢作用的时候，兵部按议政王大臣会议决定处理业务。军机处成立后，兵部完全听军机处号令行事。在人事制度上，仿明朝制度，文官归吏部；"武职隶兵部，八旗及营、卫官之选授，武选司掌之"，但除武科考选场合外，又规定八旗部队由八旗都统衙门负责管理，兵部只管绿营。绿营的兵册、编制、官职、管理、训练、武器装备等等完全由兵部负责。

2. 山东提督（山东巡抚兼）、三镇总兵

提督、总兵为直接统率和指挥军队的武臣帅、将。清初，在统一全国的战争基本结束后，清政府实施了"以文统武"、即以文臣的督、抚监督和节制武官的提督、总兵，并"减提督，增总兵，分一镇为数镇"的措施，以达到"无尾大不掉之患"的目的。

清朝一省绿营兵的最高长官为提督，全称为提督军务总兵官，官阶从一品，负责统辖一省陆路或水路官兵。其直辖部队称提标，一般是中、左、右、前、后五营；提督节制一个省的各镇总兵，所属官兵有镇、协、营、汛各级，职官有副将、参将、游击、守备、千总、把总等，各就其职掌，分防要地，或游弋巡哨，修整武备。提督比文职的巡抚高一级，但要受总督、巡抚的节制。

提督分为陆路提督与水师提督。清朝共在中国各地设置12名陆路提督，3名水师提督（福建水师提督、广东水师提督及长江水师提督）。山东提督，顺治十八年（1661）设，驻青州，后迁济南。乾隆八年（1743）起，山东不专设提督，而是由山东巡抚兼任。

总兵，为武职二品官，管辖本标及所属各协、营，镇守本镇及所属地区，受本省总督及提督的双重节制。各镇除本标外，还辖有所属驻地各营。全国水、陆总兵共83人，分布在19个省区。水陆总兵所辖镇标，多少不一，约为二至五个营，兵额也多少不等。副将，武职从二品官。职责一般有不同的两种，一是为将军、总督、巡抚、提督、总兵以及河督、漕督统领军务，称为"中军"；二是为督、抚、标、镇分险守要，统率"协标"，前者不另设衙门，但冠以"军标"、"督标"、"河标"中军等称号，以资区别。有此职衔的全国约十余人。总兵所属协全国计74人。全国绿营副将共为137人，其中19人，为水师副将。山东共设副将3人，全部为分险守要、统率"协标"的副将。

参将，为武职正三品官，直接统兵，其所属为"营"；如为巡抚、提督管理营务，则称为抚标中军、提标中军。全国"督标"所属各营参将16人；山东不设总督，无此类参将；全国共有抚标中军16人，山东设一人；"提标"所属各营参将共32人，山东不设；总兵所属各营的参将共89人，山东共有9人。合计全国绿营参将共177人，其中5人为京师巡捕营参将，22人为分布在苏、浙、粤及长江一带的水师参将，其余都为陆路参将。

游击，为武职从三品官，低于参将，但职守与参将同；有总兵的中军官，以协理营务的，也有分统各营的。全国共有370人，其中49人为水师游击。

都司，为武职正四品官，其职守与参将、游击同，有任各协（副将）中军官的，称协标都司，也有分统各营的；全国共设494人，其中有82人为水师都司。

守备，低于都司，系武职正五品官，其职守为管理营务与粮饷，也有充参将、游击的中军官的。全国共有887人，其中120人为水师守备。另有卫守备40人，属漕运总督管辖。

守备之下，还有千总、把总、补委等官，所属皆为"汛"，千总为正六品，把总为正七品，外委千总为正八品，外委把总为正九品。千总数，陆路为1543人，水师为324人，另有卫千总51人属漕运总督管辖。把总数，陆路共4193人，外委3361人，其中水师722人，外委130人。

在山东，《清史稿》记载："山东巡抚兼提督，驻济南府，节制三镇，统辖抚标二营，兼辖登荣水师一协。抚标左营、右营、登荣水师练军营。"①

"三镇"指的是登州镇、兖州镇、曹州镇，各设总兵官。顺治元年（1644），清政府原设临清、沂州两镇；1658年沂州镇总兵官移驻胶州，改为胶州镇；1661年临清镇总兵官移驻登州，改为登州镇；康熙二十二年（1683）裁胶州镇；雍正元年（1723）建

---

① 《清史稿》卷一百三十一《志一百六·兵二·绿营》。

兖州镇，嘉庆二十二年（1817）建曹州镇。

据《清史稿》记载："登州镇总兵统辖镇标二营，兼辖文登等七营。镇标左营、右营、文登营、胶州协、莱州营、宁福营、即墨营、青州营、寿乐营。"[1]

各营驻扎各地，多以把总为分汛官，辖领一定数量的马兵和步兵。马兵、步兵的差别，不仅仅是武器装备、作战任务的差别，而且代表等级的不同。马兵的地位、待遇最高；步兵次之，守兵最低。以登州府境内的分汛把总及其军事设施为例：

登州镇署，在蓬莱城南门内迤西，署西偏为箭亭。

中军游击署，在城南门内迤东，即登州道署旧址。西偏为箭亭，其南为军器库，道光24年（1844）建。

中营守备署，在城内钟楼南路东，即明监军道署旧址。

右营都司署，在城内洙泗桥迤东，署东偏为箭亭。

右营守备署，在都司署西。城汛千总署，皆僦舍而居，各州县亦多无署者。

水师前营游击署。在水城，改为登罘水师副将署。

水师后营游击署，在水城，今改为登州水师游击署。

另外，演武厅，在城北门外半里许。明洪武三年（1370）知州李思齐建，北为将台厅，事后建太公庙及三义堂，东为齐寿台，前为教场，周围里35步。火药局，在城北门内迤东。营田，在城南崮山，居民佃种，属镇标。镫楼。在水城蓬莱阁畔。

黄县，分汛把总署，在城内。演武厅，在城东北里许。明万历四十五年（1617）知县王志禹建。康熙十一年（1672），知县李蕃重修。火药局，旧在预备仓后。明崇祯十二年（1639）知县任中麟建，久废。清咸丰十一年（1861）重建于关帝庙西北。镫楼，在屺姆岛。

福山县，分汛把总署，在城内真武庙下。八角海汛千总，在八角海口。之罘海汛外委，在烟台海口。演武厅，在城西半里。明嘉靖二十九年（1550）知县敢容重修，今废。

栖霞县，分汛把总署，在城内。演武厅，在城北2里。明嘉靖三十七年（1558）知县李揆建。

招远县，分汛把总署，在城内。演武厅，在东门外。

莱阳县，分汛把总署，在城内。演武厅，在东门外迤北。

宁海州，宁福营都司署，在城内。城汛千总署，在城内。演武厅，旧在州东南里许，后移于西门外。牧马场。在州东昆仑山内，属镇标。

---

[1] 《清史稿》卷一百三十一《志一百六·兵二·绿营》。

文登县，文登营都司署，在本营内。明宣德四年（1429）建，原为把总署，后改为守备署。清顺治十八年（1661）改为副将署，以东又建守备署。同治十二年（1873），副将改归抚标统带，水师驻扎烟台，又改为都司署。其所建守备署后为都司署，今废。分汛把总署，又有协防外委，俱在城内。靖海分汛把总署，在靖海卫。威海分汛把总署，在威海卫。祭祀台海汛外委，在威海东山上，俗名祭祀台。演武厅，一在文登营东2里，周3里，一在县西门外，今废。

荣成县，分汛把总署，在城内。石岛海汛外委，在石岛。俚岛海汛外委，在俚岛。成山水师守备署，在养鱼池口，今改为荣成水师游击署。演武厅。镫楼。在县东成山上。

海阳县，分汛把总署，在城内。行村分汛外委，在行村。黄岛海汛外委，在黄岛炮台。演武厅，在南门外。

二、"以文统武"

1. 山东巡抚（兼提督）

为了保证军权的高度集中，防止武将拥兵自重，清政府吸收了前代统治军队的经验和教训，制定了一系列的规章制度，强化对绿营的统驭。各省以提督、总兵统兵，但军令出自总督、巡抚，即"以文统武"。总督和巡抚虽并非武官，并不直接统率军队作战，但身为军事统帅、军政大员，对重要军政大事具有决定权。据《康熙会典》卷九十三记载："国家军旅之事，专任武臣……以文官监督，曰总督，曰巡抚。"

总督、巡抚、提督，都属"封疆大吏"。总督，为正二品官，加尚书衔的为一品，是管理一个地区的最高军政长官，下辖一到数省。在其辖区内。文职道、府以下，武职副将以下都由其奏请升免，并有对外交涉之权。《清朝续文献通考》中说："……督、抚分任各省兵政，其全权实操于部。故疆臣奏事，虽直达天听，必经部核乃办。其批交部议之奏，部臣仍得奏驳撤消，此实集权中央之明征也"。

全国设总督前后有九个，分别是直隶总督、两江总督、闽浙总督、两湖总督、陕甘总督、四川总督、两广总督、东三省总督和云贵总督。总督大都有兼衔。雍正元年（1723）规定，除授为尚书兼都察院右都御史外，余均为兵部右侍郎兼都察院右副都御史，由此总督又有监察地方之权。总督有自己亲领的直属部队，称为"督标"。在山东，不设总督，只设巡抚。

巡抚是一个省的地方行政长官，从二品官，兼都察院右副都御史，并多兼兵部侍郎衔，加衔后官为正二品。巡抚在地方上代表皇帝，综理全省军政，有"综治军民，统辖文武，考核官吏，修饬封疆"之责。遇用兵，督理粮饷；乡试时，主考武科。各省巡抚，除多兼提督衔，以节制本省各镇总兵。巡抚有自己的直属部队，名为"抚标"，一般为左、右二营。有总督驻在的省份，巡抚常由总督兼任。省以下分设府、州、县，以知府、知州、知县等官管理民政。

山东巡抚始设于顺治元年（1644）。据雍正《山东通志》记载："（山东）巡抚都御史，驻济南府，康熙五十三年（1714）兼理临清关务；雍正二年（1724），颁给巡抚银关防一颗，临清都督印敕仍旧。会典直省总督巡抚故称都院，如专差各部侍郎则称部院，而所兼仍右副都御史。"① 乾隆八年（1743），照山西、河南之例加提督衔。

巡抚之下，各省设有承宣布政使司和提刑按察使司。明代时，承宣布政使司、提刑按察使司和都指挥使司合称"三司"。到了清代，承宣布政使司、提刑按察使司被保留下来，而都指挥使司被废除。布政使与按察使并为巡抚所制，虽名为同僚，实同为督、抚属员。

山东承宣布政使司是省级民政机关，主管民政、财政和人事。设于顺治初年，驻济南，其行政长官称为承宣布政使司布政使，简称布政使，又称藩司、藩台、方伯，官秩从二品，受山东巡抚统属。承宣布政司内设经历司和库大使等。经历司设经历1人，官秩从六品，掌出纳文移诸事，是布政使司署内的首领官，总理署内各项事务。库大使为杂职，秩正八品，掌库藏账籍。此外，还设有典史和攒典，协助办理各项事务。

山东提刑按察使司是省级司法机关，主管司法、刑狱和纠察，兼领驿传。设于顺治初年，驻济南，其行政长官称为提刑按察使司按察使，简称按察使，又称臬司、臬台、廉访，官秩正三品，受山东巡抚统属。提刑按察使司内设经历司和司狱司等。经历司设经历1人，秩正七品，掌出纳文移诸事，是按察使司署内的首领官。司狱司置司狱1人，秩从九品，掌管监狱。此外，还设有书吏、典史和攒典，协助办理各项事务。

此外，明代曾设登莱巡抚，驻莱州，雍正《山东通志》称之为"海防巡抚都御史"，即专门海防事务的巡抚。据雍正《山东通志》记载："海防巡抚都御史，嘉隆之际，倭寇朝鲜，登莱设海防道，以副使金事推补。天启中，设登莱巡抚，以都御史任，主调兵御寇，济南巡抚则筹饷以济之。"② 登莱巡抚和山东的关系是，一个侧重前线的军事，另一个侧重后勤保障。顺治初年亦设登莱巡抚"海防巡抚都御史，驻登州府，顺治初设，九年停止。"③ 1644 至 1647 年间，清代登莱巡抚先后有三人，分别是陈锦、

---

① 雍正《山东通志》卷二十五之一《职官一》，第 65 页，清乾隆元年（1736）。
② 雍正《山东通志》卷二十五之一《职官一》，第 67 页，清乾隆元年（1736）。
③ 雍正《山东通志》卷二十五之二《职官二》，第 4 页，清乾隆元年（1736）。

杨声远、朱国柱。

2. 海防道、登莱青兵备道

清沿明制，在省之下设道，道的行政长官称道员，道员辅佐藩、臬两司，负责管理辖区内一切政务，是省与府、州之间的地方行政官员。道员均秩正四品，为定任实官，建有自己的衙署。

道分分守道和分巡道。分守道是由布政使司派驻某一地方的官员，管地方收纳钱粮诸事；分巡道是由按察使司派出巡查某一地方的官员；管刑名诉讼诸事。各守、巡道员可兼代其他不管辖某一地区而因事设置的专职道员之职，或兼兵备，或兼河务，或兼水利，或兼学务，或兼茶马屯田。据《清朝通典》卷三十四，道员的职掌是："分守、分巡及粮储、盐法各道，或兼兵备，或兼河务，或兼水利，或兼学政，或兼茶马屯田，或以粮盐兼分巡之事，皆掌佐藩臬，核官吏，课农桑，兴贤能，厉风俗，简军实，固封守，以倡所属，而廉察其政治。"守、巡各道都有监察地方府、州、县之责，因而有"监司"之称。

清初，山东全省大致分为8道，至晚清时合并为3道，分别为济东泰武临道、兖沂曹济道和登莱青胶道，统辖全省的10府、3个直隶州。分守济东泰武临道设于康熙九年（1670），驻德州，康熙十二年（1673）移驻济南；分巡兖沂曹济道初设时驻兖州府，后移驻济宁州；分守登莱青胶道，原驻莱州府，1862年移驻烟台。

清末，分守道和分巡道分工已无区别，职务相通。乾隆三十二年（1767），分巡兖沂曹济道和分守登莱青胶道各加兵备衔，有节制所辖境内都司、守备、千总、把总等武职的权力，遇有紧急情况，可移牒各地镇营，

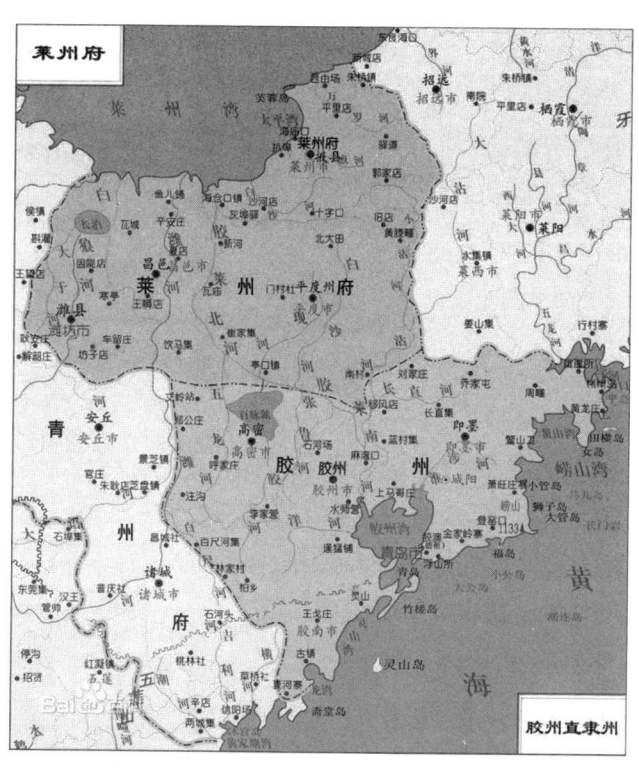

图 3-2 清末山东莱州府与胶州直隶州形势

命其出兵并亲自统率。

与山东海防密切相关的是分守登莱青胶道。在康熙四十二年（1703）之前，在沿海的登州、莱州、青州三个府，"道"的设置曾发生了多次演变，而且名称也有很大差别。

顺治初年，登州设海防道、莱州设海防道，青州设兵备道，咸丰《青州府志》称"青州兵备道"为"兵备海防道"。康熙五年（1666），莱州道和登州道合并为登莱道，驻莱州府。康熙六年（1667）裁青州道，康熙九年（1670）复设青州海防道，康熙四十二年（1703）裁并登莱道为登莱青道。在《四续掖县志》中，则称之为"分守登莱青海防兵备道"。

据雍正《山东通志》记载："分守登莱青道一员，驻莱州府，副使衔，兼管通省海防。按顺治初登莱二府各设海防道，青州设分巡道。康熙五年，裁莱州道，归并登莱道，改衔为登莱道。六年，裁青州分巡道，复设青州海防道。四十二年又裁并登莱道，今改衔为登莱青道。"①据乾隆《莱州府志》记载："分守海防道，顺治初，登莱二府各设海防道，青州设分巡道；康熙五年裁登州道，归并莱州，改衔登莱道。四十二年又裁青州道归并登莱，改衔登莱青道兼管通省海防。"②据光绪《增修登州府志》记载："国初，登莱各设海防道。康熙二年裁登州道并入莱州道，为登莱道。四十年又并为登莱青道。"③在青州，原设"兵备海防道"。据咸丰《青州府志》记载："顺治初设兵备海防道，康熙六年裁，九年复，专为青州设也。四十年裁青州海防，加登莱道为登莱青道，移驻莱州。登莱青道……即非青州专官，又不驻府城。"④乾隆三十二年（1767），登莱青道加兵备衔，称"登莱青兵备道"。

第二次鸦片战争以后，根据《天津条约》规定，登州被开放为口岸，后改在烟台。咸丰十一年（1861），烟台正式开埠。同治元年（1862），登莱青道兼任东海关监督，由莱州迁往烟台。据光绪《增修登州府志》记载，"登莱青兵备道，同治二年兼东海关监督，移驻福山烟台海口。"⑤再到光绪三十年（1904），胶州升为直隶州，归登莱青道管辖，登莱青道遂改衔为登莱青胶道。

---

① 雍正《山东通志》卷二十五之二《职官二》，第3页，清乾隆元年（1736）。
② 乾隆《莱州府志》卷六《职官》，第43页，乾隆五年（1740）刻本。
③ 光绪《增修登州府志》卷二十五《文秩一》，第7页，清光绪七年（1881）刻本。
④ 咸丰《青州府志》卷十一上《职官表》，第11页，清咸丰九年（1859）刻本。
⑤ 光绪《增修登州府志》卷二十五《文秩一》，第8页，清光绪七年（1881）刻本。

第四节　清代前期山东的海防筑垒与沿海炮台

一、沿海城池的增筑与续修

在冷兵器时代，城池是有效的防御工事。明朝中期以后，火炮的威力越来越大，且使用普遍。此时，城池本身几乎没有什么变化，但与火炮技术的迅猛发展相比，城池的防御能力、效果都下降了。

山东沿海的城池大多在明朝初年经过全面整修且具有一定规模。明代修筑城墙有一定的规制，府县、卫所城池除大小不一以外，筑城的各项技术指标都是基本一致的。城墙高10至15米，宽4至6米，城垛高1.5米，方形或圆形居多，周长以居民地大小和地形而异；大多数城池按东、西、南、北方向辟有城门，有的城门设瓮城，城外有护城河，河宽10至15米，水深1至3米。大部分的府县、卫所城池平日里都是小规模地修修补补；大规模地增筑、续修发生在万历抗倭援朝战争期间，是为了适应战争需要而采取的应急措施。

到清代前期，城池在抵御外侵，特别是防备土匪、叛军的攻击方面依然是十分有效的。各府县十分重视城防，根据情况对城池进行了重修或者增筑。到清代，各县城城池多改为砖石结构。

雍正年间"撤卫设县"以后，有的卫城成为县治的城池，有的则改为巡检司，军事功能降低。特别是很多守御所和备御所的城、寨，原本规模就不大，军队撤走后，几经演变，成为普通的村镇。再到鸦片战争以后，有的城池开始走向荒废。

在清代前期，只有少数城池是新筑的，譬如青州驻防八旗兵的驻防城，在青州府北，雍正八年（1730年）建，雍正九年（1731）告竣，南北280丈，东西240丈，呈长方形，城垛是用砖砌成，城墙用三合土，四周为人工挖的护城河，城墙高1.2丈，顶宽0.7丈，城周围长6里零140丈。外面城垛口2000个，护城河宽45尺，马道宽15丈，护城河共长1120丈。旗城共有官衙57座，用房668间，官殿1座，用房22间，庙宇21座，厅房2座，连同旗兵住房4899间。此外，在青州驻防旗城南，宁齐门外设有青州驻防旗兵教场，南北160丈，东西220丈，周围760丈，计5里1丈。军教场的中部有演武厅5间，厅后有照房5间，旗台1座，演武厅南100丈有照壁1座，在军教场的东、西,各有官菜园 50 亩。

另外,蓬莱沙城是鸦片战争爆发后临时修筑的。道光二十一年(1841),于县城北画河入海口至抹直口村北,沿海岸分段堆沙为城,称为沙城,高 2 至 3 米,上宽 5 米,置炮 10 余门,以护县城。

除了少数新筑的城池之外,其他的城池陆续修补、增筑,基本情况如下:

登州府城,原为土城,明洪武九年(1376)扩建。扩建后的县城呈不规则正方形,4 座城门,3 座水门。城墙里外两侧砖石砌筑,中间填土夯实,高 11.6 米,厚 6.6 米,周长 5500 米,上筑 3 座角楼、4 座门楼,皆为砖木结构。东门名"春生",南门名"朝天",西门名"迎恩",北门名"镇海"。各门外均筑有瓮城。3 座水门分别为:上水门,位于西南,黑水河、密水河由此门入城;小水门,位于东南,密汾河由此门入城;下水门,位于西北,三河合流由此出城。环城挖掘深 3.3 米,宽 6.6 米的护城河。明万历二十一年(1593),增筑炮台 28 座。明崇祯年间,加高城墙 1.16 米。清咸丰十一年(1861),重修城墙。

蓬莱水城,明洪武九年(1376)建,又名备倭城,是中国最早的海军基地之一。周长 1500 米,面积 25 万平方米,有南北两门,由小海、城墙、水门、炮台、空心台、平浪台、防浪坝等组成。明朝戚继光曾在此操练水师,抵御倭寇。清朝亦在此驻水师,守卫沿海疆域。现仍完好。

青州府城,原为土城。明洪武三年(1370),守御都指挥叶大旺予以加修增高,以砖石砌壁。城周围长 13 里余,高 3 丈 5 尺,外有护城河 1 道,深 1 丈 5 尺,有城门 4 座,东门称海晏(旧名海岱),南门称阜财(旧名云山),西门称岱宗(旧名泰北),北门称瞻辰(旧名凌霜)。天顺年间,又增修城楼台铺。嘉靖年间,增筑西门月城。康熙五十五年(1716),知府陶锦修城东门及南门楼,又修东南隅文昌楼。

福山县城,原为土墙。永乐九年(1411),千户周玘加以砖石,重行修葺,并于东、西、南、北四门(后,北门被堵封)之上修筑城楼。"其围 517 丈,高 3 丈,阔 8 尺"。弘治十五年(1502),城墙岁久楼敝,兵宪王和命知县应珊、千户王麟重建。万历六年(1578),兵宪蔡叔逵按部,以城墙窄隘,命知县华岱、千户卢汝弼加筑。万历十九年(1591),有倭警,知县张所修奉檄严防,于城墙置垛堞 720 座,并增建炮台。明崇祯五年(1632),绕福山城墙北、西、南凿护城壕,"旧深 1 丈 5 尺,阔 8 尺","城守造车,引河水环绕"。"后,城守俱加挑浚,较昔倍为深阔"。崇祯十年(1637),知县周翼龙奉上檄,于城墙建炮台 8 座。

即墨县城,清代时周长 4 华里,东西和南北各长约 1 华里(东西略长)。设东、西、南 3 个门。各门都有两道城墙构成瓮城，设内外砖砌拱门，互不相对，便于防守。城楼高踞内门之上，分上下两层。城墙平均高约 5 米，厚约 4 米。巨石基台，墙身外壁砖砌成，内壁用三合土筑成，顶面以砖铺，其外侧砌有垛墙（又名女墙），垛墙上建有射口 2000 多个。整个城墙之上筑有 16 个堡垒式台城，台城与城墙合为一体，向外凸出，可以向左右瞭望或射击。垛墙以内为兵马道。城墙外有城壕，深二三米，宽五六米。乾隆三年（1738），参将马世勋在即墨城南郭外修建校场（今南关新村一带），占地约 100 余亩。筑有旗台 1 座，演武厅 3 间，民国初年废弃。

高密县城，高密县初建土城时，周 572 丈，高 3 丈，宽 1.2 丈；改筑砖城后，周 3 里 93 步，高 2.3 丈，上宽 0.8 丈，下宽 1.3 丈。城设 4 门。城墙外有池，深 1 丈，宽 2 丈，池上建桥。明万历二十年（1592），设瞭望台，置敌台 12 座。崇祯十五年（1642）城四隅设敌楼 4 座，上下安炮；城下设敌台 4 座，上下安炮 4 层，台中容 20 人。

诸城县城，明洪武二年（1369），废密州，即密州治为诸城县治。洪武四年（1371），置诸城守御千户所，守御千户伏彪大事修城，合南北城为一，改双门为钟楼，筑左右城垣，加固城池。后历代皆有修筑。时县城呈"凸"字形，"城周九里三十步，高二丈七尺，池深丈有五尺，广倍之。门五，南曰永安，东南曰镇海，西南曰政清，西北曰西宁，东北曰东武。门各有楼。"城内街道呈"干"字状，楼、阁、亭、台、寺庙、祭坛、牌坊等名胜古迹颇多。

潍县城，潍县分为东、西两城，中以白浪河相隔，有 5 座桥连接。西城为老城，原为土城，正德七年（1512），莱州府推官刘信重修，崇祯十二年（1639），邑令邢国玺将城外壁以石砌之，乾隆十三年（1748），知县郑燮捐资倡众大修城墙，周长 8 里，外壁高 11 至 13 米，内壁高 13 至 16 米，城基厚 9 米，城头厚 4 至 6 米，城垛高 1.6 米。壁面陡立，人不能上下，只有四门及四角有梯阶可上城顶。东城俗称"东关"，咸丰十一年（1861）兵部郎中郭简之始建，同治五年（1866）竣工。城墙内外及顶均为三合土，里面亦为黄土，城基厚 7 米，城头厚 3 至 4 米，外高 7 至 9 米，内高 3 至 6 米，城垛高 1.6 米，城形似纺锤，方圆 10 里。

即墨营城，位于即墨县城以北 10 华里处的营上村，明正德九年（1514 年）建筑，系土成，周长 4 华里。城有 3 门。清初废弃。

灵山卫城，明洪武五年（1372），魏国公徐达调指挥佥事朱兴在灵山卫筑土城以备倭。城周围 3 里，高 2 丈 5 尺，厚 1 丈 2 尺 5，有 4 门。城池深 2 丈 5 尺，宽 2 丈。永乐二年（1404），指挥佥事郭崇重修灵山卫城，外包以砖，周方加 2 里，4 门加楼，增加铺舍 10 余所，后渐倾圮。弘治元年（1488），分巡副使赵鹤龄命指挥使张某重修卫城，名其4门为东朝阳，西阅武，南镇海，北承恩。

鳌山卫城，城墙以砖石砌成，周长5华里，高11.61米，宽6米，城壕深5米，宽8.3米。设东西南北四门。城中建筑方正对称，城西建演武厅1座，供军士操演习武。清代仍在此城驻兵置防。

雄崖所城，建于明建文四（1402），所城呈正方形。城墙两面砖砌，中间黄土夯实，周长4华里，城有4门。清乾隆年间，雄崖巡检率部移驻福山县海口，所城废弃。

奇山守御千户所城，明洪武三十一年（1398）建于奇山北麓，城内面积约8万平方米，城周1公里余。城墙全部砖砌，高7.33米，厚6.67米。城外四周掘有护城壕，宽11.67米，深3.33米。城设4门，东谓保德门，西谓宣化门，南谓福禄门，北谓朝崇门，4门之上各筑两层城楼1座，上层作为瞭望，下层作为指挥。4城楼之间均衡设铺，铺呈圆弧状，突出城墙之外，可以3面御敌，组成4楼16铺格局。城内十字大街直通4门，城墙内侧有环形马路，可通达城上，指挥所设在北门。1918年2月，对4门及城楼重修1次。

此外，进入清代以后，狼烟墩台的作用降低，清政府陆续裁撤烟墩，并撤走驻军。到光绪年间，沿海墩堡大为减少，从前沿海烟墩"星罗棋布"的局面不复存在。据光绪《增修登州府志》记载，登州府境内的烟墩只剩以下几处：

蓬莱县，旧登州卫墩6，刘家汪寨墩5，解宋寨墩3，杨家店巡检司墩3，高山巡检司墩2，光绪时沿海惟田横寨、湾子口、城儿岭3处。

黄县境内，旧墩16，光绪时沿海惟黄河营、河口、铃铛汪、刘家旺、黄山馆、呼家、界首、仁化、白沙、盐场、榆林、吕口、西皋、王回、小河口15处。

招远县，陆路惟磁口一处。

宁海州，旧宁海卫墩6堡12，金山所墩5堡2，清泉寨墩2，今城南沿海惟小龙、草岛、黑虎、峰山、蜂窝、浪煖（nuǎn，同"暖"）、大湾、白沙、万家港、东城子11处；城北沿海惟清泉、石沟、草堆、马家、貂子、骆驼、戏山、石岘、小凤、候至山、金山、安澜、庙后、小峰、太平15处。

文登县境内，"旧威海卫墩九堡四，百尺崖所墩六堡三，靖海卫墩二十堡八，辛汪寨巡检司墩一，温泉镇巡检司墩二，今沿海惟朱家圈、威海口二处。"

海阳县，旧大嵩卫墩7堡5，海阳所墩7堡10，大山寨墩2堡2，乳山寨巡检司墩1堡2，行村寨巡检司墩3，光绪时沿海惟旗杆石一处，陆路惟小纪集一处。

栖霞县，陆路惟寺口、郭家顶2处。

莱阳县，陆路惟榆科顶、谭家庄、院上3处。

二、清代前期山东沿海的炮台

清代前期,清政府认为沿海数万里,敌船处处可到,若处处设防,所费浩繁,兵力分散,不利防守,因此在海防建设上形成了"重点设防"的思想。

从全国海防布局来看,清政府的重点放在东南沿海的粤、闽、浙一带。为了对海口进行全面封锁,清政府在沿海各地港口、海口附近建筑了许多炮台。

鸦片战争之前,中国沿海炮台建筑一般是圆形建筑,如炮台附近地形复杂,后台墙可以有不规则变化。这种炮台被称为高台式"实心圆炮台"。炮台在临海方向建立敌台,敌台为露天建筑,俱用高、宽各一尺,长五尺的青石砌成高一丈三尺五寸,宽二丈五尺的高台,中间用土石填实,面铺石块,另用三合土或石块砌成垛墙,高六尺五寸,厚四尺五寸。在垛墙上开设炮眼若干个,炮眼外小内阔,以便炮身移动改变射击方向。炮台之内通常建筑驻守兵的营房、神庙、药局、望楼以及官厅等,旁设台门,以便守兵出入。

康熙、雍正之际担任两广总督的杨琳曾这样描写广州一带的炮台:"于临海山梁据三面之险,相度形势建立堡城,自八十丈以下至二三十丈不等。安兵自八十名以下至三四十名不等。城内俱筑实心高台,不用垛口,高出城墙垛口之上,眼界瞭亮,运用炮位三面应手,上设大炮数位,建造营房,官兵防守。"①杨琳所说的"堡城"指的就是炮台。

在闽浙一带,炮台的建筑方法比较简单,外用毛石砌成,中间填上四五尺厚不等,炮手在台内可以利用台墙掩护,向外射击。堡内建筑士兵营房、仓库等。这种炮台与明末闽、浙沿海地区的寨堡极为类似。各炮台设炮4至10位不等,守兵20至50名不等。乍浦西山嘴炮台是康、雍、乾时期建筑的中型炮台代表,据《闽浙海防炮台图说》描述:"西山嘴筑实心圆炮台,周围八丈,高一丈五尺,垛高三尺,安炮八位,后筑有围城,周围二十丈,高一丈二尺,内盖官兵房屋十二间,左千总一员,兵三十名。"②

明朝末年到雍正即位之前,山东沿海炮台原有近百座,虽数量很多,但都是简陋的墩台,防御能力极差。雍正年间,登州镇总兵官黄元骧、山东巡抚陈世倌先后建议收缩兵力,裁撤并不重要的炮台。雍正四年(1726),清政府决定将山东沿海僻处炮台炮位

---

① 《两广总督杨琳建沿海炮台序》。《广东海防汇览》卷三十一《方略》二十。
② 转引自茅海建:《天朝的崩溃》,北京:生活·读书·新知三联书店,2005年,第41页。

撤回各营汛，在冲要处按照广东式炮台的样式修建炮台20座。随后，陈世倌先在蓬莱县所属之八角口建筑炮台一座。到雍正五年（1727），又在成山卫之龙口崖、文登县之马头嘴、莱阳县之丁字嘴、即墨县之巉（chán）山、胶州之唐岛口、诸城县之亭子栏等6处要地修筑炮台，样式与八角口炮台一样。

万际瑞继任登州镇总兵官后，奏请将原拟定在峿岈岛和南横二处修筑的炮台分别改在青岛口和黄岛修筑，得到雍正帝的批准。到雍正十年（1732），山东沿海共建成炮台21座，分别是安东卫炮台、龙旺口炮台、亭子栏炮台、古镇口炮台、唐岛口炮台、青岛口炮台、董家湾炮台（在今青岛市沙子口）、巉山口炮台、黄龙庄炮台、海阳县丁字嘴炮台、黄岛口炮台、文登县五垒岛炮台、荣成县马头嘴炮台、石岛口炮台、养鱼池炮台（在今荣成市马山）、龙口崖炮台、文登县祭祀台炮台、福山县之罘岛炮台、八角口炮台、天桥口炮台、三山岛炮台。在《灵山卫志》中，称这些炮台为"炮城"，如"古镇口亦有炮城，制如唐岛口，东西相列。""唐岛北岸有炮城，城上有楼，汛兵守之。"。因为炮台有城有炮，所以"炮城"这个称呼也是合适的。

《山东海疆图记》的记载更为详细，炮台、火炮、兵力、归属等信息一应俱全："现存炮台，曰三山岛（属莱州北海汛，有外委把总一员，马兵二名，守兵十四名），曰天桥口（属登州水师营，有兵五名）曰八角口（属登州右营，有千总一员，马兵二名，步兵十四名），曰之罘岛（属登州右营有外委一员，马兵二名，步兵十七名），曰祭祀台（属宁福营，或每汛马兵二名，守兵十四名），曰龙口崖（属文登营荣成汛，有马兵二名，守兵十四名），曰养鱼池（属荣成汛，有马兵二名，步兵十四名），曰石岛口（属靖海汛，有马兵二名，步兵十四名），曰马头嘴（属靖海汛，有马兵二名，步兵十四名），曰五垒岛（属靖海汛，有马兵二名，步兵十四名），曰黄岛口（属文登营海阳汛，有马兵二名，步兵十四名），曰丁字嘴（属宁福营行村汛，有守兵六名），曰黄龙庄（属即墨营雄崖所汛，有外委把总一员，马兵二名，守兵十四名），曰峰山口（属鳌山卫汛，有外委把总一员，马兵二名，守兵十四名），曰栲栳岛（属雄崖所汛，守兵六名），曰董家湾（属□□汛，有□兵□名），曰青岛口（属登窑口汛，有马兵二名，守兵十四名），曰唐岛口（属灵山汛，有外委把总一员，马兵二名，守兵十四名），曰古镇口（属灵山汛，有外委千总一员，马兵二名，守兵十四名），曰亭子栏（以下属安东营，有行营炮六位，汛兵十名），曰董家口（有行营炮五位，守兵十名），曰宋家口（有行营炮五位，汛兵十名），曰龙湾口（有行营炮五位，汛兵十名），曰夹仓口（有子母炮二位，行营炮一位，汛兵十名），曰龙汪口（子母炮二位，行营炮一位，汛兵十名。），遽凡二十所。"为了慎重起见，作者还特别作了注释："安东营以下六所，皆据《青州府志》书之，省志于董家、宋家、龙湾、夹仓四所炮台，谓今已无存。而《青州府志》于炮位、汛兵纪载特详，恐未必尔烟没，然终不敢臆断，故书之以俟后日考。"

经过此次大规模建筑，清政府十分满意，认为沿海一带的炮台已经是星罗棋布、防范极为周密。然而，清政府的这种认识，完全是在昧于世界大势，对西方了解甚少，对西方军事思想和武器装备甚少的背景下得出的。其实，与西方炮台建筑相比，当时中国的军事思想和炮台修筑技术都落后许多。此时西方盛行两种炮台，一种是圆形炮台，通常设于孤悬海岛之中，或半面环海，半面枕山之处，就其山麓形势，循环周筑；一种是棱型堡垒，一般建筑在内河两岸。这两种炮台均是掩体性建筑，其共同特点是，内储足够的弹药和粮食，各炮台与棱堡之间通常有隐蔽式通道联系，便于互相支援、撤退。炮台建筑充分考虑了各种火炮对自身的杀伤力，设有各种避弹装置。

清政府对中国沿海炮台充满了自信，但对炮台存在的诸多缺陷几乎毫无认识。只有在经过鸦片战争的实战检验，付出了沉重的代价后，清政府对中国炮台技术的不足才开始有所认识。譬如，中国的炮台，多以砖石为主，表面上看非常坚固，但被炮弹击中时，碎石乱飞，如同霰弹，对炮台内的官兵会形成巨大杀伤力。炮台多为露天，敌台上的守兵仅以垛墙掩护其正面，顶部与后面没有遮蔽，很容易被炮弹击中，或者被溅起的碎石击伤。弹药库与兵营建在炮台之中，一旦被敌炮击中而爆炸，将会对整个炮台带来毁灭性打击。炮台之间缺少隐蔽的交通道路，在交战中会增加士兵的伤亡。总之，这种炮台未能充分重视自身的防护，缺乏隐蔽和保护设施，一旦交战，守兵会完全暴露在敌舰炮火之下。到了鸦片战争以后，清政府开始倾向于模仿西方炮台样式，修筑棱式炮台（即低后曲折炮台）与圆型暗堡式炮台，在修筑炮台时不再单纯使用砖、石，而是使用三合土居多。

总的来看，与东南沿海的闽、浙、广东等省份相比，清代前期山东沿海炮台还处于十分简陋的水平，炮台数量只有 20 多座，且多为小型炮台，建筑技术落后，攻防效果亦不理想。这些炮台在缉捕海盗、维持沿海治安方面发挥了一定作用，但面对西方列强"坚船利炮"的进攻时，往往毫无还手之力。

第四章　近代山东海防

第一节　近代山东海防部署

一、军事部署

鸦片战争以后，山东设登州镇、兖州镇、曹州镇三镇；山东沿海主要属登州镇防区；担任登州镇总兵者，道光二十年（1840）以后有玉明、武攀凤、德通、许联镳，咸丰年间有陈世忠、武迎吉、田浩然、王鹏年、曾逢年，同治年间有李懋元、施元敏、周惠堂、陈择辅，光绪年间有王正起、玉山、蔡国祥、李楹、章高元、夏辛酉、李安堂。

1. 旧式绿营水师

在雍正年间，山东就建立了北汛、东汛、南汛三汛水师，北汛驻登州府水城，东汛驻养鱼池，南汛驻胶州头营子，战船为赶缯船与双篷艍船，战、守兵总计1200人。

鸦片战争以后，一直到1888年北洋海军成立之前，山东沿海防务主要依靠旧式绿营水师。旧式水师归山东巡抚节制，而北洋海军直属清政府，这是两者的重要区别。

道光二十二年（1842），由于北汛巡哨洋面辽阔，巡防不力，增设游击一员，改为水师后营，驻水城；改北汛守备为游击中军，守备长山岛。道光三十年（1850），添设文登水师营，管驾赶缯船1艘，红头乌船5艘，广艇船2艘，开风船4艘，追捕海盗。①

同治十二年（1873），山东巡抚丁宝桢整顿水师，将三营游击以下官39员，兵1311名，裁撤核留战兵700名，守兵100名，分为登州水师营、荣成水师营，改归抚标直辖。设统领1名，每营管带1员，左、右、前、后、中哨官5员。所用战船，改原来首尾均齐、形体笨重之红头船、赶缯船为头尖尾大、船身较低的拖缯船，专去广东定

---

① 《山东通志》卷一一四《兵防志第八·兵制一》。

做14艘，每营配备6艘，每船置炮21尊，并配以德制铜炮及洋枪。同时，每船设正副舵长、桅长、隙兵、炮兵等员，改变了过去舵工、桅工、水手临时雇募的情况。

登州水师营，额设游击1员，守备2员，千总1员，把总3员，经制外委4员，额外外委4员，战兵365名，守兵50名，拖缯船7艘，自登州天桥口起，东至成山头，西至武定营大沽河交界，北至北隍城岛东北90里，巡防洋面1770里。①

荣成水师营，额设游击1员，守备1员，千总2员，把总3员，经制外委3员，额外外委3员，战兵335名，守兵50名，拖缯船7只，自荣成县之成山头起，南至江南交界鹰游门，巡防洋面2070里。②

1881年，清政府将烟台防务划归北洋大臣节制。1888年北洋海军正式成军后，山东沿海防务主要归北洋海军，而旧式的绿营水师的职责依然以"防守海口，缉捕海盗"为主。

2. 山东的防军、练军与巡防队

鸦片战争以后，清代军制经历了一个由八旗、绿营制度到勇营制度、新军制度的嬗变历程。

清代在八旗兵、绿营兵外另行招募的军队，其士兵称"勇"，以"营"为单位，因此称为"勇营"，起初不属于正规军队。乾隆、嘉庆年间，为镇压农民和少数民族起义，暂募勇营，事后随即撤销。

太平天国起义爆发后，清政府号召地方官坤兴办"团练"，以保卫地方；另拨款给八旗、绿营募集乡勇，以充实军力。曾国藩的湘军和李鸿章的淮军是在镇压太平天国的过程中发展起来的实力最强悍的勇营。

太平天国被镇压以后，各省险要之处，皆以勇营留防，称之为"防军"。同治年间，在绿营额兵内挑选士兵，提高饷银，采用新式武器，加以训练，称为"练军"。在十九世纪下半期，防军与练军一起构成了晚清国防力量的主体。据光绪二十四年（1898）统计，各省防军、练军共36万余人。

山东的勇营、防军、练军也是在镇压农民起义的过程中发展起来的。有的营勇是在山东招募的，有的则是由调任山东的官员从外省带过来的。勇营、防军、练军受山东巡抚、各镇总兵节制。不过，勇营、防军、练军的主要目的是镇压农民起义，弹压地方，与海防关系不大。

---

① 《山东通志》卷一一四《兵防志第八·兵制一》。
② 同前注。

清末，防军、练军改为巡防队。宣统二年（1910），山东巡抚孙宝琦，按陆军部《巡防队试办章程》，将全省除青州、德州八旗兵外的所有旧军，凡20岁以上35岁以下身体健壮者，统一改编成山东巡防队，合计共有官弁兵夫12404名。其中，步队36营，每营官弁兵夫301名；马队8营，每营官弁兵夫181名；按地域分为中、前、后、左、右五路，各路设统领官1员：中路，统领官聂宪藩，辖济南府、武定府。前路，统领官兖州镇总兵田中玉（兼），辖兖州府、沂州府、泰安府。左路，统领官登州镇总兵叶长盛（兼），辖登州府、莱州府、青州府。右路，统领官曹州镇总兵张善义（兼），辖曹州府、济宁直隶州。后路，统领官方致祥，辖东昌府、临清直隶州。每路设讲武堂1所，选派教练官1员。

3. 北洋海军

北洋海军正式成立于1888年。李鸿章在筹建北洋海军的同时，在威海建基地，在烟台建立炮台，烟台、威海沿海防务亦属北洋海军。北洋海军是李鸿章经营最久、用费最多、也最得意的洋务事业。

北洋海军直属清政府，其上级管理部门为海军衙门，同时受北洋大臣节制。山东巡抚不仅与北洋海军没有任何隶属关系，而且级别低于北洋海军提督，因此无权调度北洋海军。

近代海军的建设，南方行动早于北方。1879年7月4日，为加强台海防务，清政府诏令福建船政局轮船先行练成一军，福建水师正式成立。在中法战争爆发之前，福建船政水师兵船已达26艘，排水量9900吨，官兵1100人。

同治十年（1871），李鸿章与两江总督曾国藩协商，调福建水师"操江"轮赴天津巡哨。这是北洋最早的兵轮。次年，李鸿章奏请朝廷，将"镇海"轮拨归直隶留用，与"操江"轮共同在天津服役"。

同治十三年（1874），日本侵略台湾，海防之议兴起。1875年，清政府任命沈葆桢和李鸿章分别督理南北洋海防事宜。

光绪元年（1875年），李鸿章在英国订购了"飞霆"、"策电"、"龙骧"、"虎威"4艘炮舰。4舰于1877年来华后，先于澎湖、福建驻防，1878年抵达天津，分驻大沽、北塘两处。

1879年，李鸿章在天津设立水师营务处，由周馥主持，马建忠负责处理日常事务。光绪五年（1879），原南洋在英国订购的"镇东"、"镇西"、"镇南"、"镇北"4艘炮舰，驶抵天津。李鸿章留下"镇东"等4船，将"龙骧"等4船拨给南洋。

光绪六年（1880）底，在英国订购的"超勇"、"扬威"2艘快船即将完工，李鸿章派丁汝昌、林泰曾、邓世昌等赴英国验收。光绪七年（1881）"超勇"、"扬威"竣工，启程回国。

光绪六年（1880），山东新购"镇中"、"镇边"两艘炮舰驶抵大沽。李鸿章与山东巡抚任道镕商妥，将"镇中"、"镇边"与"镇东"等4炮船，及新购的两艘快船合为一小支水师，防护北洋要隘。

1881年，李鸿章奏请朝廷同意，任命淮系将领丁汝昌为北洋水师提督，同时改三角形龙旗为长方形，以纵3尺、横4尺为定制。至此，北洋海军从英国购进2艘快船、6艘炮船，加上先后调进沪、闽厂造的"操江"、"镇海"、"湄云"、"泰安"、"威远"5船，共13艘舰船，已经粗具规模。

光绪十一年（公元1885），李鸿章在德国购进"定远"、"镇远"2铁甲舰及"经远"、"来远"2舰，在英国购进"致远"、"靖远"2舰。光绪十四年（1888），北洋海军正式成立，提督署设于威海刘公岛，在威海卫、旅顺建立屯军房舍及办公处所。光绪十五年（1889），北洋海军在刘公岛设水师学堂，丁汝昌兼任总办。

全军分为中军、左翼、右翼、后军，官兵共4800余人。中军为"致远"、"靖远"、"经远"3舰；左翼为"镇远"、"来远"、"超勇"3舰；右翼为"定远"、"济远"、"扬威"3舰；后军为"镇东"、"镇西"、"镇南"、"镇北"、"镇中"、"镇边"6艘炮舰，"左一"、"左二"、"左三"、"右一"、"右二"、"右三"、"福龙"号7艘鱼雷艇，"威远"、"康济"、"敏捷"3艘练舰，"操江"、"镇海"2艘运输舰。

北洋海军设提督1员，统领全军操防事宜，归北洋大臣调遣；总兵2员，分左、右两翼，各带铁甲战船1艘为领队翼长；副将以下官员，根据所带舰艇的大小，职事的轻重，按品级分别安排；总兵以下各官皆终年驻船，不建衙署，不设公馆。编制定额：副将5员，参将4员，游击9员，都司27员，守备60员，千总65员，把总99员，经制外委43员。

北洋海军规定，海军提督有统领全军之权，凡北洋兵船，所有兵船均由提督统一号令；提督之下，则听左翼总兵一人之令；左翼总兵之下，则听右翼总兵一人之令；右翼总兵之下，则听资深副将之命。凡沿海陆路水师文武大员，如无朝廷节制北洋海军明文，兵船官概不得听其调遣。

甲午一战，北洋海军全军覆灭。到了清末，清政府从各国购置一些旧船，拼凑了巡洋、长江两个舰队，统一由海军部指挥。其中，巡洋舰队有巡洋舰4艘，"海圻"为英造，"海筹"、"海琛"、"海容"为德造；还有"通济"号练船、"飞鹰"号猎船、

"保民"号运船，另外 8 艘为鱼雷艇，分别为"辰"、"宿"、"列"、"张"、"湖鹏"、"湖隼"、"湖鹗"、"湖鹰"。

光绪二十九年（1903），南洋海军驻上海统领叶祖珪，命"海圻"舰舰长萨镇冰在烟台筹办海军学校，首任校长为谢葆璋。

4. 驻防山东的"新建陆军"

"新建陆军"简称"新军"。这支军队既不同于八旗、绿营，也不同于开始使用新式枪炮的防军和练军，因其武器装备系购置洋枪洋炮，编制和训练效仿西方军队，故称新军。

光绪二十年（1894）中日甲午战争爆发后，清政府命胡燏棻在天津小站（初为马厂）用西法编练新式陆军，"习洋枪，学西法"，称"定武军"，共计 10 营 4750 人。光绪二十一年（1895）12 月，袁世凯接管定武军，并加募步兵 2000 人，骑兵 250 人，将其扩充到 7000 人，改名为"新建陆军"，完全依照德国营制、操典进行训练，聘用德国军官充任教习。署理两江总督张之洞也依照西式军队编练了一支新军，名"自强军"，步兵、炮兵、马兵、工兵 13 营一共 2000 余人，后来由刘坤一接办。

1896 年，直隶提督聂士成挑选所部马步军 30 营，按德国军制训练，编为"武毅军"。直隶全省淮军、练军 20000 余人，被编为 20 营，按西法操练，分驻各地。

光绪二十四年（1898），清政府以荣禄为兵部尚书，节制北洋海陆各军。荣禄将京津一带驻军合编为"武卫军"，分前、后、中、左、右五军，其中袁世凯训练的新建陆军被改编为武卫右军，袁世凯任总统官，辖左、右两翼（相当于旅），每翼设统领 1 人，统领下辖分统 1 人，负责训练步、马队和工程诸营。营设统带 1 人，帮统 1 人，左翼步兵 2 营，炮兵 1 营；右翼步兵 3 营，骑兵 1 营；共计 7300 余人。

此后，各省也开始编练"新军"。1901 年，清政府下令将战斗力较强的军队改为常备军，其余编为续备军，同时加强洋枪操练。到清朝灭亡前，全国已练成新军 16 镇和 16 个混成协，其中装备与训练以袁世凯的北洋六镇为最佳，遍布直隶、山东与东北。

新军以镇为基本建制单位，每镇官兵定额 12512 人，由步、马、炮、工、辎重等兵种组成，协同作战；镇设统制率领，镇下分协、标、营、队、排、棚，分由协统、标统、管带、队官、排长和正、副目率领。

曾经驻防山东的新军主要有武卫右军、武卫右军先锋队、陆军第五镇、暂编陆军第九十三标等。

1899 年，义和团兴起，清政府命袁世凯率武卫右军进入山东，部署在青州、潍县一线。光绪二十六年（1900）四月，袁世凯又仿武卫右军营制饷章，增立一军，名为武卫右军先锋队，袁世凯兼任总统官。武卫右军先锋队辖 20 营，计 1.4 万人。其中步队 16 营，分左、右两翼，每翼两路，每路分前、后、左、右四营，每路各设统领 1 员督率训练。另设炮队左、右两营，作为中路炮队，骧武、精健马队两营，作为中路马队，各派统带 1 员管理训练。

光绪二十七年（1901）九月，原张之洞在南京编练的自强军由张腾蛟率领进入山东，"交袁世凯酌量分配，督饬训练"。十月，袁世凯任直隶总督兼北洋大臣，武卫右军和自强军随即跟随其离开山东。

光绪三十年（1904），新任山东巡抚周馥，以武卫右军先锋队为常备军，曹州镇、兖州镇防军 8 营及沿海防军 2 营与抚标前军 2 营为续备军。

光绪三十一年（1905）六月，袁世凯从武卫右军先锋队中抽拨 12 营，陆军第四镇抽调步队 4 营，马、炮队各 1 营，并从青州、德州旗兵营闲散余兵内挑选精壮 500 名，和招募部分新兵，合编成北洋常备军第五镇，驻济南和潍县一带。不久即按新制改称陆军第五镇，直属陆军部管辖。

陆军第五镇辖步队第九、第十协，每协 2 标，每标 3 营；马、炮队各 1 标，每标均 3 营，工程队、辎重队各 1 营。计全镇官长及司书人等 748 员，弁目兵丁 10436 名，夫役 1328 名，共 12512 名。1907 年 7 月，第五镇步兵第十八标、马队第五标第二营和炮队第五标第三营调奉天省（今辽宁省），编隶陆军混成第一协。宣统三年（1911），又补充续备军 3 营，直隶第五镇。

光绪三十三年（1907），陆军部令山东另编新军一镇，限 3 年成军。宣统二年（1910），山东巡抚孙宝琦以山东巡防队左路第四、第六两小营为基础，汰疲去冗，并征募部分新兵，组成暂编陆军第九十三标，额定官兵 2006 名，但因经费不足，实设官兵 1466 名。第九十四标未及编成，辛亥革命爆发，清朝灭亡。

二、近代山东沿海的巡检司、乡勇与团练

清代前期，清政府实行绿营"分汛防守"和水师"巡洋会哨"相结合的海防措施，不太重视巡检司的作用，历经多次裁撤，巡检司所剩无几。鸦片战争爆发前后，登州府只有海口司，光绪末年被裁撤。莱州府只有固堤店巡检司和灵山卫巡检司；民国二年（1913），两巡检司全被裁撤。青州府只剩下信阳镇巡检司和穆陵关巡检司，两者先后于光绪十七年（1891）、民国元年（1912）被裁撤。

近代以来，地方武装各地名称有很多，如团练、民团、乡勇、乡兵等，虽名称不

一，但都属于地方武装范畴。地方武装一般分为两类，一是民兵，农闲时定期操练；二是遇紧急事情临时组织，令地方士绅加以训练，清查保甲，坚壁清野，以求地方自保。办团经费均来自民间，且由练总练长掌握。

鸦片战争以后，为了镇压农民起义，为了抵御西方列强侵扰，山东各地组织地方武装的次数增加，规模也有所扩大。

道光二十年（1840），鸦片战争爆发后，山东巡抚托浑布在蓬莱、黄县、荣成、宁海（今牟平）、掖县等地编练乡勇，以防英军入侵。托浑布还招募通晓水性的渔民充当水勇，以增强水师的后备力量。

咸丰元年（1851）太平天国起义爆发后，清朝政府令各官府、豪绅举办团练，镇压太平军。黄县人王允中奉旨同梁萼涵、李璋煜、王简、孙毓桂、刘跃春同办山东团练。咸丰三年（1853），黄县士绅赵华林等十余人在城隍庙筹款招募勇丁，首办团练。其间，赵华林带团练兵勇协助清军镇压了石良集张九子起义。

咸丰三年（1853），为防备太平军北上，清政府诏令山东在籍官员办团练。随后，招远县设团练局，蓬莱官府拨发枪械，举办联庄团练。咸丰四年（1854），莱州、登州知府再次下令属县举办联庄团练。寿光县亦命令各乡士绅举办团练。县内较大村庄，皆修垒挖壕，购买枪支，据寨守卫。1855 年 7 月 6 日，海盗船 13 艘驶至黄县海面，沿海团练集结防备。后海盗船西上突破黄河营防线登陆杀掠，清军赶到已逃走。清军追至蓬莱栾家口，发炮射击，海盗船均中弹焚毁。

咸丰十年（1860）四月，捻军东进，清政府诏令全国组织团练抵抗。贾桢向清廷奏议办团练，清廷命杜翮办山东团练，黄县人丁培镒襄办。丁培镒与士绅丁培杰、丁树香、王锤九、姜桂、胡春塘、赵赢海、王堂、姜涛筹办团练，在县城和重要村镇建造土圩。至同治六年（1867），县境土圩增至 60 余处。同年，登州、莱州等地办起团练，兵部主事张弼任莱州团练总团长。

咸丰十一年（1861）7 月，捻军入境前，栖霞县奉命筹办团练。先有于岸率众于城西大寺立团练局，继由官府在城东关帝庙设立官办团练局。10 月，于岸部在同捻军作战中全军覆没，而官办民团则迅速发展，除县城附近设东隅、唐山、王格庄 3 个分团，东南西北四门有街道防卫武装外，臧家庄、唐家泊等集镇亦有分团成立。至同治六年（1867），团局拥有火炮 24 门和其他城防军械。栖霞团练曾配合营汛武装镇压入境捻军。捻军南去后，团练武装遂解散。

咸丰十一年（1861）八月，捻军由黄县进入蓬莱县，于栾家口村与北沟乡团练激战后西撤。九月，复入蓬莱县，先后于北沟、平山等地分别击败北沟、诸谷等乡团练，继攻县城，不克，后分兵东进。同年八月二十五日，捻军东征至招远县毕郭。二十七日，团练与捻军激战，双方伤亡严重。

同治二年（1863）六月，莱州知府夏云焕，下令民众筑寨栅，以防倭患。民团一直延续到民初。同治六年（1867），招远团练再次与东征之捻军发生激战。

光绪二十年（1894），中日甲午战争爆发。黄县知县萧启祥奉札与士绅山民、丁世常、王常益、姜淑、丁庭闻、姜椿灰、丁毓商办团练事宜。7月21日，在城隍庙成立团练总局，统属各乡团练，将团练保甲合并。全县分乾山、芦山、莱山、平山四都，领44社，社长兼社团长，各村举出村团长。社、村皆设公所。办团经费由绅富捐资和各村社自行筹措。县城圩内时有丁勇80人，至11月，招募团勇300人。丁勇昼夜巡查，守御城门。总局董事负责检查公所。村团长率团丁昼查街巷，夜派打更。圩内各团所用军火，由总局发给，四乡各团自筹。

光绪二十一年（1895）正月初三，黄县人王守训奉旨协王懿荣，回黄县办团练。县团练局申请巡抚李秉衡调营兵来黄防守，愿捐巨款协济粮饷。李巡抚责令登州防营提督夏辛酉招募丁勇500人，在黄县驻扎，会同民团加强防守。二月初成立防勇、团勇两部。防勇一营（士乡义胜军），林志魁管带，共556人，由团局发饷。团勇二营（士乡义胜勇）1000人，外守门查街勇200人，由团绅管带并发饷，帮带有黄县人游击王和亭。军械由烟台军装局发给广线枪200杆，铅丸5万粒；黄县军装局拨给来福枪200杆，火药5000磅，铜火帽8万粒，抬炮200杆，火绳数百斤。二月二十六日，钦差团练大臣王懿荣来黄县阅军，称赞"黄县办团练认真，为合郡第一"。三月二十三日，甲午战争结束，团勇汰弱留强，至八月有600人。十二月初二，奉巡抚批令，团勇遣散，留士乡义胜军一营。光绪二十二年（1896）正月十六日，义胜军遣散，城乡撤团，保甲中止。

辛亥革命后，各地团练逐步为联庄会、民团等地方武装代之。

第二节　近代山东的海防指挥机构

一、军事指挥机构

1.总理衙门与北洋通商大臣（直隶总督兼）

鸦片战争前，由于长期实行"闭关锁国"政策，清政府闭目塞听，思想落后，对于外交尚未形成现代观念。清政府自以为"天朝上国",视周边附属国、藩属国以及其他国家为未开化的"蛮夷"。当时,处理涉外事务的部门是礼部和理藩院。俄国使臣来华,由理藩院接待,其他各国均由礼部接待办理。凡是与外国有关系的各种事务均被称为"夷务"。

鸦片战争后,沿海五口通商,外交与通商事务由两广总督与各国交涉,特加钦差大臣头衔,称"五口通商大臣"。《天津条约》、《北京条约》签订后,外国公使进驻北京,各国在华设立使馆。各国外交官对清政府称之为"夷狄"的做法极为不满,多次要求建立专门机构处理外交事务。1861年1月,恭亲王奕䜣等奏请设立总理各国事务衙门,接管以往礼部和理藩院所执掌的对外事务。1862年3月,正式成立。总理衙门先后存在了40年,1901年改为外务部。

总理衙门最初主管外交及通商、关税等事务,后来兼管海防、派遣驻外国使节、筑路、开矿、邮电、制造枪炮军火、同文馆、派遣留学生等事务,总揽全部洋务事宜,实际上成了政治、军事、外交无所不管的机构。

总理衙门由王公大臣或军机大臣兼领,"一切均仿照军机处办理",设大臣、章京两级职官。大臣有总理大臣、总理大臣上行走、总理大臣上学习行走、办事大臣等,由亲王一人总领。初设时,奕䜣、桂良、文祥三人为大臣,此后人数略有增加,从七八人至十多人不等,其中奕䜣任职时间长达28年之久,庆亲王奕劻任职12年。大臣下设总办章京(满汉各两人)、帮办章京(满汉各一人)、章京(满汉各十人)、额外章京(满汉各八人)。

总理衙门直属机构有英国、法国、俄国、美国、海防五股,另有司务厅、清档房、电报处等机构;其中,海防股主办南北洋海防,包括长江水师、北洋海军、沿海炮台、船厂以及购置轮船、枪械、制造机器和置办电线、铁路、矿务等事。下属机构有同文馆、海关总税务司署,还管辖南、北洋通商大臣,选派出国公使等。

南、北洋通商大臣原为专职,后分别由两江总督和直隶总督兼任。咸丰十年(1861),置三口通商大臣,驻天津,管理天津、牛庄(后改营口)、登州(后改烟台)三口与外通商事务。1870年改为北洋通商大臣,管理北方直隶、山东、奉天三省对外通商、交涉事务,兼办海防和其他洋务,驻天津。

道光二十四年(1844)设立的五口通商大臣原由两广总督兼任,1861年后亦列于总理衙门之下,增管东南沿海及长江沿岸各口岸通商事务,兼办海防和其他洋务;先由江苏巡抚兼任,驻上海;后来演变称为南洋通商大臣,改由两江总督兼任,驻南京,长江及江苏以南沿海各省通商口岸均归其管理。北洋通商大臣、南洋通商大臣与总理衙门在业务关系上是平行的，遇到疑难问题时，可与总理衙门咨商，由总理衙门备顾问和代奏朝廷。

同治九年（1870），清政府裁撤三口通商大臣，所有洋务、海防各事宜，均归直隶总督经管，颁发钦差大臣关防，称"北洋通商大臣"或"北洋大臣"，管理直隶（今河北）、山东、奉天（今辽宁）三省通商、洋务，办理有关外交、海防、关税及官办军事工业等事宜。

总理衙门主要负责外交事务的执行而非决策，决策的权力主要掌握于皇帝（实际上是慈禧太后）以及军机大臣决定。当然，由于主持总理衙门的恭亲王奕䜣、文祥等人同时又是具影响力的军机大臣，所以总理衙门参与决策的机会很多。

1870年代以后，总理衙门在北方洋务事业的重要性逐渐下降，其领导性地位渐被直隶总督、北洋大臣李鸿章的地位所取代。

同治九年（1870）八月，李鸿章调任直隶总督。十一月四日，李鸿章接办了天津军火机器总局，改称天津机器制造局。十一月十二日，清政府裁撤三口通商大臣一缺。裁撤后，所有洋务，海防各事宜，均归直隶总督经管，颁发钦差大臣关防，称"北洋通商大臣"或"北洋大臣"。管理直隶、山东、奉天三省通商、洋务，办理有关外交、海防、关税及官办军事工业等事宜。此后，李鸿章担任直隶总督兼北洋大臣达28年之久，专办清政府外交，兴办北洋海陆军，并在北方兼长江流域筹办轮船、电报、煤铁、纺织等企业，致使北洋大臣地位不断提高，职权不断扩大，势力远远超过本来地位与之对等的南洋大臣。特别是随着北洋海军威海卫基地的营建，山东登州沿海被划为北洋海军的防区。

2. 海军衙门与北洋水师提督

总理海军事务衙门建立于中法战争失败后的1885年，是管理全国海军、统一海军指挥权的机构。

第二次鸦片战争时期，英法联军纵横海上，中国沿海旧式水师毫无招架之力，只能望洋兴叹。一部分有识之士开始认识到建立近代海军的必要性和重要性。19世纪60年代，洋务运动兴起，清政府仿造西方军舰，或直接向西方购买军舰。

1874年，日本侵入台湾，朝野震动。直隶总督李鸿章上洋洋万言的《筹议海防折》，促使清政府痛下决心，加强海军建设。此时，全国没有一个统一的海军指挥机关，各地水师归当地督抚节制，互不统属，难以协同作战。

1884年8月，中法马江战役爆发，福建水师全军覆没。鉴于海战失败的惨痛教训，清政府在建立海军中枢机构的问题上很快达成共识。1885年10月，醇亲王奕譞奏请设立"总理海军事务衙门",获得允准。海军衙门的设立旨在统一全国海军的行政管理,从此以后,海军建设、海防筹划由海军衙门直接运筹。

海军衙门设总理1人,会办、帮办各2人,海军衙门成立之初,借用神机营署的空闲房间办公,办事人员有22人。光绪十四年(1888),奕譞请求免去管理海军衙门的职务。光绪十七年(1891),奕譞病死,清政府任命庆亲王奕劻总理海军事务,两江总督兼南洋大臣刘坤一协办海军事务。光绪二十年(1894),慈禧太后命奕訢管理总理各国事务衙门事务,同时总理海军事务,会同办理军务。海军衙门的实权主要掌握在会办、北洋大臣李鸿章手中,他趁机大力扩充北洋海军。

光绪二十一年(1895)二月甲午战败,北洋水师全军覆没,次月海军衙门被撤销,海军学堂也一律停办。海军衙门从成立到撤销,前后共维持10年时间。

清末北洋海军的最高军事长官为提督,负责统辖北洋海军全军。

光绪十四年(1888),总理海军事务大臣醇亲王奕譞奏准颁布《北洋水师章程》,北洋海军正式建军。海军衙门根据李鸿章的提名,奏准以北洋海军记名提督、直隶天津镇总兵丁汝昌为北洋海军提督,旋赏加尚书衔。北洋海军提督归北洋大臣节制,驻威海卫并设督署于刘公岛上。从北洋海军成军到全军覆灭,只有丁汝昌任此职务。

丁汝昌(1836—1895),字禹亭,号次章,安徽庐江县人。早年曾参加太平军,后归顺湘军。不久,隶属李鸿章淮军,参与镇压太平天国和捻军起义。光绪五年(1879),被李鸿章调入北洋海军。

北洋海军提督旗初为五色立锚旗,后改为五色团龙旗,分一至五号,用于提督座船悬挂。水师提督以下设总兵2员,分左右翼,各统铁舰,为领队翼长。副将以下各官,以所带船舰之大小,职事之轻重,别其品秩。总兵以下各官船居,不建衙署。副将5员,参将4员,游击9员,都司27员,守备60员,千总65员,把总99员,经制外委43员。官兵共计4000余人。

光绪二十年(1894),甲午战争爆发,丁汝昌指挥北洋海军与日军在大东沟附近海域发生海战,后舰队退保威海卫。光绪二十一年(1895),威海卫之战中,率军抗击日军围攻,最后在弹尽粮绝、援军未至的情况下,拒绝日军将领伊东佑亨劝降,服鸦片自尽,以谢国人。

3. 外务部、陆军部、海军部

光绪二十七年(1901),据清政府与列强签订的《辛丑条约》第12款规定,总理衙门改为外务部,仍位列六部之上。同年,设置督办政务处,以军机大臣领督办事,逐步开始推行"新政"。光绪三十二年(1906)改为会议政务处,隶内阁,以各部尚书为内阁政务大臣。

同年，原兵部改称陆军部，练兵处、太仆寺等机构亦并入，编组、人员有所更变。练兵处成立于1903年，主要负责编练军队，以庆亲王奕劻总理练兵事务，袁世凯为会办练兵大臣。练兵处设提调1人，下分军政、军令、军学三司，每司各设正使1人，副使1人，委员共18人。

宣统元年（1909），海军处由陆军部分出，改为"筹办海军事务处"，改设筹办海军大臣2、参赞1，下设参赞厅，分军制、军政、军学、军枢、军储、军防、军法、军医八司。次年，复改称海军部，改以大臣、副大臣负责。军防司取消，其他七司保留。

1909年，军咨处也由陆军部分出，由贝勒载涛、毓郎二人负责，下设军咨使二人，机构改为总务厅及一、二、三、四厅和测地、制图二局。宣统三年（1911），军咨处改称军咨府。

二、"以文统武"制度的延续

1881年之前，山东巡抚是山东最高军政长官，所有军政要务均在其管辖范围。1881年，清政府将烟台防务划归北洋大臣节制。这样，山东境内防务分为两个部分，即烟台、威海等沿海地区属于北洋海军，山东内地及除烟台、威海之外的其他沿海地区仍属山东巡抚及三镇总兵负责。

1. 山东巡抚（兼提督）

鸦片战争以后，担任山东巡抚者，道光二十年（1840）以后有托浑布、程矞采、梁宝常、麟魁、王笃、觉罗崇恩、陈孚恩、张澧中、徐泽醇、刘源灏、陈庆偕；咸丰年间有李惠、张亮基、吴廷栋、文煜、清盛、谭廷襄；同治年间有阎敬铭、丁宝桢、文彬；光绪年间在1895年甲午战争结束前有李元华、文格、周恒祺、任道镕、陈士杰、张曜、福润、汤聘珍、李秉衡。在近代历次大规模对外战争期间，山东巡抚亲赴前线，调集军队加强防务；在北洋海军的建设过程中，多位巡抚亦积极出谋划策，密切配合。在海防建设中贡献尤为突出的有托浑布、陈庆偕、丁宝桢、周恒祺、陈士杰、张曜、李秉衡等人。

1840年八月鸦片战争爆发后，山东巡抚托浑布带抚标兵丁，并调东昌等营兵丁，亲赴登州府督办海防，在荣成、蓬莱、威海卫、芝罘等战略要地增兵驻守，同时在蓬莱水城至抹直口一带沿海构筑沙城，加强防御。托浑布亲笔书写"海不扬波"四个大字以明心志，后被制成碑刻镶嵌于蓬莱阁上。

1841年初，托浑布先后两次上奏清政府，提出加强山东海防的具体措施：一是在沿海险要之处添制火炮；二是将各岛居民迁往内地，在沿海实行坚壁清野；三是将小岛并入大岛，选择年轻强壮的岛上居民加以训练，并配备军械；四是根据地势，修筑工事。以上建议均获得清政府的批准。1841年四月、八月和九月，托浑布先后三次亲赴登州，同登莱青道等地方官员察看海防情况，部署防务。除了登州海域之外，胶州、莱州等沿海的防御力量也得到了加强。为加强海防力量，托浑布多次奏请调拨银两以充军需。据不完全统计，托浑布自1840年八月至1842年五月，五次专门奏请清廷准拨藩库及司库银共42万两。

1849年，巡抚徐泽醇奉命严密搜捕在石岛、福山一带海面截劫商船并登岸抢掠的海盗。1850年，海盗袭扰山东沿海。巡抚陈庆偕奉命严守海口，并将三汛师船与登、莱二府所属四县水勇合一，专派统领、协带等前往策应，同时在主要岛屿增设火炮予以支援。六月，经陈庆偕奏请，清政府改登州镇总兵为水师总兵，兼辖陆路。八月二十七日，登州水师兵勇击沉海盗船10只，擒获海盗300余名。发月，陈庆偕令添造登州水师战船炮位。

1851年七月，巡抚陈庆偕令沿海艇勇出洋追剿。八月，清军水师营与十余只海盗船在荣成石岛海面交战。九月，新任登州镇总兵陈世忠、登莱青道英桂等奉命率沿海水勇出海与海盗作战。清政府抽调战船十余只，水勇四五百人助战，清军作战失利。

1871年，山东巡抚丁宝桢奏呈整顿山东沿海水师，裁减兵丁，酌留战守兵，由文登协副将带领。

光绪元年（1875）"马嘉理事件"发生后，英、美、法等国军舰8艘集泊于烟台海面示威，清政府令登莱水师和洋枪队严加防备。十一月，清政府批准巡抚丁宝桢在烟台、蓬莱、威海卫修筑炮台，在长山岛西部修筑沙土曲折炮台。同年，丁宝桢提出在威海建立海军基地。丁宝桢在《筹办海防折》中提出要加强威海防御的具体计划，他说："刘公岛北、东两面为二口门，岛东口虽宽，水势尚浅，可以置一浮铁炮台于刘公岛之东，而于内面建一砂土炮台，海外密布水雷，闭此一门，但留岛北口门为我船出入……则威海于口可为轮船水寨。轮船出与敌战，胜则可追，败则可退而自固，此威海之防也。"

1880年八月，清政府令山东巡抚周恒祺加强烟台、蓬莱海防。周恒祺调曹州镇总兵王正起率部于烟台、福山、黄县一带布防，并令登州、莱州二府增招兵勇。

光绪九年（1883），在登莱青候补道刘含芳的主持下，在威海金线顶建造了水雷营一处。1884年，中法战争爆发后，清政府令山东巡抚陈士杰加强山东沿海防务，陈士杰赴烟台、黄县督办招募兵勇。

1885年，海军衙门派山东巡抚、北洋海军帮办大臣张曜来威海勘察，张曜主张在威海设提督署。但当时李鸿章认为："察度北洋形势，就现在财力布置，自以在旅顺建坞为宜。"1888年，慈禧太后下懿旨命张曜襄办海军。

1891年六月，李鸿章和张曜，乘船赴威海卫视察海防设施和水陆各营操练，然后由威海卫赴胶澳查看港湾。张曜以为胶州湾为军事要地，应即设防，并上奏朝廷："胶澳设防，实为要图……此次臣等会同前往详审勘度形势，自应预为经画，未可再缓。……所需布扎营队，拟就山东现有各营抽拨，毋庸添募，以节经费。"随后调派章高元到青岛驻防，并在团岛嘴高地修筑了炮台。

1894年甲午战争爆发时，山东巡抚为李秉衡。清政府调青州驻防旗兵500人协助固守刘公岛。十一月十六日，李秉衡抵烟台一带督办海防，并调派福字前、右两营抵威海港北岸。

2. 登莱青胶道

自乾隆三十二年（1767）开始，登莱青道加兵备衔，称"登莱青兵备道"，辖登州、莱州、青州三府。道员秩正四品，级别在知府之上；道员为定任实官，建有自己的衙署，通称道员衙门。登莱青道原驻莱州，烟台被开放为商埠后移驻烟台。登莱青道权力很大，行政、弹压地方、海防等事务无所不包；同治元年（1862）又兼任东海关监督。

鸦片战争以后，担任登莱青道者，道光二十年（1840）以后有王澐、达镛、英桂、诸镇；咸丰年间有舒梦龄、王鸿烈、张凤池、陈显彝、汪承镛、贡璜、崇芳；同治年间有潘霨、刘达善、龚易图；光绪年间有张荫桓、方汝翼、盛宣怀、李正荣、刘含芳、李兴锐、锡桐、李希杰、何彦昇、蔡汇沧、潘志俊、徐抚辰。

在这里，需要特别一提的是刘含芳。1892年五月，刘含芳调补山东登莱青兵备道，监督东海关；1893年十一月到任。

调任之前，刘含芳曾在旅顺任职11年，在北洋海军海防工程建设中，功绩显著。1881年奉李鸿章之命筹办旅顺、威海鱼雷营、水雷营，修建水雷土船坞。1883年，任旅顺港务工程局会办，负责旅顺军港工程建设，同时积极辅佐总办袁保龄设屯防营、筑炮台、建库厂、守机器，开办水雷、鱼雷学堂和医院，把旅顺建成了北洋海军重镇。1886年九月，李鸿章又命他主持旅顺港坞工程局，协同直隶按察使周馥监督工程进度和质量。1890年，工程竣工，他与提督丁汝昌、按察使周馥、天津海关道刘汝翼一起负责验收。1891年二月，清政府授他甘肃安肃道，经北洋大臣李鸿章奏请，暂留旅顺办理海防。

1894年甲午战争爆发后，日军占领烟台东炮台，刘含芳率军据守西炮台，并以外交手段促请外国领事团出面交涉，而使日军止步。

1881年，北洋海军进驻威海后，在刘公岛设机器厂和屯煤所。当时只有12条船，属临时屯泊。光绪九年（1883），在候补道刘含芳的主持下，在威海金线顶建造了水雷营一处。

李鸿章认识到胶州湾对于海军的重要意义，两次派管理鱼雷营道刘含芳、水师统领丁汝昌，会同英籍总兵琅威理前往查勘测量。1886年三月，刘含芳勘察胶州湾后认为，"此口地势偏僻，断非目前兵力饷力所宜用也"，应先搞好旅顺、烟台、威海之门户，以卫京津。

1895年二月，甲午战争进入最后阶段，北洋海军腹背受敌，刘公岛上的水师学堂、机器厂、煤场及民房等，均毁于炮火。丁汝昌派出亲信怀揣密信，凫水登岸去烟台，向刘含芳求援。大约在同时，有人向刘含芳谎报威海已失，战斗已经结束。刘含芳据此报告山东巡抚李秉衡，遂使本来要前往威海的援兵因此被调往莱州。

1895年冬，刘含芳奉命从山东渡海勘收旅顺诸处。所到之处，他见过去亲自督建的海防工程尽遭摧毁，愤慨填膺，痛哭失声。

除刘含芳之外，在此简单介绍英桂、龚易图、张荫桓、方汝翼和盛宣怀。1851年八月，清军水师营与十余只海盗船在荣成石岛海面交战失败，失船9只。九月，新任登州镇总兵陈世忠、登莱青道英桂等与守备黄富兴奉命率沿海水勇出海与海盗船作战。清政府抽调上海战船10余只，水勇四五百人助战。清军作战再次失利，损兵折将。

1871年，龚易图任登莱青兵备道。龚易图，字蔼仁，号含晶，福建闽县（今福州市区）人，咸丰九年（1859）进士。捻军兴起后，龚易图留在山东，跟随僧格林沁作战，屡立战功；先后任东昌府、济南府知府。同治九年（1870）任登莱青兵备道道员兼东海关监督，在烟台设育婴堂、慈善堂，举办慈善事业。后升任江苏按察使、广东按察使、湖南布政使等职。晚年在上海筹办织布局，发展民族工业。

1877年，张荫桓继任登莱青兵备道。张荫桓在登莱青道任职时间不长，政绩亦不多。后调任安徽"宁池太广道"、安徽按察使。1885年，张荫桓被任命为特派美国、秘鲁、西班牙三国大臣。三年后回国，被任命为总理衙门大臣，兼户部侍郎，赏加尚书衔，成为清廷重要大臣。中日甲午战争中曾与邵友濂为全权大臣赴日谈判。1898年3月，协助李鸿章与俄国签订《旅大租地条约》。张荫桓曾将康有为介绍给翁同龢，荐举给光绪帝。戊戌变法时，调任管理京师矿务、铁路总局，支持变法。戊戌变法失败后遭弹劾，充军新疆。1900年八国联军侵华战争爆发后，慈禧太后把怨恨倾泄到对开战有异议的大臣身上。此时张荫桓被流放新疆，但慈禧念念不忘旧怨。1900年7月，张荫桓在新疆被杀。张荫桓是继戊戌六君子之后，为变法而死的朝廷大员。

光绪七年（1881），由方汝翼主持编写的《增修登州府志》完成。

光绪十二年（1886），盛宣怀任山东登莱青兵备道道台兼东海关监督。1887年，盛宣怀在烟台独资经营客货海运，航运范围不仅扩大到山东整个沿海，而且还开辟了烟台至旅顺的航线。1891年春，盛宣怀在烟台设立慈善机构广仁堂。

第三节　近代山东沿海的炮台与海防筑垒

一、两次鸦片战争期间旧式炮台的添设

1840年六月，鸦片战争爆发。七月，英军攻陷浙江重镇定海，随后多艘英国船只北上驶入登莱洋面，停泊在砣矶岛及烟台等处停泊窥测，补充给养。八月初，英国远征军海陆联军司令、海军少将乔治·懿律率军舰由定海北上，途经荣成成山角、长山岛进犯天津大沽口。山东沿海基本上处于有"海"无"防"的状态。

鸦片战争爆发后，山东沿海形势顿时紧张起来。登州控扼渤海海峡，对保卫京师的安全具有重要意义，因此清政府采取了一系列应急措施。

八月十五日，山东巡抚托浑布率兵到登州府督察。九月，托浑布派兵分别在蓬莱、芝罘、威海卫等战略要地驻守。1841年，托浑布经过详细勘察，着手在登州海滨要害地点增加炮位，先后在沿海要隘分别安放大炮300余门，并在烟台、石岛、庙岛、砣矶岛等地的重要地段埋设炸药、堆筑沙堤，挖掘壕沟。与此同时，托浑布又饬令蓬莱知县王文焘调集民工，在水城东北海边修筑沙城，以拱卫登州府城。沙城长数里，分八段，北距海边约50米，南距府城500米左右。沙城上有青砖砌成的敌台十余座，上置火炮，对防御列强的海上侵袭起到一定作用。

为充实海防力量，登州府水师营增设战舰。1842年，清政府又续拨山东司库银15万两，作为登州等处海防经费。七月，清政府又急令江南提督刘元孝率精兵1000人赴登州，加强登州沿海防务。

鸦片战争结束后，清政府并没有立即停止海防建设。1844年，继续在蓬莱城西北的紫荆山筑建炮台。1850年，山东巡抚陈庆偕将三汛师船与登、莱二府所属四县水勇合一，专派统领、协带统辖，同时在主要岛屿安设大炮。六月，清政府又改登州镇总兵

为水师总兵，兼辖陆路。九月，陈庆偕继续在登州添造水师战船炮位。

据光绪《增修登州府志》记载，道光、咸丰年间在登州府境内添设的火炮、炮位有：

"捌千斤大炮六位，道光二十一年铸；

陆千斤大炮拾位，道光二十一年铸。

叁千斤大炮壹位，系旧炮，咸丰三年解赴武定；

贰千斤大炮贰十六位，旧炮三位，余俱道光二十一年铸。三十年拨九位入水师，运赴石岛。咸丰三年，解一位赴武定，四位赴东昌。

壹千三百斤大炮贰位，旧炮一位。道光二十一年，济南解来一位。三十年拨一位入水师，运赴石岛。

壹千斤大炮壹位。道光二十一年，济南解来。三十年拨入水师，运赴俚岛。

捌百斤大炮捌位，皆旧炮，道光二十六年俱拨入水师。

永固铜炮壹位，道光二十一年自京运来，咸丰三年解赴省城。

神功铜炮壹位，道光二十一年自京运来，咸丰三年解赴省城。

陆百斤铜炮叁位，道光二十一年诸城县解来，咸丰三年解赴省城。

肆百余斤铜炮贰位，道光二十一年诸城县解来，咸丰三年解赴省城。

车炮肆位，道光二十一年济南城守营解来。

随车炮、耳炮捌位，道光二十一年城守营解来。

壹百八十余斤威远炮叁拾叁位，道光二十一年济宁州解来，二十五、二十六两年俱拨入水师。

壹百七十余斤威远炮柒拾玖位，道光二十一年自省解来，二十五年拨二十六位入水师，咸丰三年解六位赴武定。

壹百五十余斤威远炮贰拾肆位，皆旧炮，道光二十五、二十八两年俱拨入水师。

壹百五十余斤灭寇炮拾玖位，皆旧炮，道光二十八年俱拨入水师。"

以上炮位，"中营游击管理。每年冬令运至海滩，总镇传集水陆将弁按十日两次轮流演放。"①

据光绪《增修登州府志》记载，在十九世纪八十年代之前，登州府境内的炮台②有旧式炮台，也有新式炮台，或在旧式炮台上添设新式火炮，比较重要的有以下几处：

海阳县境内，一在黄岛口，一在丁字嘴。

---

① 光绪《增修登州府志》卷十二《军垒》，第14页，清光绪七年（1881）刻本。
② 光绪《增修登州府志》卷十二《军垒》，第15-18页，清光绪七年（1881）刻本。

荣成县境内，一在龙口崖，一在养鱼池，一在石岛口。

文登境内，一在马头角海口，一在五垒岛，一在祭祀台。

黄县境内，一在黄河营，一在屺姆岛。

福山县境内，在烟台西之通伸岗上，光绪二年（1876）建，中为走轮炮台及望楼，四角皆有台，又东西护台五，圩墙周里余。一在之罘岛，一在八角口。

蓬莱县境内，一在城西紫荆山上。道光二十四年（1844）建，中为望台圩，暗开炮门25处，地周13亩。一在水城天桥口。

再者，到了近代以后，烟墩陆续裁撤，所剩无几。光绪《增修登州府志》记载："旧登州卫墩六，刘家汪寨墩五，解宋寨墩三，杨家店巡检司墩三，高山巡检司墩二，今沿海惟田横寨、湾子口、城儿岭三处……"

福山县境内，"旧沿海千户所墩二堡二，奇山所墩四堡二，芦洋寨墩六，孙夼镇巡检司墩三，今俱废。"

文登县境内，"旧威海卫墩九堡四，百尺崖所墩六堡三，靖海卫墩二十堡八，辛汪寨巡检司墩一，温泉镇巡检司墩二，今沿海惟朱家圈、威海口二处。"

荣成县境内，"旧成山卫墩十堡九，宁津所墩八堡九，寻山所墩八堡七，斥山（赤山）巡检司墩一，今俱废。"

海阳县境内，"旧大嵩卫墩七堡五，海阳所墩七堡十，大山寨墩二堡二，乳山寨巡检司墩一堡二，行村寨巡检司墩三，今沿海惟旗杆石一处，陆路惟小纪集一处。"

黄县境内，"旧墩十六，今沿海惟黄河营、河口、铃铛汪、刘家旺、黄山馆、呼家、界首、仁化、白沙、盐场、榆林、吕口、西皋、王回、小河口十五处。"①

二、烟台西炮台、东炮台的修筑

近代烟台共有两处新式炮台，西炮台为山东巡抚丁宝桢主持修筑，东炮台为北洋大臣李鸿章主持修筑。

第二次鸦片战争失败后，清政府从"天朝上国"的迷梦中惊醒。清政府中部分最早觉醒过来的官员，产生了向西方学习科技、军事，以维护清政府统治的"洋务"思想；同时，在抵抗西方列强侵略的过程中，清政府的主权意识、海权意识以及世界观念逐渐萌发、深化，海防建设的理念在西方的影响下也发生了重大转变。也就是从此时开始，

---

① 光绪《增修登州府志》卷十二《军垒》，第15—18页，清光绪七年（1881）刻本。

清政府以防御西方列强的侵略为直接目标,着眼从维护国家利益的全局出发,总体筹划海防和国防。中国的海防终于走上了近代化的道路。

1858年,清政府被迫签订《天津条约》,其中将登州划定为通商口岸。后来,列强以"港狭水浅"、不适宜外国商船通航为理由,要求将通商口岸改在烟台,得到清政府的同意。此后,烟台逐渐成为整个胶东半岛的政治、经济、文化重心,而清政府海防建设的重点自然也由登州转移到烟台。

第二次鸦片战争后,随着洋务运动的开展,清政府加强海防的措施主要有两项,一是训练新式军队,装备新式枪炮;二是在沿海大规模修筑炮台,安装从国外购置的大炮。

1871年,山东巡抚丁宝桢奏呈整顿山东沿海水师。1873年,改登州水师前后二营为登州水师营,文登水师营为荣成水师营,以文登营副将统领两营,驻扎烟台,改归抚标节制。

光绪元年(1875),"马嘉理事件"发生后,英、美、法等国军舰8艘集泊于烟台海面示威,清政府令登莱水师和洋枪队严加防备,并在烟台通伸岗设海防营,驻兵3000名。丁宝桢主张实行重点防御,奏请在烟台、蓬莱、威海等地改建新式炮台,从国外购置新式火炮,随即得到清政府批准。在丁宝桢的主持下,"烟台山下及八蜡庙、芝罘岛之西,共建浮铁炮台三座","登州于城北建沙土高式炮台,城内建沙土圆式炮台。长山之西建沙土曲折炮台,与郡城相犄角"①。这一时期建立的炮台多改用克虏伯后膛大炮,或者阿姆斯特朗前膛大炮,装备比较先进。

烟台的西炮台也是在这一时期修建的。西炮台在今芝罘区通伸岗北端山顶,完工于光绪二年(1876),最初置土炮8门。这里地势突兀,位置险要,视野辽阔,面对海疆。发生战争时,进可攻,退可守,军事位置十分重要。

光绪十三年(1887),清政府又将炮台增修扩建,最终建成由围墙、瓮城、演兵场、地下坑道、炮台、指挥所、弹药库等组成的封闭式军事设施群,并在此添置当时世界著名的火炮——德国克虏伯重炮。在建设过程中,除东北角一座用于瞭望的望楼"兼用砖石"外,"一切工程,悉用三合土筑造",其坚固程度堪比现在的水泥混凝土。

西炮台共建有大小炮台8座,炮台设在通伸岗四角,炮口分别向东北、西南、西北、东南四个方向,射面广阔,西控制到八角海口,东控制到烟台山海区,北控制到芝罘岛海域。其中,东北角炮台正对烟台港,因而规模最大,设施也最好,炮台上建有中心圆柱体炮位,上设花岗岩炮座和铁炮,周围为圆形地陷建筑,四门四室相通,构成通

---

① 《清史稿》卷一百三十八《志一百十三·选举八》,上海:上海古籍出版社1986年,第539页。

道式阵地。西北炮台依山势建成不规则五边形，外以垛墙相围，中心为圆柱体炮位，台上设花岗岩炮座和铁炮。

各炮位之间以城墙连接，依山就势，蜿蜒而建。墙上设置有200余个射击孔，墙内侧修建有跑马道。南墙中部建有砖券大门，门上嵌石匾"东藩"两个大字，寓意此炮台是京津的屏障。南门内北侧为演兵场，演兵场北山巅南侧，以淡红色石岛石砌筑成一个半地下指挥所，所内建有地下通道、兵士营房和弹药库，用于储弹藏兵。至此，西炮台成为烟台重要的军事要塞。这也是迄今我国保存最完整的古炮台之一。

东炮台的建立与李鸿章有关。1881年，清政府将烟台防务划归北洋大臣节制。1886年五月二十二日，直隶总督、北洋大臣李鸿章巡阅烟台西炮台后，决定在归岱山再建炮台，以与西炮台形成交叉火力，严密防御烟台海域。

经过5年艰苦施工，1891年东炮台竣工。炮台所在归岱山，临海负山，地势险要，东西北三面均为深约20米的临海悬崖峭壁，是烟台天然之关隘。东炮台的布局与西炮台相似，亦由炮位、护墙、大门、地井、坑道及营房等组成。大门内为练兵场，正中三个炮位，东西向排列，皆为地坑式，石砌墙体，水泥地面。中心炮台呈"冂"形，南向开口有台阶式通道可通地面，通道两侧皆设耳室，北部东西两壁各有连接地井的通道，内有洞室，可以藏兵储弹。中心炮台东北与西北20米处的海岸边又分别设置马蹄形小炮台，以互为犄角。中心炮台以南地下筑有营房两栋，营房大门外东侧有壕沟60余米，有曲折蜿蜒的小径可通向东端的地井，地井东北20余米处，有混凝土高台地堡一座。大门的东南有70余米的土壕，其尽头建有两座圆形混凝土的地堡，所有地堡均向海面开有横长的射口，可以瞭望，亦可以射击防御。

三、北洋海军威海基地的建设

1874年，日本派兵登陆台湾，企图将之占据。事件发生后，清政府朝野震惊。恭亲王提出了"练兵、简器、造船、筹饷、用人、持久"等六条的紧急机宜，原浙江巡抚丁日昌提出《拟海洋水师》章程入奏，建议建立三洋海军，李鸿章则提出暂弃关外、专顾海防。在洋务派的一致努力下，"海防"之论压倒"塞防"，清政府决心加快建设海军。光绪五年（1879）五月，清政府确定"先于北洋创设水师一军，俟力渐充，由一化三"[1]，并委派直隶总督兼北洋通商大臣李鸿章督办北洋海军。

---

[1] 中国近代史资料丛刊《洋务运动》（第二册），上海：上海人民出版社，1961年，第387页。

清政府采取买船与造船并重的方针,以加速海军建设。从同治十一年(1872)到光绪六年(1880)自造船 22 艘,从美国购船 2 艘,从英国购船 14 艘。李鸿章则认为"中国造船之银,倍于外洋购船之价"①,极力主张购船。1885 年以后,又从德国购进铁甲舰 2 艘、新式巡洋舰 3 艘、鱼雷艇 5 艘,从英国购进新式巡洋舰 2 艘、鱼雷艇 2 艘。

1881 年北洋海军进驻威海后,在刘公岛设机器厂和屯煤所。当时只有 12 条船,属临时屯泊。1883 年,在候补道刘含芳的主持下,先在威海金线顶建造了水雷营一处。1885 年,山东巡抚张曜考察威海,意欲设提督署。但李鸿章认为:"察度北洋形势,就现在财力布置,自以在旅顺建坞为宜。"直到 1887 年,才确定在威海卫建设海军基地。1888 年 12 月 17 日,北洋水师正式宣告成立并于同日颁布施行《北洋水师章程》。从此,近代中国正式拥有了一支在当时堪称世界第六、亚洲第一的海军舰队。

1888 年北洋海军正式成军后,李鸿章开始营建威海基地,在刘公岛和威海港南北两岸修建海岸炮台、刘公岛海军公所、铁码头、船坞、子药库等。从 1889 年到 1891 年,威海各海岸炮台陆续建成。其中,南帮炮台包括海岸炮台 3,分别在赵北嘴、鹿角嘴、龙庙嘴;北帮炮台包括海岸炮台 3,在祭祀台、北山嘴、黄泥沟。刘公岛上的炮台包括海岸炮台 6,在黄岛、旗顶山、公所后、迎门洞、南嘴、东泓。另在日岛筑地阱炮台 1 座,置 12 厘米平射炮 2 门、6.5 厘米平射炮 4 门、20 厘米地阱炮 2 门。共计威海卫基地炮台 13 座,配备各种大炮 54 门。此外,在威海湾南北两岸各设水雷营一处,各营弁兵、匠人等 136 人;南岸水雷营附设水雷学堂,招收水雷学生 40 余名。光绪十七年(1891),威海基地的第二期工程开始,以修建陆路炮台为主。其中,南帮炮台包括陆地炮台 2,在杨枫岭、所城北。北帮炮台包括陆地炮台 2,在合庆滩、老母顶。光绪二十年(1894)甲午战争爆发时,除北岸老母顶炮台因战争爆发未完工外,共建成 3 座炮台,有大炮 9 门。甲午战争爆发后,清政府又在海港南岸增设摩天岭、莲子顶,在北岸增设东里夼、棉花山、佛爷山、紫峰顶、遥了墩、远遥墩等多座临时炮台。

1891 年五月,李鸿章来威海校阅海军,向清政府奏报说:"就渤海门户而论,已有深固不摇之势"。后来因总理海军事务的醇亲王奕譞讨好慈禧太后,挪用海军经费修建颐和园,北洋舰队再未添置新舰艇和装备。1894 年五月,李鸿章再次来威海校阅海军,发出"窃虑后难为继"的感叹。3 个月后,中日甲午战争爆发,清政府花费巨资、经营多年的北洋海军以及周边附属海防设施尽管在战争中发挥了巨大的作用,给日军沉重打击,但是由于战局不利,这些以炮台为主的海防设施最后除少数被清军自行炸毁外,全

---

① 中国近代史资料丛刊《洋务运动》(第一册),上海:上海人民出版社,1961 年,第 47 页。

第四章　近代山东海防

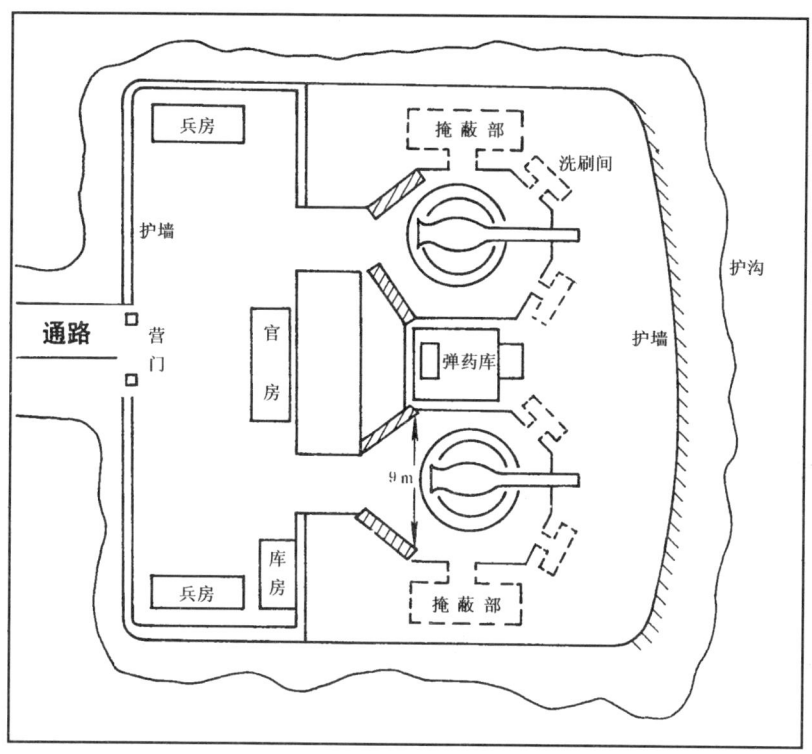

图 4-1　八卦式明炮台构筑示意图

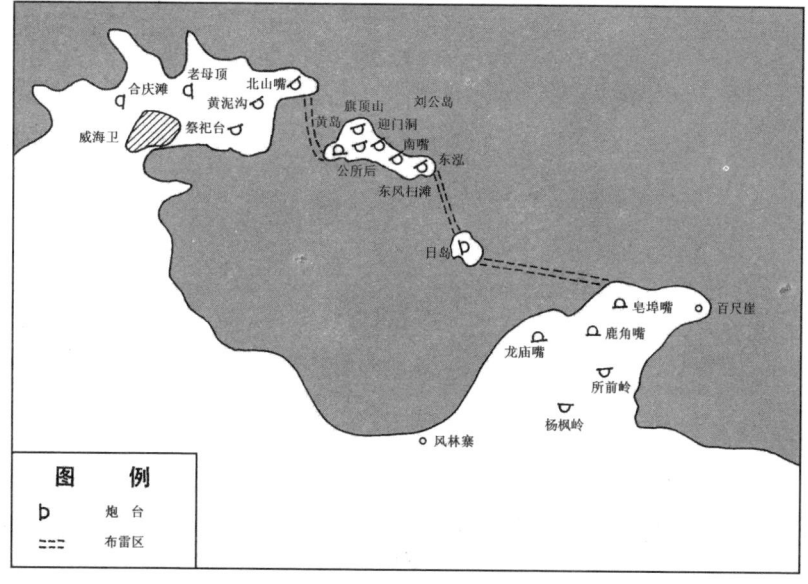

图 4-2　威海卫要塞炮台示意图

部被日军毁坏。

四、清军设防胶州湾

胶州湾位于胶东半岛西部,地理位置十分重要。但是,由于当时青岛仅为一个小渔村,而清政府的海防重点又放在威海和烟台,因此到1898年德国强租胶州湾之前,这里的防务一直十分薄弱。

中法战争结束后,清政府加快了筹建新式海军的步伐。1886年3月,北洋大臣李鸿章派道员刘含芳勘察胶州湾,拟就设防事宜进行调查。刘含芳勘察胶州之后上奏说:"胶州澳居山东之南海……口东青岛,高四十七八丈,有关有市,地属即墨……青岛北面能屏蔽之处,有深水一条,宽约二里,直通即墨之女姑镇,能行大舰自三五丈以至十丈者,仅长十里,沿边淤滩暗礁,一、二、三里不等。再东又浅,去女姑镇尚有十五里,可望而不可及。以全澳之论,地虽宽广,而能泊大舰有屏障之处,仅此青岛。"① 刘含芳认为,在当时情况下,"此口地势偏僻,断非目前兵力饷力所宜用也",应着力搞好旅顺、烟台、威海之门户,以卫京津。

几乎在同时,驻德国公使许景澄上疏清政府指出:"西国兵船测量中国海岸无处不达,每艳称胶州湾为屯船第一善埠。"其内水深澳广,其外群山环抱,实为天然门户,"且地当南北洋之中,上顾旅顺,下趋江浙","似为地利之所必争,应请渐次经营,期于十年而成巨镇"②,力陈在胶澳设防的必要性。御史朱一新也上奏清政府,认为:"欲固旅顺、威海,则莫如先固胶州。""南北洋地势辽远,宜建胶州为重镇,以资联络,兼以屏蔽北洋"③,并请饬详细勘度。

为了慎重起见,李鸿章电令丁汝昌偕英人总教习琅威理再次勘察胶州湾。丁、琅勘察后报称,胶州湾地势优良,"实为海军之地利,南北洋水师总汇之区",应予设防,并提出了设防的具体方略。李鸿章接到丁汝昌、琅威理的报告后于1886年七月十六日上奏慈禧太后。奏称:丁、琅之议,"与许星使(指许景澄)所拟及刘含芳勘度,情形大略相同。自来设防之法,先近后远,旅顺与大沽犄角对峙,形势所在,必须先行下

---

① 《刘含芳查勘胶州湾条陈》。民国《胶澳志》卷十一《艺文志二·文存》,民国十七年(1928年)铅印本,第1408–1411页。

② 许景澄:《条陈海军应办事宜折》。民国《胶澳志》卷十一《艺文志二·文存》,民国十七年(1928年)铅印本,第1404页。

③ 光绪十二年(1886)六月初八日陕西道监察御史朱一新条陈,军机处原折。

手,俟旅顺防务就绪,如有余力,方可议办胶州。"如建海军屯埠,约需军费不下数百万两,实难筹度。"惟地利所在必争,若我不先置守,诚恐海上有警,被人占据……可否请旨饬东抚(指山东巡抚)酌拨数营。"最后,北洋大臣李鸿章以"北洋目前兵力、饷力实形竭蹶","断难远顾胶州"[①]为由,停止了在胶州湾开辟海军基地的努力。

1891年,北洋舰队旅顺、威海两基地建设完竣。五月,李鸿章与海军帮办、山东巡抚张曜在校阅北洋海军后,率北洋舰队专程赴胶州湾实地考察,随后奏请在胶澳、烟台筑台设防,获得清政府的批准。由于李鸿章先集中精力在烟台修建炮台,因此胶澳的海防建设迟迟未能实施。直到1892年夏天烟台炮台完工后,李鸿章才调派登州镇总兵章高元率带4营约3000人于秋天到青岛口驻防。总兵衙门设于青岛村,广武前营驻防小泥洼村北,广武中营驻防信号山南,嵩武前营驻防青岛村西北侧,嵩武中营驻防八关山西北侧。章高元移驻青岛口后,先后修建了总兵衙门、电报局、军火库、前海栈桥及4座兵营,并计划沿海岸修筑团岛、西岭(今台西镇)、青岛(又称"衙门炮台")3处炮台。由于经费无着,再加上甲午中日战争的干扰,工程进展缓慢,到1897年11月胶州湾事件发生时,仅完成了衙门炮台一处,其余两处炮台未能竣工。

1871年德意志帝国完成统一后,迅速走上向外扩张的道路。在德国地质学家斐迪南·冯·李希霍芬的建议和鼓吹下,德国选定胶州湾作为最佳占领目标。1897年十一月巨野教案发生后,德皇威廉二世立即电令德国远东舰队司令棣利斯以此为借口侵占胶州湾。翌年三月六日,德国强迫清政府签订了《中德胶澳租借条约》,强行"租借"胶州湾水域及周边550余平方公里的陆地。从此,青岛沦为德国的租借地,山东南部海疆由此无险可守。

德国强占胶州湾后,德皇威廉二世为了达到长期占领胶州湾的目的,一方面将胶澳租借地置于德国海军部管辖之下,任命海军将校出任"胶澳总督",统一指挥在胶澳租界内的军队、行政、法律等部门,另一方面在青岛修建了规模庞大的炮台群和数量众多的军营等海防设施,以抵御其他帝国主义国家对胶州湾的争夺,而中国在胶州湾的海防权益完全丧失。

---

① 李鸿章《为筹议胶澳事宜致海军衙门函》光绪十二年六月十五日(1886年7月16日)。民国《胶澳志》卷十一《艺文志二·文存》,民国十七年(1928年)铅印本,第1405–1408页。

第五章　19世纪末20世纪初的青岛与威海

第一节　德占时期的青岛

一、德国对青岛的军事占领

19世纪末，中国在甲午战争中战败后，帝国主义掠夺在华利权，强租海港，划分势力范围，掀起了瓜分中国的狂潮。

1860年到1872年间，德国著名地质学家斐迪南·冯·李希霍芬曾八次来华进行考察。他在1882年出版的《中国》第2卷中用相当多的篇幅讨论山东议题，并指出胶州湾是适合德国占领的理想地点。李希霍芬的论述对于德国侵华政策的制定有重要影响。

19世纪70年代初，德国完成统一，成为新兴的资本主义国家，立刻走上海外扩张的道路。1895年底，德国向清政府总理衙门提出让与一个军港"借地储煤"的要求，遭到婉辞。1896年十一月，担任天津税务司的德国人德璀琳在与德国海军司令克诺尔海军上将的谈话中说，胶州湾极值得德国争取。1896年十二月，德国向清政府提出租借胶州湾的要求，遭到拒绝。

1897年十一月一日，两名德国传教士在山东曹州府巨野县被杀。十一月七日，德皇威廉二世以此为借口，命令驻扎在吴淞的德国东洋舰队"立刻开往胶州湾，占据该地，并威胁报复，积极行动"。十日，东洋舰队司令棣利司率领巡洋舰"德皇"号、"威廉亲王"号、"鸬鹚"号三艘巡洋舰和装甲舰"乌登堡"号、"奥登堡"号从上海吴淞口出发前往胶州湾。

十四日拂晓，德军在前海栈桥突然登陆，然后立即分兵抢占清军军械库、弹药库、俯瞰炮台的高地、要隘，并向清军发出照会，限清军48小时内撤出女姑口和崂山。在德军逼迫下，章高元率领部队移驻青岛山后的四方村一带。清军撤退时，14尊克虏伯钢炮被德军扣缴。十五日，德军200余人进至四方村，逼章高元再退。在清廷不准开仗的指令下，清军被迫从四方村退至沧口附近。十九日、二十日，王文韶、李鸿章分别电令章高元"不可轻启兵端"，后又令章高元部移驻烟台。

12月1日，正当清军膳就准备拔营时，德军对已退至法海寺正准备拔营移防烟台的章高元部发动袭击，千总赵先善阵亡，损失毛瑟步枪58支和部分装备，清军始终未予还击。20日，清军全部撤到烟台。至此，德军完成了对青岛的占领。

图5-1 德占青岛时期火力防御示意图

1898年3月6日，清政府被迫与德国签订了《中德胶澳租借条约》，规定将胶州湾及南北两岸租与德国，租期99年；德国在山东境内修筑两条铁路，可以开采铁路沿线两旁30华里以内的矿产。从此，德国在租借的名义下，强占了胶州湾，并把山东省变成了它的势力范围。

1898年4月27日，德国在青岛设立胶澳总督府，任命罗绅达为第一任胶澳总督。胶澳总督为租借地最高统治者，在租借地内，除邮政、司法官吏直接受德国本部管辖外，其余均受总督指挥。

德军占领青岛后，先占用清军兵营驻扎，后在清军兵营原址和台东镇、沙子口、李村、沧口等地，建兵营十余处。其中，比较大的有"俾斯麦兵营"（原清军广武中营址）、"伊尔蒂斯兵营"（原清军嵩武中营址）、"毛尔提克（毛奇）兵营"、"小泥洼兵营"（原清军广武前营址）4座。

为了防止其他帝国主义国家染指青岛，德国先后在太平山、青岛山、汇泉角、团岛、台东镇等十余处要地构筑团岛炮台、台西镇炮台、衙门炮台、俾斯麦南炮台、汇泉角炮台等永久性海防炮台和俾斯麦北炮台、伊尔奇斯北炮台、伊尔奇斯东炮台、仲家洼炮台等永久性陆防炮台，配置80-280毫米火炮39门；临时性炮台22个，配置37-210毫米火炮86门；并在大港设有移动炮台。德军所筑炮台，大多为掘开式永备型，炮台上设有钢制顶盖用作瞭望所，顶盖的周围镶有暗光镜，可以360度旋转观察军情。炮台所设火炮多为旋转的曲射炮，既可封锁海面，又可攻击陆上目标。此外，德军还在太平山、青岛山、小湛山、大港、台东镇和柳树台等地，筑有堡垒20余个，每堡可容士兵1个连；堡与堡之间挖有堑壕；壕前修有掩体和胸墙，并进行伪装。壕后筑有了望哨，堑壕外架铁丝网，由此构成了比较严密的军事工程体系。

德国在青岛的统治长达 17 年之久，直到 1914 年第一次世界大战爆发后，日本借口对德宣战，强行占领胶州湾和青岛。

二、日德青岛之战

1914 年 8 月，第一次世界大战爆发，欧洲主要国家都卷入战争，无暇东顾，日本趁机扩张其在中国的势力。

1914 年 8 月 15 日，日本对德国发出最后通牒，要求德国立即撤退在中国海面上的一切德国军舰，将胶州湾无条件地交于日本。8 月 23 日，日本联合英国对德国宣战。

1914 年 8 月 27 日，日本海军第二舰队驶抵崂山湾，封锁青岛海面。9 月 2 日独立第十八师团先头部队山田支队在龙口附近海域登陆，然后沿莱州、平度向即墨推进。9 月 18 日，崛内支队在仰口登陆后，由王哥庄向西南山区进发。9 月 21 日至 26 日，日军野战重炮兵 2 个联队、保障分队及辎重队在崂山湾登陆。期间，英军 2 个大队亦在崂山湾登陆。

9 月 26 日，西进的一支日军占领潍县车站，控制了胶济铁路。27 日，日英联军在孤山、浮山一线与德军激战一天，德军败走，从李村河口至沙子口、从孤山至浮山一线阵地全部被日军占领。至此，日军完成了对青岛德军的包围。

10 月 13 日，日军后续部队在崂山湾登陆，准备对坚守在青岛要塞里的德军发动最后攻击。经过 1 个月的部署，日英联军完成了进攻青岛要塞的准备工作。10 月 31 日拂晓，日军从陆地、海上对德军发动全面进攻，德军损失严重。11 月 6 日，日军攻占德军中央堡垒，德军小湛山至海泊河口防线崩溃。7 日，日军在炮火掩护下，先后占领太平山、青岛山和贮水山。至此，德军最后一道防线被日军突破，海军亦全部覆没。德总督卖尔瓦的克见大势已去，命余部炸毁防御设施，在观象山上挂起白旗，向日军投降。11 月 10 日，日德双方开始谈判。16 日，日军进占青岛市区。从此，青岛沦为日本帝国主义的殖民地。日军进而控制了山东省，夺取德国在山东强占的各种权益。

日军侵占青岛后，占用原德军兵营，将"俾斯麦兵营"与"伊尔蒂斯兵营"合并，改为"万年兵营"；"毛尔提克兵营"改为"若鹤兵营"，并新建 1 座"旭兵营"。同时，日军在东起女姑口、西至济南火车站的胶济铁路沿线设据点 70 余处，分别驻扎宪兵和陆军。

此外，日军除修复被德军炸毁的炮台外，还在太平山、青岛山、台东镇、团岛、台西镇和仲家洼等地增建永久性炮台8个，配置37-280毫米火炮29门；临时性炮台12个，配置50-150毫米火炮59门；在海泊河入海口南岸挡浪坝上配有移动火炮和机关炮；在德军遗留堡垒（碉堡）及附近，配置机关炮39门、机关枪47挺。

从1914年一直到1922年的9年间，青岛一直被日本占领。一战结束后，战胜国在法国巴黎召开所谓的"和平会议"，中国作为战胜国出席会议。1919年6月28日的《凡尔赛和约》规定，德国在山东的一切特权转让给日本，中国外交遭到惨败，从而引发了"五四运动"。

1921年11月至1922年2月，华盛顿会议召开。会议期间，中国和日本签订了《中日解决山东问题悬案条约》及其附约，规定：日本将德国旧租借地交还中国，中国将该地全部开为商埠；胶济铁路及其支线由中国赎回归等。1922年12月10日，中国北洋政府收回青岛。

第二节　英租时期的威海卫

1898年，德国强迫清政府签订《胶澳租界条约》，强占胶州湾，进而把山东变为其势力范围；同年，俄国强迫清政府签订《旅大租地条约》，强租旅顺口、大连湾及附近海面。这样，辽东半岛完全落入俄国手中，整个东北全境成为俄国的势力范围。

为了阻挡俄国势力由东北地区南下，英国驻华公使窦纳乐向清政府提出，按照租让旅顺口的同样条件，租借威海卫。清政府以威海卫尚在日军的占领之下为托词，予以拒绝。

英国展开外交活动，与德国、日本达成默契，随后对清政府的态度愈加强硬，将十余艘军舰开至烟台示威。四月三十日，清政府被迫派出庆亲王奕劻、刑部尚书廖寿恒与英使窦纳乐谈判。五月二十三日，中国向日本付清甲午战争赔款，日军撤出威海卫。第二天，英国即强行占领威海卫。

七月一日，清政府被迫在北京签订《中英议租威海卫专约》，取得了威海卫港湾连同刘公岛和威海卫沿岸10里宽地段的租借权。八月，中英双方代表在刘公岛西端的黄岛上举行租借仪式，威海卫遂沦为英国殖民地。

英国强租威海卫以后，在刘公岛设远东舰队司令部，冈特、阿瑟·铎沃德先后任司令。在威海港内，常泊军舰三艘；夏季有巡洋舰五六艘，旗舰一艘，鱼雷艇八九艘；冬季泊有巡洋舰二三艘。英国海军陆战队常驻刘公岛，兵力有四五十人。1930年10月交收威海卫前夕，英国皇家海军苏格兰第二营陆战队驻威海，人数不详。此外，英国陆军每年夏季派驻一个团，有一千四五百人，冬季常驻一个营，有一百七八十人。

1899年，英国又在威海招募中国人组建华勇营，又称中国旅、中国团队。人数初为600余名，后来增加到1300多人。驻在北大营、北竹岛、南竹岛和寨子等处。华勇营由英国人担任军官，先后有英国陆军上校鲍尔、中校布鲁斯、上尉沃森和巴恩斯等。1900年，华勇营被派镇压刘荆山、于冠敬、崔寿山等发动的抗英斗争，随后又跟随英国军队到天津、北京镇压义和团。1906年，华勇营被解散，当时人数约600人，其中一部分人转为巡捕。

光绪三十一年（1905），俄国在日俄战争中战败，被迫放弃旅顺。《中英议租威海卫专约》曾有规定，"租期应按俄国驻守旅顺之期相同。"清政府藉此向英驻华公使提出收回威海卫的要求。英国政府反借口旅顺非俄国退让，拒绝交还。

1921年12月，北京政府代表施肇基、顾维钧等在华盛顿会议上提出归还各国在华租借地的要求。从1922年10月一直到1924年10月，中英之间谈判多次，终于达成了协议，但一直未能完成签字手续。

1929年6月，南京国民政府外交部长王正廷向英国驻华公使提出威海卫的归还问题。经中方力争，1930年2月13日，中英重新拟定《中英交收威海卫专约》和《协定》。同年4月18日，王正廷和蓝普森在南京分别代表中英两国政府签字。同年10月1日，中英两国在南京互换批准约本议定书。

1930年10月1日，接收典礼在英国威海卫行政长官署大院举行。随后，国民政府威海卫管理公署成立，英国驻威海卫行政长官（总督）庄士敦率随员及驻威英国军队取道香港回国。英国在威海长达32年之久的殖民统治结束。

第六章 山东海防遗存

第一节 明代海防遗存

【关于明代海防遗存的几点说明】

1. 明代海防遗存主要有城池遗址、军寨遗址、烟墩遗址三大类。这些海防遗存至今已有五六百年的历史，历经风雨沧桑、社会巨变，大多破烂不堪。例如，很多军寨遗址现只剩残垣断壁，一般表现为低矮的寨墙遗址，四周及其寨墙之上杂草、灌木丛生，单纯从外观上很难分辨出甚至难以想象出这里曾是军队的驻扎之地。有的军寨遗址四周即为耕地，时常受到当地村民开荒的威胁。有的军寨遗址则逐渐缩小，甚至难觅踪迹。再如烟墩，其外观十分接近，大多表现为圆形的、低矮的土堆，亦是杂草、灌木丛生，且很多地理位置极为偏僻。

2. 烟墩的名称有很多，如"烽火台"、"狼烟墩台"、"烽堠"等，我们采用最通俗最常见的名称，统一称之为"烟墩"。

3. 在明清各地方志中，军寨、烟墩的名称多以当时当地的名称来称呼；而现在的军寨、烟墩遗址，多以现在的地名来命名。时过境迁，地名早已发生了很多变化，因此现在的烟墩遗址与地方志中所记载的烟墩如何相对应，是一个非常复杂的问题。

4. 在如今山东沿海一带，带"卫"、"所"、"寨"、"墩"等字眼的地名很多。对这些地名的由来，不能单纯理解为地名来源于海防建设，地名与卫所、军寨、烟墩之间的关系很有可能是相互的、双向的，而卫所、军寨、烟墩常常以当地的地名来命名，譬如登州卫，因设于登州故称"登州卫"，而早在唐代就有登州之名；再譬如奇山所，因其南部有山名奇山，故称"奇山所"。

5. 在历史考察时，对军寨和烟墩图像资料的采集，主要有两种形式，一是针对烟墩本身的近景，但这种照片拍到的只是一个土堆，并不美观。特别是在夏季，植被茂盛，烟墩被植被覆盖，其本来面目更是难以表现；二是以远景的形式着重表现烟墩的外部环境，以突出其地理位置的重要性和军事上的重要意义。

6. 在文字资料和遗址数据方面，本书参考了各地文物局、博物馆的遗址档案以及由各地文物局编纂的图书，诸如烟台市博物馆编写的《烟台市第三次文物普查成果汇编》、威海市文物管理办公室编著的《追寻历史：威海市第三次文物普查成果巡礼》、威海市文化局和威海市文物管理办公室共同编写的《威海文物概览》、青岛市文物局编著的《青岛明清海防遗存调查研究》等，在此对以上图书的编辑者和广大文物保护工作者表示诚挚的感谢。

一、今烟台市境内的海防遗存（遗址代码 A）

1. 莱州、龙口、蓬莱

今莱州市境内共有明代海防遗址 4 处，其中古城遗址 1 处：莱州城墙遗址，在莱州市区；军寨 1 处：马埠寨军寨遗址，在虎头崖镇；另有烟墩遗址 2 处：大李家烟墩遗址，在沙河镇；单山烟墩遗址，在三山岛街道。

今龙口市境内有明代海防遗址 2 处，分别是黄县城墙遗址、西羔烟墩遗址；黄县城墙遗址在龙口市区；西羔烟墩现已消失。

今蓬莱市境内共有明代海防遗址 19 处，其中古城遗址 4 处，分别是蓬莱水城遗址、登州府城墙遗址、上水门遗址、解宋营（古称解宋寨）古城遗址；军寨 1 处：赵格庄营寨遗址；另有戚继光相关遗址 4 处，烟墩遗址 10 处。

在蓬莱市境内的明代海防遗存中，峰山岭烟墩遗址在北沟镇，西峰台烟墩遗址、东峰台烟墩遗址、黑峰台山烟墩遗址在蓬莱阁街道，蓬莱水城遗址、登州府城墙遗址、上水门遗址、戚继光故里、戚氏牌坊、戚继光祠堂在蓬莱市区，戚继光墓在南王街道，防风林烟墩遗址、赵格庄营寨遗址、铜井山烟墩遗址在新港办事处，南吴家木基烟墩遗址、解宋营西烟墩遗址、解宋营古城遗址、解宋营东烟墩遗址、东峰子烟墩遗址在刘家沟镇。

A1 大李家烟墩遗址

【位置】位于莱州市沙河镇大李家村内。村北约 2 公里处，呆村河自东向西流过。

【现状】烟墩呈长方形、土筑。长 30 米，宽 10 米，西北高、东南低，高约 1.5–3.5 米。

A2 马埠寨军寨遗址

【位置】位于莱州市虎头崖镇虎头崖村东的一处高台地上。西距海 350 米，南部、东部为丘陵地带。

【现状】呈长方形高台地，南北长约 120 米，东西宽约 100 米；断崖处有明显的夯土层，土基随地势堆筑，北部夯土层比南部稍厚，夯土高约 1.5–2 米。现城墙已损毁无存，遗址地表偶见明代城墙砖与明清瓷器残片等标本。遗址西北部有一座民国期间的灯塔。

据乾隆《掖县志》载："县西二十五里，明备御四百户所，设有百户，辖墩三，曰海庙、扒埠，在所北；曰马步，在所南，今省。"据清代毛贽于乾隆六年（1741）所作《游西岩记》载："崖之上土寨一区，雉堞略可仿佛，前明自肃皇（明世宗）以后，海氛不靖，沿海多置戍卒，此其故垒也。"西岩即是虎头崖的别名。

A3 莱州城墙遗址

【位置】位于莱州市文昌路街道东北隅村，机关幼儿园东的南北小巷中，雕塑公园西院墙北段之外的高地上。北靠莱州市图书馆，南临机关幼儿园，东侧为雕塑公园。

【现状】古城原貌已无存，现仅残余古城基址一段，长约 250 米，宽约 3 米，高出地面约 2 米。城墙砖为泥质青色陶质，长 40 厘米，宽 18.5 厘米，厚 9 厘米。

A4 单山烟墩遗址

【位置】位于莱州市三山岛街道单山村北的单山（又称土山）山顶处。单山北靠大海，距海 1.7 公里。山体西、北、东三面是盐碱滩涂，地势较低且平坦。

【现状】圆形高台土堆，东西宽约 20 米，南北宽约 30 米。土堆随山势堆积，最厚处约 2 米，有明显的夯土层。现烟墩西侧有大型采石坑一处，山顶烟墩上有一盗洞，直径约 1.5 米左右，深约 2 米，对遗址构成一定破坏。

A5 黄县城墙遗址

【位置】位于龙口市东莱街道办事处绛水河西路南端李巷村。

【现状】黄县城墙始修于明代嘉靖二十二年（1543），以土沙相杂夯筑。万历二十二年（1594），改筑为石城墙。清乾隆十九年（1754）重修。后来的咸丰、同治朝均有修缮。城墙历经沧桑，现只剩残部，为同治七年（1868）所筑，长 6.68 米，宽 65 厘米，高 70 厘米，上覆盖棚子，保存较好。

A6 西羔烟墩遗址

【位置】位于龙口市诸由观镇西羔村南偏东 500 米处，坐落在沿海丘陵顶部。东 2.7 公里为黄水河，东北 1.6 公里为黄河营村，北 2.1 公里为大海，东南 1.1 公里为东羔村。

【现状】遗址刚刚消失。原呈四棱台体，高 6 米，顶部南北长 10.5 米，东西宽 9.50 米，基座南北长 28 米，东西宽 26.70 米，五花土夯筑，夯层厚 0.4–0.6 米。现已经消失。

A7 峰山岭烟墩遗址

【位置】位于蓬莱市北沟镇栾家口村南的峰山岭顶端,妈祖文化公园西侧。蓬莱烽火台胜境景区。北1.5公里、西1.9公里为大海,北方海边为栾家口港。

【现状】呈圆状,土石结构。东南部残高6米,直径26米,底座周长为82米,上面长满杂草。

A8 西峰台烟墩遗址

【位置】位于蓬莱市北沟镇上朱潘村东北1公里的西峰台山顶端,北470米为大海。

【现状】圆形,土石结构。烟墩西北侧被雨水冲塌,东南残存石砌体,残高6.5米,直径33米,底座周长103米。上方长满荆棘,主体结构保存一般。

A9 东峰台烟墩遗址

【位置】位于蓬莱阁街道办事处林格庄村南偏东500米的山顶北侧,当地俗称"东峰台"。

【现状】烟墩外侧用不规整的毛石垒砌,圆形,土石结构。底部周长70米,残高4.5米。

A10 黑峰台山烟墩遗址

【位置】位于蓬莱市蓬莱阁街道办事处邹于社区东北的黑峰山上,北距海570米,其西南2.4公里为东峰台烟墩,西南3.6公里为西峰台烟墩。

【现状】呈不规整的正方形,土石结构,高7米,底座周长42米,外侧用体量较大的毛石垒砌,内用碎毛石填充,北侧及西侧靠近顶部处,砌有二层台,南部砌有登台甬道。主体结构尚保存完整,基础部分较稳定,部分地方坍塌,顶部台面石砌体及甬道局部被损坏。

A11 蓬莱水城遗址

【位置】位于蓬莱阁西南,丹崖山东侧。

【现状】蓬莱水城以土石混合砌筑而成,南宽北窄,呈不规则长方形,周长2200米,仅开南北二门,南门是陆门名振扬门,与陆路相通,北门为水门,由此出海。设有水门、防浪堤、平浪台、码头、灯塔、城墙、敌台、炮台、护城河等海港建筑和防御性建筑,总面积270000平方米。

蓬莱水城早在唐代以前是一处较大的海湾,至唐为登州港。北宋庆历二年(1042),建"刀鱼寨",置刀鱼巡检。明洪武九年(1376),立帅府于此。明万历二十四年(1596),总兵李承勋倡议在水城土墙外包砌砖石加固围墙,并在水城东、西、北三面增筑敌台三处。明清两代均在此驻扎水师,水城成为当时的海防要塞。蓬莱水城是国内现存最完整的古代水军基地，是研究中国海港建筑史的重要基地之一。

A12 登州府城墙遗址

【位置】位于山东省蓬莱市武霖社区与万寿社区交界处，与上水门遗址相连。西北为戚继光祠堂、牌坊及基督教圣会堂。

【现状】上水门东南的这段城墙，共由三段残存城墙组成，南北残长约155米，外砌砖石已不存，仅存内部夯土。20世纪60年代，登州府城城墙陆续被拆毁，该城墙是几处残存城墙中最大的一部分。它为研究蓬莱古城墙形制、建筑材料、施工技术等提供了重要的实物依据。

明朝洪武九年（1376），明政府升登州为府，兴修登州府城墙。原城墙周长9里，高3丈5尺，厚2丈，外墙包砌砖石，内为夯土，城墙有城门4座，东门为春生门，南门为朝天门，西门为迎恩门，北门为镇海门。城墙四周修有护城河。

A13 上水门遗址

【位置】位于山东省蓬莱市武霖社区与万寿社区交界处。

【现状】该城址由三个相同的门洞组成，砖石结构。拱形顶门洞，高6.5米，宽4.6米，进深10.75米。各洞之间相隔3.35米。上水门遗址残高9.1米，残长27米，保存较为完整。该水门始建于明代，是明朝登州府城墙南端中路的泄水城门，清代及民国时期曾进行维修。它对研究蓬莱古城墙形制、体系、走向及山城军事防御体系和山城的泄洪工程有着科学的实物价值。

A14 戚继光故里

【位置】位于蓬莱市区武霖村，北至蓬莱水城790米。这里是戚氏家族世代居住之地，距今已有400多年历史。

【现状】戚府有横槊堂、止止堂、孟诸书屋、悠憩堂、望云楼等建筑。

A15 戚氏牌坊

【位置】位于蓬莱市区武霖村，戚继光故里以南牌坊街东西两端，北距戚继光祠堂110米。

【现状】戚家牌坊有东西2座，形制相同，两坊间距140米，东为"母子节孝"坊，西为"父子总督"坊。两牌坊始建于明嘉靖四十四年（1565），系四柱三间式出檐多脊石雕坊，由花岗岩和大理岩雕凿而成。高9.5米，宽8.3米，进深2.7米，正间上下三坊依次镂刻"丹凤朝阳"、"鱼龙变化"、"麒麟与丹凤"。侧间各两坊，饰花木鸟兽，具有很高的历史价值和艺术价值。1996年被公布为全国重点文物保护单位。

A16 戚继光祠堂

【位置】位于蓬莱市紫荆山街道武霖社区牌坊街北 110 米，戚继光故居西北角，原名"表功祠"。

【现状】始建于明崇祯八年（1635），是为褒扬抗倭英雄戚继光的功绩而专门修建的，清康熙 46 年（1707）重修。系三进院家庙式建筑，有单檐硬山顶砖木结构门房、过堂、正祠各 3 间及后花园，过厅和祠堂有前廊。东西长 38.4 米，南北宽 22.5 米，占地面积 595.1 平方米。前门镌功德联，正祠设戚继光坐像，前廊东壁清代石刻尚存。院内原有忠、孝碑亭，今已损毁不存。1992 年被公布为山东省重点文物保护单位。

A17 戚继光墓

【位置】位于蓬莱市南王街道位吴村东北 2000 米的芝山南麓，距戚继光牌坊、祠堂约 10 公里。

【现状】始建于明万历十七年（1589），坐北向南。墓葬形制为青砖发券垒砌成穹隆顶墓，分墓门、通道、前室、后室，总长 9.22 米，宽 5.4 米。墓志铭现藏于烟台博物馆，2006 年被公布为山东省文物保护单位。

A18 防风林烟墩遗址

【位置】位于蓬莱市新港街道办事处矫格庄村西北防风林内，北紧靠仙境路，北距离海边有 400 米，西面为蓬莱沙河口机场。

【现状】圆形，由黄土堆积而成。残高 5.5 米，直径 24 米，底座周长 75 米。其上杂草丛生，长满杨树。主体保存一般。

A19 赵格庄营寨遗址

【位置】位于蓬莱市新港街道办事处赵格庄村北偏东 850 米。建于突入海中的山岗上，西、北、东三面临海，地势十分险要。当地居民俗称"围里"、"营子岬"。遗址东南 1.4 公里有铜井山烟墩遗址。

【现状】营寨呈不规则四方形，南北长 140 米，东西宽 106 米，围墙由玄武岩大型条石砌筑而成，城墙断面呈梯形。现大部分城墙毁损，但城址轮廓清晰。西部城墙保存较好，现长 92 米，高 3.5 米。营寨曾设有南门。2004 年，赵格庄古城被烟台市人民政府公布为市文物保护单位。

A20 铜井山烟墩遗址

【位置】位于蓬莱市新港办事处铜井村西北 900 米的红石山顶，其西北、北、东北均为大海，距海边最近距离为 340 米，西北 1.4 公里为赵格庄营寨遗址。

【现状】圆形，土石结构，残高 6 米，直径 26 米，底座周长 82 米，顶部宽约 8.5

米。烟墩上方杂草丛生，四周有坍塌的石块，主体保存一般。

A21 南吴家木基烟墩遗址

【位置】位于蓬莱市刘家沟镇南吴家村北高台地上。

【现状】圆形，残高 11 米，直径 31 米，底座周长 97.3 米，由黄土堆积而成。

A22 解宋营西烟墩遗址

【位置】位于蓬莱市刘家沟镇解西村西 660 米的山岗顶部，东北距海约 570 米。

【现状】呈圆形，用黄土和石块垒砌而成。土堆完好，基本保持原貌。

A23 解宋营古城遗址

【位置】位于蓬莱市刘家沟镇解西村。

【现状】始建于明洪武九年（1376），是明朝为防御倭寇所建的"百户所"。城址东西长 200 米，南北宽 197 米，总面积 39400 平方米。城门设在南城墙中段，门洞城楼保存完好，门楼为三开间硬山木结构建筑。四周均有城墙残存，城东及东南角尚存宽约 6.7 米的护城河道，护城河由城南向东至北注入黄海。2006 年被山东省人民政府公布为省级文物保护单位。

A24 解宋营东烟墩遗址

【位置】位于蓬莱市刘家沟镇朱家庄村西南 500 米的瑞枫奥塞斯酒庄内，北距海 680 米，东距海 1 公里，西偏北距解宋营 1.9 公里，距解宋营西烟墩 2.8 公里。

【现状】呈圆形，用黄土和石块对台垒砌而成，与解宋营西烟墩及解宋营古城址遥相对应。保存较好，基本保持原貌。

A25 东峰子烟墩遗址

【位置】位于蓬莱市刘家沟镇海头村村委东北 300 米的农田中。

【现状】呈不规则长方形状，南北长 9.8 米，东西长 14 米。烟墩上面长满杂草，地面上仅见 3 米高的夯土层。

2. 开发区、芝罘区、牟平区

今烟台市开发区境内共有明代海防遗址 3 处，分别是芦洋寨遗址、大赵家村烟墩遗址、山后陈家村烟墩遗址，均在大季家街道。原在开发区市区还有福莱山烟墩遗址，现已消失。

今芝罘区境内共有明代海防遗址 3 处，分别是奇山所城遗址、宫家岛烟墩遗址、南上坊烟墩遗址，其中奇山所城遗址在芝罘区市中心，宫家岛烟墩遗址和南上坊烟墩遗址在只楚街道。

今牟平区境内共有明代海防遗址 5 处，其中军寨 2 处，分别是金山上寨军寨城址、北头营寨遗址，均在姜格庄镇；另有烟墩遗址 3 处：烟墩山烟墩遗址在大窑镇，大金山烟墩遗址、北头村烟墩遗址在姜格庄镇。

A26 芦洋寨遗址

【位置】位于烟台开发区大季家街道办事处芦洋村。寨东近海，港阔水深，便于停泊，昔时商业甚盛。

【现状】现存长约 20 米，高 3 米东西走向的石墙。据史料记载：明洪武年二十九年（1396）张刚建，系百户所，砖城，周 2 里，高 2 丈 7 尺，东西 2 门，池阔 1 丈，深 7 尺。洪武年间，移沙门岛巡检司于此，改为高山巡检司。

A27 大赵家村烟墩遗址

【位置】烟台开发区大季家街道办事处大赵家村西北 1.1 公里的馍馍顶上，东南距海 850 米，南 900 米为芦洋寨村，东北 1.7 公里为初旺村。

【现状】近年来，大赵家村周边进行大规模的港口区建设，大片土地被征用，烟墩受到威胁。

A28 山后陈家村烟墩遗址

【位置】烟台开发区大季家街道办事处山后陈家村东北 100 米峰子山顶端，北、东两面临海，东北距海约 260 米。南距围子山 1 公里，北距大海 3 公里，南距西港区 2 公里，南、北、东三面山脚为山后陈家村。

【现状】圆形，土质沙石堆砌，顶部直径 6 米，底盘直径 15 米，高度 5 米。

A29 福莱山烟墩遗址

【位置】位于烟台开发区福莱山街道岗嵛村东的福莱山山顶，其北 1.8 公里为大海。大部分保存尚好。

【现状】残高 6 米，底座周长 87.62 米。2004 年 4 月 30 日被烟台市人民政府公布为市级文物保护单位。今烟墩已被毁掉，烟墩原址建起开发区标志性建筑福莱塔，烟墩周围被开发为福莱山市民文化公园。

A30 宫家岛烟墩遗址

【位置】位于芝罘区只楚街道办事处宫家岛村西北约 400 米的一处台地上，西 250 米为夹河，西南距夹河桥 400 米，北距海 5 公里。

【现状】夯土垒砌起高台，高台外面使用碎石包砌，底大顶小，平顶。东西长 12.3 米，南北长 13.9 米，高 5.8 米。顶部与底部均为方形，东西南北四立面均为梯形。烟墩北侧有一小路可达台顶。

A31 奇山所城遗址

【位置】奇山所位于烟台市芝罘区中部，东临北河街，西靠胜利路，北至南大街，南至南门大街，总面积约 9.1 公顷。北去 2 公里至海，以南 2.5 公里为奇山，城因山名。

【现状】奇山所系明代洪武三十一年（1398）为防倭寇海患而建，属山东都司直隶之守御千户所。所辖沿海墩台有木作、埠东、熨斗、现顶、清泉五墩，相沿以迄明末，至清顺治十二年（）1655，同山东其他各卫所一并裁撤。

奇山所城旧址，略呈方形，东西长 330 米，南北宽 270 米。四周原有城墙，内为土筑，外修砖石。墙址位于东门里、西门立之南北巷和南门里、北门立之东西巷的外侧，现已改建为平房或楼房。城旧有东、西、南、北四门，东门曰保德，西门曰宣化，南门曰福禄，北门曰朝宗。民国七年（1918）曾重修西门。抗日战争时期，城墙拆毁。1950年，又拆所余城门。所城里大街与北里门街—南门里街呈十字交叉，原道连 4 门，今亦为主干街道。城内主要为四合院式民居，皆砖石建筑。个别有两层楼或较矮的暗楼（如洪泰号刘家）。

所城旧址民居仍然基本保留着明、清时期至民初的整体布局和古朴风貌。其以明清住宅建筑风格为基调十字街格局，传统的四合院布局，独具民间传统特色。奇山所城是国内仅存的较完整的军事所城之一。

A32 南上坊烟墩遗址

【位置】位于芝罘区只楚街道办事处南上坊村东南 500 米处，位于山丘顶部，西北距宫家岛烟墩 4.7 公里，西南距西牟村 800 米。

【现状】烟墩呈梯形，顶部为方形，边长为 6 米，底部边长为 15 米，高约 7 米。现在上面长满杂草，边上种有松树。基本保存完好。

A33 烟墩山烟墩遗址

【位置】位于牟平区大窑街道蛤堆后村西北约 2000 米的候至山山顶，南邻烟威高速公路，西南 600 米为牟平立交桥，北 2.5 公里为大海，东北 1.5 公里为马鞍山。

【现状】烟墩位于山顶，四周为山坡和树林。保存较完整，烟墩平面略为椭圆形，剖面为锥形，顶面东西 6 米，南北 5 米，底面直径约 15 米，残高 5 米。山上树木茂密，烟墩正中有一座部队安装的铁三脚架航标。

A34 金山上寨军寨城址

【位置】位于牟平区姜格庄镇金山上寨村西北，金山上寨村占据原军寨的东南部分。北距海 3.1 公里，西偏南 1.3 公里有大金山烟墩。

【现状】军寨呈长方形，东西长 560 米，南北长 390 米。现存北寨墙和西寨墙局部。

A35 大金山烟墩遗址

【位置】位于牟平区姜格庄镇云溪村南约 1000 米的大金山顶最高处，南 590 米为邹家疃村，北 1.4 公里为青烟威荣城际高速铁路，北 3.5 公里为大海，西 2.3 公里为汉河和广河交汇处，西北 4.2 公里为金山港，其东偏北 1.3 公里有金山上寨遗址。

【现状】烟墩近圆锥形，截面近椭圆形，残高约 1 米。基本保存完整。

A36 北头烟墩遗址

【位置】位于牟平区姜格庄镇北头村东北 1 公里的土丘上。北 2.1 公里为大海，北 500 米为青烟威荣城际高速铁路，西南 250 米为夏家疃村，烟墩北侧为北头营寨遗址。

【现状】墩为夯土筑成，截面呈方锥形，顶部面积 120 平方米；保存完好。

A37 北头军寨遗址

【位置】位于山东省烟台市牟平区姜格庄镇北头村东 1500 米的小山南部最高处，西南距夏家疃村 600 米。

【现状】营寨位于烟墩北，南高北低，面向大海，略呈长正方形，东西 110 米，南北 140 米。四面寨墙为夯土和砖石混合筑成。寨墙现仅余西部一段，其余均毁。残存部分高约 1 米，底宽约 2 米。寨墙内原为农田，经加强保护后，现未有农作物。

3. 海阳、莱阳

今海阳市境内共有明代海防遗址 11 处，其中军寨 1 处：徐家村军寨遗址，在辛安镇。另有烟墩遗址 10 处：西小滩村烟墩遗址在行村镇；前黄塘村烟墩遗址、西赵家庄村烟墩遗址、徐家村烟墩遗址、沟里屯村烟墩遗址在辛安镇；东荆家村烟墩遗址、黄山烟墩遗址、大阎家村烟墩遗址在大阎家镇；小滩村烟墩遗址、草岛嘴烟墩遗址则在留格庄镇。

今莱阳市境内共有明代海防遗址 7 处，全部为烟墩遗址。其中，黄埠寨烟墩遗址在照旺庄镇；柴沟烟墩遗址、新庄烟墩遗址在姜疃镇；西朱皋烟墩遗址、东埠前烟墩遗址、滩港烟墩遗址、东羊郡烟墩遗址在羊郡镇。

A38 西小滩村烟墩遗址

【位置】位于海阳市行村镇西小滩村西 500 米山顶。

【现状】遗址现只剩下上细下粗，直径约 30 米的土柱，保存一般。

A39 前黄塘村烟墩遗址

【位置】位于海阳市辛安镇前黄塘村西山坡顶部，西南距海 1.4 公里。黄塘村东南有山，名黄塘山。

【现状】保存一般。烟墩顶部有一直径 1.5 米、深 2 米的盗洞，可能是盗墓分子将其误以为古墓。

A40 西赵家庄村烟墩遗址

【位置】位于海阳市辛安镇西赵家庄村南 230 米的山顶偏东。东、南、西三面为海，东南 520 米为滨海西路，西南距海 530 米；西距南姜家庄村 400 米，西南为丁字湾大桥。

【现状】烟墩基本完整，保存较好。

A41 徐家村烟墩遗址

【位置】位于海阳市辛安镇徐家村南 50 米。

【现状】烟墩周边群众耕地破坏了一部分，保存一般。

A42 徐家村军寨遗址

【位置】山东省烟台市海阳市辛安镇徐家村北 150 米的高台地上。南 50 米有滨海大道东西穿过。西南距大海 700 米。

【现状】东西 200 米，南北 200 米。四边中间各有一城门，城墙下为石头为基，上有砖为城墙。现城墙、城门已毁，石基尚存。

A43 沟里屯村烟墩遗址

【位置】位于海阳市辛安镇沟里屯村西 1000 米。

【现状】烟墩南部因群众取土，保存一般。

A44 东荆家村烟墩遗址

【位置】位于海阳市大阎家镇东荆家村东南 500 米，村东小河东侧。南距海边 430 米，西北 350 米有河自北向南流过。

A45 黄山烟墩遗址

【位置】位于海阳市龙山街道路疃村东北 200 米黄山山顶，西北距从上村 500 米。

【现状】遗址现存一直径约 30 米的土堆，保存较好。

A46 大阎家村烟墩遗址

【位置】位于海阳市龙山街道大阎家村北 1000 米。

【现状】烟墩保存基本完整，保存较好。

A47 小滩村烟墩遗址

【位置】位于海阳市留格庄镇小滩村西 100 米。

【现状】烟墩基本完整，保存较好。

A48 草岛嘴烟墩遗址

【位置】位于海阳市留格庄镇张家庄村北部 50 米。西距村南北沙路 30 米，东距核电公路 50 米。

【现状】破坏较重，只余一直径约 10 米的土柱，保存一般。

A49 黄埠寨烟墩遗址

【位置】位于莱阳市照旺庄镇黄埠寨村西北约 1.4 公里的丰台山上。西距五龙河 3.4 公里。

【现状】由石块护坡，堆土而成，呈不规则状，东西长约 27 米，南北宽 8 米，高约 4 米。

A50 柴沟烟墩遗址

【位置】位于莱阳市姜疃镇柴沟村北偏东约 1.2 公里的凤台山上。东距五龙河 800 米，南距五龙河 2.3 公里。

【现状】由石头护坡，堆土而成，呈不规则状。东西长约 18 米，南北宽约 8 米，高度约 3 米。

A51 新庄烟墩遗址

【位置】位于莱阳市姜疃镇新庄村西南 500 米山顶。北距五龙河 3.5 公里。

【现状】烟墩遗址现高 3.5 米，直径约 14 米，呈馒头状。台基底部可见石块，上尽为砂土。

A52 西朱皋烟墩遗址

【位置】位于莱阳市羊郡镇西朱皋村南 300 米山顶，东南距海 750 米。

【现状】平面呈圆形，斜坡顶部已破坏，残高 7 米，底部周长 102 米，墩体底部以砌石墙护墙，内填黄土夯实，处位较高。东与东羊郡烟墩相望，西与滩港、东埠前烟墩相望。

A53 东埠前烟墩遗址

【位置】位于莱阳市羊郡镇东埠前村东南的东山顶端。西距五龙河 1.6 公里，东南距海 1.6 公里。

【现状】仅剩台基尚存。台基底部较方，四面边长 15 米至 17 米不等，以碎石块垒成，高约 1.5 米。其上为砂土覆盖，顶部较圆，直径约 6.2 米。台基通高约 4.5 米，坡度约 45 度，周围地面较平坦。

A54 滩港烟墩遗址

【位置】位于莱阳市羊郡镇滩港村。

【现状】烟墩呈不规则圆形，顶部平坦，顶部直径 4 米，现高 2.8 米，底径周长 63 米，黄砂土夯筑，外为自然砾石护坡。东为西朱皋烟墩，西与埠前村烟墩相望。

A55 东羊郡烟墩遗址

【位置】位于莱阳市羊郡镇东羊郡村东北1公里。南靠黄海丁字湾口,东接海阳市界,烟墩北部是群山,向南是台级地,南距滩涂1公里。

【现状】圆顶堆土,东西长约34米,南北宽约12米,高约10米。

二、今威海市境内的海防遗存(遗址代码B)

1. 环翠区、经济开发区

今环翠区及周边地区共有明代海防遗址19处,其中卫所古城遗址2处,分别是威海卫故城遗址、百尺所故城遗址;军寨4处,分别是后双岛军寨遗址、九皋寨军寨遗址、松徐家军寨遗址、温泉寨军寨遗址;另有烟墩(堡)遗址13处。

在以上海防遗存中,双岛西山烟墩遗址、后双岛军寨遗址、前峰西烟墩遗址、斜山烟墩遗址、朱家岭烟墩遗址、威海卫故城遗址、戚家庄烟墩遗址、樵子埠烟墩遗址、南竹岛烟墩遗址、墩前烟墩遗址在环翠区。豹虎山堡遗址、百尺所故城遗址、九皋寨军寨遗址、刘官屯烟墩遗址、曹家岛烟墩遗址、松徐家军寨遗址、嵩里烟墩遗址、温泉寨军寨遗址、温泉寨烟墩遗址在经济开发区。

B1 双岛西山烟墩遗址

【位置】位于环翠区张村镇双岛社区。

【现状】圆形,堆土而成。现仅剩土芯,周长47米,高2-4米。土芯东部、北部有环濠痕迹。顶部、东部有1956年海军建的观通台,已废弃。

B2 后双岛军寨遗址

【位置】位于环翠区张村镇后双岛村南250米,道路南侧。北2.9公里至海,西3.3公里至羊亭河,西北4.3公里为羊亭河入海口。

【现状】平面呈长方形,东西长170米,南北宽130米,寨墙基本保存,基宽3.5米,残高3.6米,黄粘土间石夯筑。南墙中有门道,寨内曾出土陶罐、铜镞等。

B3 前峰西烟墩遗址

【位置】位于环翠区张村镇峰西社区西北500米磨儿山山顶,北1.1公里至海,西1.2公里至海。

【现状】原称磨儿山烟墩,平面层长方形,底边长12米,顶部边长4米,高5米,四周以青石砌筑,内填黄土夯筑。夯土台基尚在,包墙的石块除东南角塌落外,整体保存尚属完好。

因就海拔 100 米山丘顶部垒建。方形，边长 12 米，高 5 米，顶边 4 米，青石砌边，内实夯土。保存较好。

B4 斜山烟墩遗址

【位置】位于环翠区怡园街道办事处西涝台居委会北，位于俗称"烟墩村"的村北近海处，北为环海路，东为环山路。

【现状】烟墩西、南、东三个方向还有 20 世纪 80 年代之前解放军修筑的坑道出口。明代威海卫九墩之一。

B5 朱家岭烟墩遗址

【位置】位于环翠区孙家疃街道里窑社区西 300 米烟墩夼，登上墩顶，视野开阔，西与远遥墩（遥遥墩）相望，可控制从猫头山到远遥顶一带海面。

【现状】夯土台基尚在，包墙的块石已无存，仅剩夯土芯，相对高度 5 米，底座周长 45 米，海拔约 125 米。整体保存尚好。

B6 威海卫故城遗址

【位置】位于环翠区环翠楼街道办事处环翠楼公园内。

【现状】位于奈古山东坡。洪武三十一年（1398）开始在威海设卫，永乐元年（1403）始筑城。清康熙十一年（1672）《威海卫志》载："永乐元年建成，砖石相间，高三丈，厚二丈，周六里十八步。"平面呈长方形。城墙以砖石砌筑外墙，中间以黄土夯筑，四面原设城门各一座，东北隅立水门一座，墙内设更铺 16 座。现仅存西墙南段和北段两部分，北段长约 100 米，残高 2-6 米，最宽处约 5 米。西墙中部高处建有环翠楼，历经多次修建。2004 年以"威海卫明城墙遗址"列市级文保单位。

B7 戚家庄烟墩遗址

【位置】位于环翠区竹岛街道办事处水岸明居小区 7 号楼西侧，蓝湾怡庭 2 栋北侧。

【现状】占地 180 平方米，高 6 米，土石相间，1995 年拆毁。

B8 樵子埠烟墩遗址

【位置】位于环翠区环翠楼街道办事处塔山居委会环山街以南、塔山中路以东，海拔 30 米的山坡顶上。

【现状】圆形台，顶径 6 米，低径 20 米，高 12 米，土石混合夯筑，原来周边砌以石块。现只剩土芯一堆，顶部残毁严重。

B9 南竹岛烟墩遗址

【位置】位于环翠区竹岛街道办事处南竹岛社区东 400 米。

【现状】又称陈家庄烟墩遗址。平面近似长方形，地径东西长 20 米、南北宽 18

米，顶部东西长 8 米、南北宽 3 米。四周以毛石砌成，中填黄沙土。明代威海卫所辖的九墩之一。现已消失。

B10 墩前烟墩遗址

【位置】位于环翠区桥头镇北墩前村。

【现状】堆土而成。原来四周应有围石，现已不存。明代防倭，沿海设墩，沿路筑堡。按其位置，应属于沿路所设的堡。

B11 豹虎山堡遗址

【位置】位于经济开发区凤林街道办事处西曲阜社区西南 400 米豹虎山主峰东。

【现状】人为堆土而成，原来四面砌有块石，现散落四周。

B12 百尺所故城遗址

【位置】位于经济开发区崮山镇百尺所村北偏东 580 米。

【现状】故城平面呈长方形。现城墙仅存北墙西段和西墙北段，各长约 100 米。墙基残宽 5 米，高 4 米，外层原为石块筑成，中间为夯土，墙基石砌，现仅在西北角发现少部分残石基。威海卫辖左、前、后三个千户所，百尺所为其后所。所城筑于成化年间（1465–1487），据康熙年间《威海卫志》记载："城面砖，尺寸高下同卫，南北二门，周三里有零。"

B13 九皋寨军寨遗址

【位置】位于经济开发区泊于镇寨子东村西 400 米寨子顶，北距海 1.6 公里。

【现状】寨门无存，北、东、南三面城墙夯土基本保存下来，东墙外侧尚保存着用以加固墙体的巨大石块，风化剥落。寨址东西长 130 米，南北宽 170 米，其形制、规模与之前发现的明代双岛兵寨遗址相一致。寨内新发现了筑城用的石夯，建筑构件的青砖、作为武器的石球、作为生活用具的酱色釉水瓶等遗物。

B14 刘官屯烟墩遗址

【位置】位于经济开发区泊于镇刘官屯村西南 1000 米。

【现状】堆土而成，包墙的块石无存，仅剩夯土芯，相对高度 5 米。整体保存尚属完好。

B15 曹家岛烟墩遗址

【位置】位于经济开发区泊于镇岛邓家村西北 500 米烟墩顶上，北距海 680 米。

【现状】地处附近制高点，环顾四周视野开阔，四周皆为农田，向北 50 米处遥望大海。烟墩堆土而成，被荒草覆盖。

B16 松徐家军寨遗址

【位置】位于经济开发区泊于镇松徐家村北偏东 500 米,北距海 1.9 公里。

【现状】寨址大致呈长方形,东西长约 120 米,南北宽约 100 米。北、西、东墙三面保存较完好,寨内西南角建有房屋,遭到破坏较大。

B17 嵩里烟墩遗址

【位置】位于经济开发区泊于镇松徐家村东北 350 米丘陵顶部,北距海 2.3 公里。此处地势为附近最高点,烟墩四周为农田。

【现状】烟墩系堆土而成,整体呈圆柱形。该烟墩曾由解放军使用,顶部竖有"军用勿动"水泥柱标志。

B18 温泉寨军寨遗址

【位置】位于经济开发区泊于镇温泉寨村东 800 米。

【现状】寨址大致呈长方形,东西长约 250 米,南北宽约 200 米。南墙西北角、东墙和南部墙体保存较好,东南角墙外地堰上散布着不少瓦砾。寨址外北面约 200 米有烟墩遗址,西墙南部为水库,是修建寨城时取土和烧窑的地方。据文献和方志记载,今温泉镇一带宋代即设"温水镇",金元改"温泉镇"。1993 年市区寨子村出土的《辛汪寨创寨碑记》记载,洪武二年(1369)即于文登境内设辛汪、温泉、赤山(斥山)三巡检司。温泉寨遗址的发现,为厘清北宋"温水镇"、金代"温泉镇"、元明时代的温泉寨巡检司的关系提供了一把钥匙。

B19 温泉寨烟墩遗址

【位置】位于经济开发区泊于镇温泉寨村东北 600 米,北偏东距海 2.2 公里。

【现状】堆土而成,地势较高,长满松树,大量石块散布其间。

2. 文登

今文登区境内共有元明时期海防遗址 7 处,其中军寨 4 处,分别是长会寨军寨遗址、寨颜家军寨遗址、万家寨军寨遗址、胡家寨军寨遗址;长会寨军寨遗址、寨前杨家烟墩遗址为元代遗存,其余为明代遗存。另有烟墩遗址 3 处。

在以上海防遗存中,长会寨军寨遗址、寨前杨家烟墩遗址、寨颜家军寨遗址在侯家镇,万家寨军寨遗址在小观镇,胡家寨军寨遗址在库泽镇,老埠烟墩遗址在米山镇,二十里堡烟墩遗址在苘山镇。

B20 长会寨军寨遗址

【位置】位于侯家镇寨前杨家村东北 1000 米,17 县道北侧。西北距埠口港管委会的上冷家村 500 米,东偏北 500 米是下冷家村,南距大海约 650 米。

【现状】元代遗址，寨址位于丘陵台地之上，北面地势较高，南面呈缓坡地带。17县道从遗址的中北部穿过。原长会寨边长约300米，为正方形土寨，夯土墙底宽约10米，高约7米。土墙上间隔瞭望台，与西1.1公里外的烟墩相呼应。南门外有炮台，寨内设露天大堂，土筑，砖石护面，有瓦房兵舍。今仅存北墙50米，寨墙呈梯形，底部厚4米，顶部不平整；最高处位于残墙中部，高约9米，两端高约5米。从西侧断面上看，寨墙为夯筑。在残墙中部曾采集到两块砖，耕地中曾发现残砖、碎瓦。

B21 寨前杨家烟墩遗址

【位置】元代遗址，位于侯家镇寨前杨家村西北约800米丘陵台地烟墩山顶端，所处小山岭上松树茂密，山岭周边地势平坦，皆开发成耕地，烟墩北侧百余米处有一片池塘，南侧150米是侯家镇至204省道的东西向公路17县道。南距海1.4公里，其东约1.1公里处为长会寨寨址。

【现状】烟墩顶部直径4.5米，下底径17米，高约4米。

B22 寨颜家军寨遗址

【位置】位于侯家镇寨颜家村西500米。

【现状】寨址东西长100米，南北宽90米。寨墙破坏严重，仅存北墙和东墙。墙基宽10米，残高8米，断面呈梯形。现寨内为村民耕种所用。

B23 万家寨军寨遗址

【位置】位于小观镇万家寨村东。南距海850米，西南4.2公里为黄垒河入海口。

【现状】仅残存东墙一段，长75米，中间一条8米宽的土路将寨墙分为南北两部分，其中北段寨墙长25米，最宽处约7.8米，最窄处0.3米，最高处约5.4米，最低处3.2米；南段墙长50米，最宽处约10米，最窄处1.3米，最高处6.7米，最低处4米。寨墙上方较宽处种有农作物，整体保存状况较差。南段墙寨的南拐角处有一座修建于20世纪60年代的碉堡，现已废弃。

B24 胡家寨军寨遗址

【位置】位于库泽镇寨里村东北150米处的老母猪山南坡。东南至海920米，南距海约1500米。

【现状】军寨呈方形，各边约为510米。现仅存东南一段长约15米、东北角一段长约120米。寨墙为夯土筑成，夯层明显；墙基宽约28米，残高约6米。曾在寨内出土过石臼、陶器和建筑基石等。中华人民共和国成立之初，曾在东南角的寨墙顶修建了一个瞭望哨楼，现已废弃。

B25 老埠烟墩遗址

【位置】位于米山镇老埠村西南山顶。

【现状】呈圆土锥形，下底直径 10 米，顶部直径 2.3 米，高 3 米，为碎石和黄土夯筑而成。墩顶中心为一边长为 0.9 米、深 0.4 米的方形土坑，坑边有大石块。

B26 二十里堡烟墩遗址

【位置】位于威海市威海临港经济技术开发区苘山镇（苘，简写苘，威海本地读 màn）二十里铺村西北 360 米山顶，西南至米山水库 1.7 公里。

【现状】呈锥形，现存直径顶部 2.8 米，下底直径 14.2 米，残高 2.9 米。西侧有一圆坑，坑口长 1.6 米，宽 1.2 米，深 2.7 米，斜向烟墩中心。据推测，可能为盗墓之人误将此烟墩当作墓葬，进行盗掘时所致。

3. 荣成

今荣成市境内共有明代海防遗址 29 处，其中卫所古城遗址 3 处，分别是成山卫城址遗址、宁津所城遗址、靖海卫城遗址；军寨 8 处，分别是沙寨子军寨遗址、项家军寨遗址、红土军寨遗址、罗山军寨遗址、寨前军寨遗址、光禄军寨遗址、主到寨军寨遗址、武将军寨遗址；另有烟墩遗址 18 处。

在以上海防遗存中，成山卫城址遗址、墩东奇烟墩遗址、马山烟墩遗址、沙寨子军寨遗址在成山镇。烟墩角烟墩遗址、东墩烟墩遗址、英山烟墩遗址、项家军寨遗址、南我岛烟墩遗址、烟墩角烟墩遗址在俚岛镇；

红土军寨遗址、柳家庄烟墩遗址在崂山街道，罗山军寨遗址在寻山街道，马家烟墩遗址在崖头街道。

宁津所城遗址、东墩烟墩遗址、马栏阱（構）烟墩遗址、于家烟墩遗址在宁津街道。

寨前军寨遗址、炮山烟墩遗址、靖海卫城遗址在人和镇，苑家烟墩遗址在桃园街道，朱家烟墩遗址在港湾街道。

光禄军寨与烟墩遗址、主到寨军寨与烟墩遗址在虎山镇，北沙岛烟墩遗址、武将军寨遗址在上庄镇。

B27 成山卫城址遗址

【位置】成山卫城位于成山镇驻地（古城路）。北距海 3 公里，东南 2.2 公里为月湖。

【现状】据《荣成县志》记载，成山卫城建于明朝洪武三十一年（1398），周长"六里一百六十八步"，城墙为夯土筑成，多为黄粘土，间杂黑土、砾石等，外用青砖包墙。共设四门，东曰"永泰"，西曰"天顺"，南曰"文兴"，北曰"武宁"。现仅存的北城门于 2008 年修缮。门洞高 3.8 米，宽 4.2 米，进深 13.3 米。城墙只有部分痕迹可寻。

B28 墩东夼烟墩遗址

【位置】位于成山镇墩东夼村西 500 米山丘之上，302 国道以南。北距海 4.1 公里，西北 4.4 公里为白龙河入海口。

【现状】平面呈圆台形，底径约 20 米，高约 5 米，为附近最高点。

B29 马山烟墩遗址

【位置】位于成山镇马山大疃村东偏南 950 米的马山顶上，高踞马山之巅。马山烟墩所在的马山，东突入海，东、南、北三面环海。烟墩东南 480 米至海，东北 340 米至海。

【现状】烟墩系土筑圆台，底径约 25 米，高约 3 米，上径约米。

B30 沙寨子军寨遗址

【位置】位于成山镇东北 1 华里的一座沙丘上。寨子南一里，有去龙须岛的公路自西东去，西南 500 米为成山卫二村，东 1 公里为沙沟村，南 1.5 公里为小海，北距大海 3 公里。

【现状】沙寨子与山卫城同为明代所建。据《荣成县志·兵事》载，清道光二十七年（1847），为防英军扰侵，"文登营兵二百调驻荣成"，屯扎城东北之沙寨子，即此。

B31 烟墩角烟墩遗址

【位置】位于俚岛镇烟墩角村东南崮山之上。崮山北、东、南三面突入海中，形成烟墩角，其东头称为崮东头。烟墩角村东南 520 米海中有花斑彩石奇观。

【现状】系人工用土石堆筑而成，呈不规则圆台形。1956 年，军方在烟墩的东侧建有一座小屋，占用烟墩约三分之一。烟墩现底径 10 米，高约 3 米。

B32 东墩烟墩遗址

【位置】位于荣成市俚岛镇东烟墩村东南 300 米一丘陵最高处。

【现状】呈不规则圆台形，底直径为 15 米，高约 7 米，以当地黄粘土、灰褐土及砾石堆积夯实筑成。

B33 英山烟墩遗址

【位置】位于俚岛镇英西庄村东偏北 350 米，228 国道东侧之土坡上。南距海 1.3 公里，东南 2.2 公里为南我岛烟墩。

【现状】呈圆台状，平顶，高约 12 米，底径约 20 米，上径约 4 米，黄土夯筑。

B34 项家军寨遗址

【位置】位于俚岛镇项家寨村西偏北 50 米马路北侧，军寨北、东两面临海，东北至大海约 480 米。

【现状】军寨南北长约 180 米，东西宽约 160 米，呈长方形。寨墙底宽 6 米，顶宽 2 米，高 5 米，为夯筑而成。军寨西南角地势略高，附筑一内寨，有北、东二墙。寨内曾多次出土炮石。1956 年，解放军在寨西部修建三栋营房。现部队撤走，营房已废弃。

B35 南我岛烟墩遗址

【位置】位于俚岛镇南我岛村东南 1.5 公里处。这里北端接陆，东、南、西三面靠海，形成一个小半岛，称为南我角。半岛地势四周低下，中部隆起，烟墩即筑于中部高丘之上，从墩上可以俯视整个爱莲湾一带水域。

【现状】为一底径 10 米、高约 7 米的圆形土墩。烟墩三面临海，最近处距海不足百米。

B36 罗山军寨遗址

【位置】位于寻山街道办事处罗山寨村北。军寨东北角有小山，称为寨子山。军寨东北 780 米至大海，西南 880 米至大海。

【现状】军寨呈正方形，边长 250 米。城墙系人工搬土夯筑而成，上部宽约 4 米，下部宽约 8 米，高约 4 米。在西城墙中段、北城墙西段、南城墙中部各有一处寨门，原先均系用石头和大青砖砌筑，现已全部拆毁。寨内曾出土过炮石球等。

B37 马家烟墩遗址

【位置】位于崖头街道办事处马家庄社区南哈尔滨理工大学荣成校区内。

【现状】呈不规则圆台状，原底径约为 15 米，顶部直径为 3 米，高约 5 米；现直径为 3 米，高为 1 米左右。该烟墩下部为石砌，以上则为土夯筑。

B38 红土军寨遗址

【位置】位于崂山街道办事处北埠村东北 670 米的小山上，因当地土质为红褐土，故称"红土寨子"。现山上广植蓝莓，山的东北山脚下为有机蓝莓采摘园入口。

【现状】寨墙为土筑，利用山势而修，整体为边长 40 米的正方形。西南角修筑得特别高且坚实，南墙中部偏西有一条宽约 2 米的缺口。寨墙外有壕沟，这在其他军寨很少见。目前寨墙残高 0.5 米到 1 米，宽约 1 米。

B39 柳家庄烟墩遗址

【位置】位于崂山街道办事处柳家庄村东。

【现状】系人工就地搬土堆积而成，呈不规则圆台状土墩，现存底径约 11 米，残高约 3-4 米。烟墩北部因修村路而损毁。

B40 宁津所城遗址

【位置】位于宁津街道办事处宁津所村北道路北侧。

【现状】所城原系边长约 300 米的正方形，现仅存部分北城墙。北城墙残存东、西两段，东段长 138 米，西段长 44 米，中间有一条南北向村公路经过。城墙为黄沙土、灰褐土掺杂，并夹杂有砾石，夯筑而成，现残高约 3 米。

B41 东墩烟墩遗址

【位置】位于宁津街道办事处东墩村南 300 米一丘陵最高处。

【现状】呈不规则圆台形，底直径为 15 米，高约 7 米，系当地黄粘土、灰褐土及砾石堆积夯实筑成。保存较完整。

B42 马栏阠（耩）烟墩遗址

【位置】位于宁津街道办事处马栏阠（耩）村南，道路西侧。道路东侧 110 米即为大海。

【现状】呈不规则圆台状，系夯筑而成，周长约 72 米，土质为黑褐土及黄沙土掺杂。原先底径约有 18 米，高约 7 米，现残存底径约为 12 米，高 3-4 米。

B43 于家烟墩遗址

【位置】位于宁津街道办事处于家村南。烟墩坐落处地势较高，其东、南临海，南约 300 米为周家庄养殖厂，再南为海，西南约 3 华里为所前王家村。

【现状】系人工搬土夯筑而成，土质为黄沙土。

B44 苑家烟墩遗址

【位置】位于桃园街道办事处苑家村东偏南 360 米。

【现状】呈不规则圆台状，系人工搬土夯筑而成，原高约 7 米以上，底径约 12 米，土质为黄沙土掺杂砾石。该烟墩目前保存较为完整，现残高约 4 米。

B45 朱家烟墩遗址

【位置】位于港湾街道办事处牧云庵村西五龙山山顶。

【现状】该烟墩借山势之便，利用山顶天然岩石，设于五龙山山顶，无人工痕迹。民国《荣成县志稿》续卷《山川》记载："五龙山，在石岛西南五里，旧名朱子墩。"

B46 寨前军寨遗址

【位置】位于人和镇寨前村北 390 米的小山上，山北为东西向公路。西南距海 1.4 公里，西北 650 米有山，名炮顶山。西偏南 3 公里为靖海卫城遗址。

【现状】为人工夯筑而成，北部地势较高，东、西、南三面低。军寨原系边长约 100 米的正方形，其西南角另设一个边长为 50 米的小寨，寨墙皆为上部窄下部宽的夯土墙，并在西南角南墙和东南角东墙各有一个寨门。现寨墙有不同程度的残损，小寨的寨墙已几不可辨。

B47 炮山烟墩遗址

【位置】位于人和镇炮前村东北 200 米的炮顶山上，这里海拔较高，地势东、南低，西、北高。东南 650 米为寨前军寨遗址，西南 3 公里为靖海卫城遗址。南偏西 1.8 公里为大海。

【现状】整个烟墩有一石砌的基础，其顶部系人工搬土堆积夯筑而成，呈不规则圆台状，顶部直径约 2 米，底径约 2 米，高约 3 米。

B48 靖海卫城遗址

【位置】靖海卫城位于人和镇靖海卫村北。村北建有"靖海卫"牌坊。靖海卫村三面环海，东南 380 米至海，南 740 米至海，西 380 米至海。

【现状】根据《文登县志》记载，靖海卫城建于明洪武三十一年（1398），城原先四面有门，门内有瓮城，城上有楼阁，城四周挖有城池。城中辟十字街道。如今城址仅剩"靖海卫"牌坊东侧的一段长约 211 米的北城墙、长约 15 米的西城墙以及部分南城墙。

B49 光禄军寨与烟墩遗址

【位置】位于虎山镇光禄村北。南距海 2.8 公里，西南距海 1.8 公里。

【现状】军寨平面呈方形，寨墙每边长 400 米。其城墙为黄褐土夯筑而成，上部宽约 4 米，下部宽约 6-8 米不等，高约 2-4 米，外侧原有石块砌筑，现已不见。军寨含有内城，位于寨子西北角。内城的西墙和北墙与外城的西墙、北墙重合，东、南两墙系夯土版筑。寨子的西北角有一座烟墩，高约 6 米，底径约 10 余米。原先外城的四面墙和内城南墙的中间部分各有一座城门，现仅见豁口。

B50 主到寨军寨与烟墩遗址

【位置】位于虎山镇五龙嘴村南 750 米。南 210 米为大龙水库，西距海 1 公里，南 880 米有狼虎山。

【现状】军寨平面呈方形，城墙用黄褐土夯筑而成，下部宽约 5-6 米，上部宽约 2-3 米，高约 2-3 米。四面墙均设有城门，现已全部拆除，仅余豁口。寨东北部有一座烟墩，残高约 3 米。

B51 北沙岛烟墩遗址

【位置】位于上庄镇北沙岛村东北 180 米。西距海 800 米。

【现状】系人工搬土堆筑而成，呈椭圆形，底径约 20 米，残高约 2-3 米。

B52 武将军寨遗址

【位置】位于上庄镇中古章村北 770 米。西距海 1.6 公里，西北距北沙岛烟墩 950 米。

【现状】系人工搬土堆筑而成，残高约 3-4 米，西南墙上部宽约 1 米，下部宽约 4-5 米，南面有寨门，寨子四角和东、西、北三面寨墙正中以及寨门两旁均筑有马面，马面高出围墙约 1 米，且向外延伸约 2 米。现军寨寨门及四面寨墙均遭到不同程度的破坏。

4. 乳山

今乳山市境内共有明代海防遗址 27 处，其中军寨 8 处，分别是东南寨军寨遗址、大陶家军寨遗址、玉前庄军寨遗址、姜格军寨遗址、海阳所军寨遗址、寨前军寨遗址、安家军寨遗址、乳山寨军寨遗址；另有烟墩遗址 18 处。

在以上海防遗存中，岭上烟墩在南黄镇，老庄烟墩遗址、东南寨军寨遗址在徐家镇，大陶家军寨遗址、大陶家烟墩遗址、韩家庄烟墩遗址、宫家烟墩遗址、玉前庄烟墩遗址、玉前庄军寨遗址、常家庄烟墩遗址、小侯家烟墩遗址在白沙滩镇，金港烟墩遗址、帽山前烟墩遗址、西（泓）赵家烟墩遗址、大庄烟墩遗址、姜格军寨遗址、海阳所军寨遗址、南泓烟墩遗址、黄岛炮台遗址在海阳所镇，寨前烟墩遗址、寨前军寨遗址、安家军寨与烟墩遗址、风台顶烟墩遗址、到根见烟墩遗址、张家庄烟墩遗址在乳山口镇，乳山寨军寨遗址在乳山寨镇。

B53 岭上烟墩

【位置】位于南黄镇岭上村村北 200 米的丘陵山顶部，北 1500 米为陈家屯村，西北距陈家屯遗址 2000 米。西 1000 米有一条南北向公路，南距海约 5000 米，西南 8000 米是东南寨军寨遗址和老庄烟墩遗址，东 2000 米是黄垒河。

【现状】烟墩底部直径约 15 米，高 3 米，圆丘状平顶夯土建筑保存较好，四周皆是开阔地。由烟墩西南可瞭望东南寨军寨遗址和老庄烟墩，向南可俯瞰海面。

B54 老庄烟墩遗址

【位置】位于徐家镇老庄村西 30 米，道路北侧。

【现状】圆丘状，平顶，底部直径 15 米。残高 4 米。黄土夯筑。

B55 东南寨军寨遗址

【位置】位于徐家镇东南寨村南邻，南距海 300 米。

【现状】平面呈长方形，南北长 130 米，东西残宽 80 米。寨墙黄土夯筑。寨门南向，宽约 5 米。南寨墙内建有信号台和瞭望台。现遗址已毁，原址之上建有房屋。

B56 大陶家军寨遗址

【位置】位于白沙滩镇大陶家村南 1500 米。

【现状】平面呈方形，边长 150 米，残高 2-5 米。寨墙黄土夯筑，寨门朝南。

B57 大陶家烟墩遗址

【位置】位于白沙滩镇大陶家村南偏东 1500 米的"福如东海"皮草城内，这里西、南、东三面环海，距海最近距离 350 米。

【现状】圆丘状，平顶，高约 10 米，底径 28 米。黄灰土夯筑。

B58 韩家庄烟墩遗址

【位置】位于白沙滩镇韩家庄村北 1000 米的老王顶山顶。东距海 3.2 公里，南距海 3.9 公里。

【现状】圆丘状，平顶。底部直径 15 米，残高 4 米。黄土夯筑。

B59 宫家烟墩遗址

【位置】位于白沙滩镇宫家村西北 300 米。

【现状】圆丘状，平顶。高约 10 米，底径 20 米。黄灰土夯筑。

B60 玉前庄烟墩遗址

【位置】位于白沙滩镇玉前庄村西北 1500 米的小山丘上，南距海 2.4 公里。烟墩东偏北 1.5 公里小山上有玉皇庙。

【现状】烟墩四周是开阔地，南是杨树林，东有一条南北向村路，西有一废弃取石场。烟墩底部直径 6 米，高 2 米，顶部较平，保存较好。

B61 玉前庄军寨遗址

【位置】位于白沙镇玉前庄村东 150 米的寨山顶部。西南 1.8 公里至海，东南 4.8 公里至海。

【现状】军寨四周是开阔地，东南现有一移动信号塔，南有一东西向村路，西是玉前庄村，军寨东南角被村民取土时破坏。

B62 常家庄烟墩遗址

【位置】位于白沙滩镇常家庄东。南距海 2 公里，海边为银滩滨海旅游度假区。

【现状】圆丘状，平顶，底部直径 25 米。黄粘土夯筑。

B63 小侯家烟墩遗址

【位置】位于白沙滩镇小侯家村东北 300 米处的烟墩山顶部。东南距海 1.7 公里，其西南 1.6 公里为多福山旅游度假区。

【现状】夯土建筑，圆丘状，烟墩底部直径约 15 米，高 3 米，平顶，保存较好。

B64 金港烟墩遗址

【位置】位于海阳所镇金港村南 200 米的小山丘上。

【现状】圆丘状，底部直径 28 米，残高 5.5 米。黄土夯筑。

第六章 山东海防遗存

B65 帽山前烟墩遗址

【位置】位于海阳所镇帽山前村西的小山上，东至海 2.4 公里，南至海 2.8 公里。

【现状】圆丘状，平顶，墩残高 4.5 米，底径 30 米。黄土夯筑。现烟墩附近建有三座铁塔。

B66 西（泓）赵家烟墩遗址

【位置】位于海阳所镇西泓赵家村西南 1500 米的小山顶上。此烟墩北距金港烟墩约 2.5 公里，东北距大庄烟墩约 4 公里，东距帽山前烟墩约 6 公里，距海阳所军寨遗址约 7.5 公里，北距寨前军寨遗址约 5 公里；东南距海约 1.5 公里，西南距海约 1.5 公里。

【现状】底部直径约 10 米，残高约 4 米，呈圆形土堆状。

B67 大庄烟墩遗址

【位置】位于海阳所镇大庄村西南 1000 米的高地上。西北距海 700 米，东南距海 1.7 公里。

【现状】平顶，底径 22 米，残高 5 米，黄土夯筑。

B68 姜格军寨遗址

【位置】位于海阳所镇大庄村西南 1000 米的高地上。西北距海 700 米，东南距海 1.7 公里。

【现状】平顶，底径 22 米，残高 5 米，黄土夯筑。

B69 海阳所军寨遗址

【位置】位于海阳所镇大庄村西南 1000 米的高地上。西北距海 700 米，东南距海 1.7 公里。

【现状】平顶，底径 22 米，残高 5 米，黄土夯筑。

B70 南泓烟墩遗址

【位置】位于海阳所镇大庄村西南 1000 米的高地上。西北距海 700 米，东南距海 1.7 公里。

【现状】平顶，底径 22 米，残高 5 米，黄土夯筑。

B71 黄岛炮台遗址

【位置】位于海阳所镇大庄村西南 1000 米的高地上。西北距海 700 米，东南距海 1.7 公里。

【现状】平顶，底径 22 米，残高 5 米，黄土夯筑。

B72 寨前烟墩遗址

【位置】位于海阳所镇大庄村西南 1000 米的高地上。西北距海 700 米，东南距海

1.7 公里。

【现状】平顶，底径 22 米，残高 5 米，黄土夯筑。

圆丘状，平顶，底部直径 20 米，残高约 5 米。黄土夯筑。

B73 寨前军寨遗址

【位置】位于海阳所镇大庄村西南 1000 米的高地上。西北距海 700 米，东南距海 1.7 公里。

【现状】平顶，底径 22 米，残高 5 米，黄土夯筑。

B74 安家军寨与烟墩遗址

【位置】位于乳山口镇安家村西北 100 米的高地上，当地人俗称"大寨里"。西距海 1.9 公里，南距海 1.4 公里。

【现状】分南、北二寨，均黄为土夯筑寨墙。北寨平面呈方形，边长 230 米。寨墙基宽 20 米，残高 1-6 米。四面原各设砖砌拱门，现已毁。地面散布有碎砖、瓦片。寨内东南部设烟墩一处，底部直径约 20 米。北寨南 90 米设置小寨，是为南寨，东西长 64 米，南北宽 55 米，墙厚约 11 米，残高 0.50-1 米，寨门南向。

B75 风台顶烟墩遗址

【位置】位于海阳所镇大庄村西南 1000 米的高地上。西北距海 700 米，东南距海 1.7 公里。

【现状】平顶，底径 22 米，残高 5 米，黄土夯筑。

圆丘状，平顶，底部直径 10 米，残高 5 米。黄土夯筑。

B76 到根见烟墩遗址

【位置】位于海阳所镇大庄村西南 1000 米的高地上。西北距海 700 米，东南距海 1.7 公里。

【现状】平顶，底径 22 米，残高 5 米，黄土夯筑。

圆丘状，平顶，直径 15 米，残高 10 米。灰土夯筑。

B77 张家庄烟墩遗址

【位置】位于海阳所镇大庄村西南 1000 米的高地上。西北距海 700 米，东南距海 1.7 公里。

【现状】平顶，底径 22 米，残高 5 米，黄土夯筑。

B78 乳山寨军寨遗址

【位置】位于海阳所镇大庄村西南 1000 米的高地上。西北距海 700 米，东南距海 1.7 公里。

【现状】平顶，底径 22 米，残高 5 米，黄土夯筑。

平面呈长方形，南北长 120 米，东西宽 80 米，局部残高 1.50 米，墙厚约 3 米。寨墙黄土夯筑，寨门南向。

三、今青岛市境内的海防遗存（遗址代码 C）

1. 即墨

今即墨区境内共有明代海防遗址 15 处，其中卫所古城遗址 1 处：雄崖所故城遗址，在丰城镇；其余 14 处均为烟墩遗址，其中白马岛烟墩遗址、南百里烟墩遗址、王戈庄烟墩遗址、拷栳烟墩遗址 4 处在丰城镇，拷栳岛烟墩遗址、丈二山烟墩遗址、黄龙庄烟墩遗址、仲村烟墩遗址 4 处在田横镇，南行红庙山烟墩遗址、掖杖村烟墩遗址、黄埠烟墩遗址 3 处在温泉街道，盘龙庄烟墩遗址在鳌山卫街道，烟台前烟墩遗址在环秀街道。

C1 雄崖所故城遗址

【位置】位于即墨区丰城镇最北部，地处丁字湾畔，东瞰大海，与白马岛咫尺对峙。西偏北 3.1 公里为五龙河入海口，东至海 1.2 公里，西距即墨市区约 44 公里。

【现状】雄崖所设于明朝建文四年（1402），全称为雄崖守御千户所，是明清时期重要的卫所之一，是明朝抵御倭寇的要塞，已有 600 余年的历史；雄崖所故城为正方形城池，四周城墙长各 500 米。分东、西、南、北 4 个城门，城内十字大街贯通。东门和北门早已倾塌，南门历经多次修葺，门洞及城楼上建筑物尚为完好，城门外题"奉恩门"，门内题"迎薰"。南门上建有 3 处相连的殿堂，主殿为观音殿，两侧偏殿分别供奉文昌帝君和文财神。每年的正月十二日为观音殿庙会。西城门尚存，拱券门洞，系夯土外包砖石结构，长 12.5 米，外口高 2.5 米，内口高 3.5 米，底宽 2.5 米，门额题"镇威"。现为省级重点文物保护单位。

C2 白马岛烟墩遗址

【位置】在雄崖所东北 2.3 公里的小山上。其西北为五龙河入海口，其西、北、东三面为丁字湾。五龙河入海口南侧有山，名西顶子。

【现状】烟墩现高 1 米，直径约 10 米。

C3 王戈庄烟墩遗址

【位置】位于即墨区丰城镇王戈庄村东南约 600 米的高地上，北、东、西南面为大海，西北 2.0 公里为雄崖所，东南 1.2 公里有山，名大山。

【现状】烟墩现高 3 米，直径约 13 米，四周均为耕地。

C4 南百里烟墩遗址

【位置】位于即墨区丰城中心社区南百里村的公平山山顶，四周山峦相绕，其北偏西有垛顶山，西南有大王山，东为大海，东南为丁字湾大桥。

【现状】烟墩现高 6 米，直径约 10 米，四周有梯田。烟墩西南角为南百里村，正西为西百里村。

C5 拷栳烟墩遗址

【位置】位于即墨区丰城中心社区里拷栳村以东的王山山顶。此山海拔较高，站在山上，视野辽阔，周边景物一览无余。北、东、南三面为大海，西北 2.8 公里为丁字湾大桥。

【现状】烟墩现高 2 米，直径约 15 米，周围是耕地。山顶上有一个圆形碉堡，碉堡前为凸台，这是 20 世纪 70 年代解放军驻守此山时所用工事，现已废弃不用。

C6 拷栳岛烟墩遗址

【位置】位于拷栳烟墩西北 1.6 公里的中山山顶北侧。西、北、东三面均为大海，西北山脚下为丰城至海阳的丁字湾大桥，山腰东北有气象观测站。其正西 3.2 公里为公平山上的南百里烟墩。

【现状】烟墩现高 20 米，直径约 16 米。

C7 丈二山烟墩遗址

【位置】位于即墨区田横镇大桥村西北丈二山山顶，南侧紧邻丈二山通明宫。

【现状】烟墩呈圆锥形，直径 18 米左右。

C8 黄龙庄烟墩遗址

【现状】位于即墨区田横镇黄龙庄村东南约 500 米的高地上，东、南紧邻大海，南边海岸处有养殖用房屋。

【位置】烟墩现高 2 米，直径约 15 米左右。南面部分已被村民取土破坏。

C9 仲村烟墩遗址

【位置】位于即墨区田横镇仲村东偏南 800 米的高埠上。其南 50 米处为东西向水泥小路，北 300 米为田横镇（洼里村）至周戈庄村的东西柏油路。

【现状】烟墩呈圆锥形，高约 6 米，直径 30 余米。站在烟墩顶部，东南方向可见田横岛。

C10 黄埠烟墩遗址

【位置】位于即墨区温泉街道黄埠湾口滨海大道东侧海岸上，其东南紧邻大海，再西为温泉街道中黄埠村。村民称此处为"钓鱼台"。

【现状】烟墩高约 2 米，直径 10 余米。据万历《即墨县志》记载，黄埠烟墩为鳌山卫下辖的烟墩。从烟墩东部被村民取土破坏的层面看，夹杂有灰砖、瓦块等。

C11 南行红庙山烟墩遗址

【位置】位于即墨区温泉街道南行村北约 1.4 公里的红庙山上，东 1.0 公里为轻轨第 11 号线温泉东车站。

【现状】烟墩位于红庙山东侧山巅，现高 6 米，直径约 15 米。

C12 掖杖村烟墩遗址

【位置】位于即墨区温泉街道掖杖村西南约 1000 米的烟台山上。其东南 1.9 公里为黄埠山，正北 2.6 公里为南行红庙山。

【现状】烟墩顶部已经塌陷，上面栽有松树，有小路可以到达烟墩顶。烟墩现高 2 米，直径约 10 米，西、南为耕地。

C13 盘龙庄烟墩遗址

【现状】位于即墨区鳌山卫街道盘龙庄村东南约 5000 米的高地上，东、南紧邻大海，西为耕地，东、南边海岸处有养殖用房屋及养殖池，北边紧邻工厂围墙。

【位置】烟墩现高 2 米，直径约 15 米。

C14 迟家店子米脐山烟墩遗址

【位置】位于即墨区金口镇迟家店子村北偏西约 5000 米的米脐山山顶。山南侧为果园，西、北、东为耕地，山南是即墨至王村的公路，路南即为迟家店子村。其正东 4.9 公里为丈二山烟墩。

【现状】烟墩现高 2 米，直径约 10 米，为雄崖所下辖的一处烟墩。

C15 烟台前烟墩遗址

【现状】位于即墨区环秀街道办事处，烟台前村北小高埠的最高处，东靠石棚水库。

【位置】遗址东西长 30 米，南北宽 22 米，面积约 660 平方米。

2. 崂山区、胶州、黄岛

今平度市、崂山区、胶州市境内分别有明代烟墩遗址 1 处，共 3 处，分别是丰台堡烟墩遗址，在平度市凤台街道；宋戈庄烟墩，在胶州市胶西镇；烟台山烟墩遗址，在崂山区沙子口街道。

今黄岛区境内有明代海防遗址 9 处，其中卫所古城遗址 1 处：夏河城城墙遗址，在琅琊镇；兵营遗址 1 处：管家大村兵营遗址，在红石崖街道；另有烟墩遗址 7 处，其中吴家村烟墩遗址、西桥子烟墩遗址在琅琊镇，大张八烟墩遗址、董庄烟墩遗址在宝山镇，逢猛张烟墩遗址在王台镇，戴家尧烟墩遗址在理务关，解家烟墩遗址在红石崖街道。

此外，今日照市境内有烟墩遗址一处：荻水东墩遗址，在岚山区安东卫街道，附后。

C16 丰台堡烟墩遗址

【位置】位于平度市同和街道东丰台堡村东南200米。

【现状】烟墩用异地土堆积而成的，直径15米、高约5米。烽火台附近有东、西丰（烽）台堡两个村，村因烽火台而得名。烟墩上有2座庙。西庙是上个世纪末建的，东西长2.8米、南北宽2米、高2.4米。东庙为近年修建，东西长2.7米、南北宽1.7米、高2.3米，庙后长一些柘树。

C17 宋戈庄烟墩

【位置】位于胶州市胶西街道宋戈庄村东南岭地上，四周地势平坦。

【现状】遗址呈规整的长方形，长40余米，宽30余米，高约4米。此烟墩系借用明朝之前已有的高土台，在上面再用小石子和黏土混合后夯实而成的，非常牢固。

C18 烟台山烟墩遗址

【位置】位于崂山区沙子口街道姜哥庄村北，烟台山巅。

【现状】遗址为一个呈椭圆形的土堆，最宽处22米，最高处1.8米，周围有乱石堆砌。

C19 夏河城城墙遗址

【位置】位于今黄岛区琅琊镇中部偏西，距琅琊台6.8公里。由于此城临近夏河，故名夏河城。

【现状】其城墙为黄土夯筑，早已倾圮，现仅存两段城墙。第一段在夏河城北村村后、营后村前。两村之间有小河，河上有石桥，城墙遗址即在小河以南、石桥东侧，长约50余米，宽约10余米，高约5米余；第二段在夏河城北村村民杨茂兴家的院子中间，长约20余米，宽3米余，高约3米。为加强对现存夯土城墙的保护，外层包以砖。现为省级文物保护单位。如今，夏河城北村以西、以北沿河一线被辟为夏河城遗址公园。

C20 西桥子烟墩遗址

【位置】位于黄岛区琅琊镇西桥子村西南1000米的丘陵上，西距琅琊镇驻地夏河城村约2.5公里，其正北800米有山，名火石山。

【现状】烟墩呈正方形，下部外围用石块砌筑，里面用黄土夯筑，高5米，边长约20余米。2015年公布为山东省第五批省级文物保护单位。

C21 吴家村烟墩遗址

【位置】又名琅琊台墩，位于黄岛区琅琊镇吴家村东北500余米的丘陵上，当地居民称之为"烟台"。

【现状】遗址高 8 米，边长约 30 米。顶部平坦，残砖、碎瓦等痕迹仍清晰可辨。周围是小树林和农田，南侧、西侧为当地村民墓地。现为省级文物保护单位。

C22 逢猛张烟墩遗址

【位置】位于黄岛区王台街道逢猛张村南 1.5 公里之烟台岭上，当地群众称此山为烟墩山，称烟墩为"康王茔"、"康王坟"。其西南 600 米有山，名果老山。

【现状】烟墩呈四方形状，高约 3 米，边长 25 米左右，黄土夯筑，土质坚硬。此烟墩为逢猛巡检司所辖烟墩之一。2015 年公布为山东省第五批省级文物保护单位。

C23 大张八烟墩遗址

【位置】位于黄岛区宝山镇大张八村西 750 米之丘陵上，大张八村与向阳村之间公路北侧，与向阳遗址南北相望。

【现状】烟墩黄土夯筑，基本呈正方形，高 4.3 米，边长约 15 米。2015 年，被山东省人民政府公布为第五批省级文物保护单位。

C24 董庄烟墩遗址

【位置】位于黄岛区宝山镇董庄村西南丘陵北侧，西北距瓦屋大庄村 300 米，西距南北生产路 100 米，东距岭下向北公路 100 余米。

【现状】呈四方形，砂土掺盐夯筑，高 1 米，周长约 50 余米。烟墩破坏较为严重，经多年风雨侵蚀，夯土层顶部局部流失。现为省级文物保护单位。

C25 戴家尧烟墩遗址

【位置】位于黄岛区理务关镇戴家尧村西北 900 米。文物保护标志立于东西向道路南侧。

【现状】烟墩呈覆斗状，高约 4.2 米。烟墩四周为果园，烟墩上长满杂草和灌木。现为省级文物保护单位。

C26 管家大村兵营遗址

【位置】位于黄岛区红石崖街道管家大村社区西，北近胶州湾，南望龙斗山。

【现状】遗址平面呈正方形，边长约 130 米。文化层清晰可见，地表采集到一部分明代残砖。原有厚约 3 米的城墙，现仅存坍塌后堆成的大阡，残存高度 1-2 米不等。

C27 解家烟墩遗址

【位置】位于黄岛区红石崖街道解家社区东，南临门楼山

【现状】原高 3 米，长 50 米，宽 40 米，现存遗址高 2 米多，为人工夯筑土台，四周高，中间低，南面设有方砖砌筑的进出通道。此烟墩为灵山卫辖下的烟墩之一，人称

"营子"。

C28 荻水东墩遗址

【位置】位于山东省日照市岚山区安东卫街道荻水社区东。东南两面临海，涨潮时海水会顺流而上。遗址东部和南部为低洼的虾池，西部紧邻荻水居委民房，东南部和东部有虾池看护房。

【现状】平面呈方形，高约 4.5 米，底径约 11.4–11.6 米，上部为小平台，边长约 7–6.5 米。遗址为灰褐土夯筑而成。

第二节　清代前期海防遗存（遗址代码 D）

清代前期的海防遗存并不多，只有 6 处，其中炮台遗址 3 处，分别是唐岛炮台遗址、古镇口炮台遗址、亭子兰炮台遗址，均在黄岛区；古城墙遗址 1 处：胶州古城墙及护城河遗址，在胶州市区；此外，在蓬莱市区有 2 处，分别是蓬莱阁阅水操记碑、蓬莱县衙旧址。

D1 唐岛炮台遗址

【位置】位于今黄岛区南港路 180 号院内。炮台东南正对唐岛，唐岛扼唐岛湾入口；由唐岛往北为积米崖港。

【现状】炮台呈凸字形，石砌，石灰嵌缝，由炮位、烟墩和守城兵卒营房组成一个建筑整体。现只留有墙基，残存建筑东西总长 18.52 米，南北长 15.84 米，墙宽均 1.5 米，最高处有 5–6 米，最低处仅有 1 米余。

炮位烟墩突出，原长、宽各 5 米，现残存长度为南北 5.74 米、东西 4.32 米。炮位两侧有条 1.5 米宽的阶梯通往台顶。

南墙突出部东侧有门，门宽 3 米，高 2.9 米；突出处原镶嵌匾额，宽 1.3 米，长 0.8 米，高 1.9 米，现已无存。

据道光《胶州志》载，炮台建于清雍正四年（1726），道光二十年（1840）重建。乾隆《灵山卫志》将其称之是与古镇口炮台东西相向的"姊妹炮台"。现为省级文物保护单位。

D2 古镇口炮台遗址

【位置】位于黄岛区滨海街道东古镇营村东南 1.7 公里的山坡上，其南正对古镇口湾，其东北 3.4 公里为大珠山。

【现状】炮台坐北朝南，呈倒凸字形，高约 3.69 米。前面突出部东西长 6.4 米，南北宽 4.7 米，上面放置火炮；后面炮城为正方形，边长约 19 米，里面为居住守兵的房屋。城门在突出部东侧，高 2.6 米，进深 1.9 米，宽 2 米。青砖砌筑券顶，上面有"古镇口炮台"石匾额。现为省级文物保护单位。据乾隆《灵山卫志》记载："（炮台）建于雍正四年（1726）"，"道光二十年（1840），胶州知州韩亚雄为防御海匪又重新修筑"，"古镇口外委把总一员，马步兵一十三名"。

D3 亭子兰炮台遗址

【位置】位于黄岛区琅琊台度假区台西头村东南，斋堂岛湾北岸。其西北 1.6 公里为琅琊台风景区，其东南海中 1.0 公里为斋堂岛。

【现状】炮台早圮，1994 年修复。炮台南北长 7.45 米，东西宽 5.5 米，高约 5 米。炮台上共设有 14 个垛口，东、西、南三面设 4 个瞭望孔。其中，南侧 2 个，东西两侧各 1 个。北侧建有台阶，可直达炮台顶部。由炮台南望，斋堂岛近在咫尺。亭子兰炮台与古镇口炮台、唐岛炮台为清雍正四年（1726）同时修筑，其形制相同。现为山东省文物保护单位。

D4 蓬莱阁阅水操记碑

【位置】位于蓬莱阁古建筑群东墙外，潮海庵门外北侧，高踞蓬莱水城西北的丹崖山上，东部和北部濒临黄海。

【现状】水操记碑该碑面东而立，高 2.87 米，宽 1.1 米，厚 0.26 米，楷体，系清代徐绩所撰，曲阜孔继涑书，登州府知府万绵前、同知于殿琰、蓬莱县知县杜文辉勒石。此碑背后还有一通无字碑，但无考证。

附：徐绩《蓬莱阁阅水操记》全文

登州北濒大海，其山曰丹崖，其最胜者曰蓬莱阁。士大夫燕游歌咏必集其处。盖不独海市幻形，荡摇万象，有珠宫贝阙之奇，而风帆沙屿，灭没于沧波浩渺之区，云物诡殊，顷刻百变。意古高世隐德之士，若安期、羡门之徒，犹有往来栖息于是中者。

明季倭犯朝鲜，登州外接重洋，距朝鲜不远，故御倭之制为特备。既于城北增筑水城，而水师兵额最广，至分营为六（明季登州水师有左营、右营、中营、游营、平海营、火攻营）。近制但有前营，设兵六百余名，分南、北、东三汛。百数十年来，海波恬息，民生不见有犬吠之惊，反得倚巨浸为天堑，而鱼盐蜃蛤不待他仰而足，黄发垂髫皆熙然自遂其生，岂非国家声灵遐暨，寰海咸宾，吾民父子祖孙，其涵濡于郅治之泽者为已深哉！

闲尝按图考志，得故学使施闰章《海镜亭记》，谓此亭先朝台使者阅水师处，而讶今武备之不讲也久矣，辄为之低徊三复。感二百来，前后事势之异，而叹本朝之治化为独隆，又念吏兹土者，荷圣化之骈蕤，得优闲岁月，苟禄以冒迁者，亦复不乏其人。是则登览之余又可以动旷官之戒也。

（乾隆）三十七年秋，余以阅兵至此，得游所谓蓬莱阁者。于焉勤习水师，纵观诸战艘扬帆捩舵，往来疾驶之纷纷。而总戎窦公复募善水士，教以蹴波列阵，跃入深潭计三四丈余，而腰以上不没，藏火药具于帽沿旁侧。忽焉炮声四起，与洪涛声砰訇互答，烟幕重溟，回风环卷，云瀹雾乱，博望迷离。已复各出牌刀，相斫击撇，复左右出没如神，余为目眩者外之。爰加厚赏，以旌其能。窦公特请余为文以记之。余既际本朝治化之隆，幸斯民得生海不扬波之盛世，又嘉窦公之勤于其职，而余得藉是以讨军实。时训练庶非无事而漫游者。公又检得大小奇位五十四，具为故时兵琐所不载，一一稽其在处而籍书之，此皆海防军政所关，于事为可书者。遂不辞其请而为之记。若夫写云涛之壮观，而肆登览之奇怀，前人之所述者侈矣，余又何以加焉。

D5 蓬莱县衙旧址

【位置】位于蓬莱市登州街道凤凰社区市政府北院。西北有田横山和丹崖山，西邻画河。

【现状】该县衙始建于清代，原有主体建筑大门、仪门、大堂、二堂、三堂、县宅、后厅及两侧的附属建筑。现仅存房屋5栋，为旧县衙的附属建筑。前排两栋为歇山式。其中一栋前出檐廊，廊下有明柱。后排两栋及东厢山墙为木式。现前排建筑东屋屋面瓦更换，结构改变。后排两栋及东厢屋面瓦、门窗更换，部分外墙用水泥重抹。

D6 胶州古城墙及护城河遗址

【位置】位于胶州市阜安街道龙州路，自胶州西路与龙州路交会处，至常州路护城河桥。

【现状】胶州城城墙分内外两重，均有护城河。内城兴建于明代，设有4门，均为高大的拱形城门。外城修建于清咸丰十一年（1861年）四月，为的是防止捻军的袭扰。外城墙墙基及内部为夯土堆筑，外立面砌以青砖，城墙顶端取城堞式结构；城墙外侧为护城河，两侧河堤系以本地出产的花岗岩堆筑，厚重坚固。

1949年以后，内城、外城城墙主体被拆除。内城墙现已不复存在，内护城河也被改造成暗渠。外城墙被辟为道路，即今之龙州路。现仅残存外城墙南、西面一部分夯土墙基。外城墙河外护城河尚存遗址，俗称"围子"或"围子河"，今称云溪河。现存外城修筑于清咸丰年间，因此严格来讲应归为近代遗址。

第三节 近代海防遗存

一、今烟台市境内的海防遗存（遗址代码 E）

今烟台市境内共有近代海防遗址 5 处，其中炮台遗址 2 处，分别是东炮台遗址、西炮台遗址；北洋海军采办厅遗址 1 处。以上 3 处遗址均在芝罘区。另有灯塔遗址 2 处，其中崆峒岛灯塔遗址在芝罘区崆峒岛上，猴矶岛灯塔遗址在长岛砣矶镇猴矶岛上。

E1 东炮台遗址

【位置】位于烟台市芝罘区月亮湾东侧岿岱山突入海中的的岬角上，临海靠山，地势险要。岿岱山海拔 24.7 米，山的主体东西 0.15 公里，南北 0.16 公里，东、西、北三面为深约 20 米的临海悬崖峭壁。西北与芝罘岛相望，东北与崆峒岛相望。

【现状】炮台周围有石块砌墙，建有台门、护墙、营房、指挥所、壕沟、隐蔽所、弹药库等，占地面积 10 万平方米，由德国技师督造，建成后安装了当时世界上最先进的克虏伯大炮。现存主副炮位 5 个，地井 2 处。

台门两侧是八字墙，东西两侧为清军营房遗址，院内有指挥所，是炮台的中心建筑，凿山体而建，占地 610 余平方米，共 18 间房。指挥所建筑形制呈"凹"形，左右对称，设有纵向走廊，通往弹药库。沿指挥所两侧台阶可到达主炮台。主炮台是东炮台的主体，平面呈不规则多边形，前挡土墙，采用整齐的料石砌筑。

炮台东北端是演兵场，面临大海，南北长约 150 米，东西宽为 200 米，占地面积约 3750 米。东西营房两侧均建有壕沟，西壕沟全长 30 米，宽 2 米，花岗石砌筑。东侧有土壕沟长 40 米。沿壕沟两侧延伸建有隐蔽所，平面呈"L"形。炮台东西两侧有日军侵占烟台时修建的碉堡，为钢筋混凝土整体浇筑。

E2 西炮台遗址

【位置】位于烟台市中心通伸岗北端山顶，居海岸之制高点，北望芝罘岛，俯瞰入海口。东偏北 1.6 公里至海，东偏南 3.6 公里至烟台山，东南 6.9 公里至东炮台。

【现状】西炮台依托山势，建为不规则的五边形。最南侧是瓮城，用土石堆积而成。瓮城内是西炮台的南大门，门高 3.5 米，厚 6 米，大门上额镌刻着"东藩"两个烫金大字，意谓这里是我国东部沿海的屏障，保卫京津的门户。大门内为演兵场，约 700

平方米,当年守卫海防的将士们在此操练。

在东北、西南、西北、东南分设 4 个炮位。西南、东南两座现仅残留厚达 1 米的圆体基墙,高 3.5 米至 5.0 米,其一直径为 13.5 米,另一直径为 16.8 米,有瞭望孔和石室残迹。西北角的炮台最小,直径 10.5 米,炮台围墙高 3.4 米;东北角的炮台最大,设施最好,炮台直径 31 米,炮台围墙高 5 米,炮台下建有弹药库和通道,用于储弹藏兵,构成通道式阵地。

西炮台各炮位之间用城墙连接,总长约 700 余米,依山就势,蜿蜒而建。墙上设射击孔 200 余个,墙的内侧设有跑马道,供传递信息用。城墙及炮台均用大黄米汤与三合土调和后夯成的,虽历经风侵雨蚀,仍十分坚固如初。

地阱,居山巅南侧,系指挥所及弹药库所在,均为石砌,内成拱券顶,分 3 门 4 室。地阱以南,原有石墙已毁,今重修并在地阱两侧及中路增铺花岗石台阶。指挥所属半地下式,占地 580 平方米,整体建筑用淡红色石岛石砌成,庄重古朴,具有独特的建筑特色。指挥所外,中门上额横书"威振罘山"四个金字(烟台古称芝罘,因芝罘岛而得名),充分表现了爱国将士保家卫国,志在必胜的赤胆忠心。指挥所内中门顶上横书"巩金汤"三个字,意为西炮台坚不可摧,固若金汤。该建筑有三门四室,通道两侧为指挥所、官兵营房及弹药库,指挥所顶端两侧雕刻着阴阳八卦图象。

1901 年,列强强迫清政府签订《辛丑条约》,清政府被迫下令将西炮台的炮机拆除。至此,西炮台仅存西北角和东北角的两座炮台,而铁炮则不复存在。1979 年,这里被辟为"西炮台山公园";1992 年,定名为"西炮台山国防公园",同年,西炮台被公布为第二批省级文物保护单位;1996 年被烟台市定为爱国主义教育基地。

E3 北洋海军采办厅遗址

【位置】位于烟台市芝罘区烟台山下的会英街。

【现状】坐南面北,并列三座大门,为三进六院的组合式传统四合院,占地约 1800 平方米,建筑规模宏大,建筑精良,雕梁画栋非同寻常。该建筑有正房二排 26 间,楼房二层 26 间,厢房 8 栋 24 间,合计 76 间,二层楼为南北双挑双廊贯通东西,楼下的门贯通楼南开阔地,开阔地南还有一排坐南向北的平房,其建筑形式与整个建筑相同。

第二次鸦片战争后,清政府着力加强海军海防建设。1888 年北洋海军建成,威海卫成为其两个根据地之一。烟台由于地理位置重要,商贸发达,因此成为北洋海军后勤服务的采办厅便建在这里。1895 年甲午海战北洋海军覆灭,采办厅停办。1903 年,谢葆璋到烟台筹办海军学堂,后来成为中国文坛泰斗的冰心先生随其父居住于此。海军学堂南迁后，地方盐务局曾在此办公。1949后，烟台军分区机关曾设与此。现为民居，保存较好。是研究中国近代军事史的重要实物资料。

E4 崆峒岛灯塔遗址

【位置】位于烟台市芝罘区芝罘岛街道崆峒岛村。

【现状】清代灯塔，建于清同治五年（1866），灯塔底座为圆形青石，塔身由青砖砌成，塔尖设两个圆箍，中间开有4个小窗，顶部置一探照灯，底部南侧设一门，上方石刻"AD"两字母。

E5 猴矶岛灯塔遗址

【位置】位于长岛县砣矶镇井口村猴矶岛上，处于渤海长山水道北侧。猴矶岛海拔104米，面积只有0.28平方公里。

【现状】始建于1882年。1876年《中英烟台条约》签订后，英国人于1882年在岛上修筑了庙岛群岛的第一座灯塔，塔柱高14.2米，为白联闪灯质，射程28公里。战争期间灯塔灯笼被毁；1953年重新修建。此灯塔的重要作用是为航行于长山水道和猴矶水道的船舶提供助航服务。2006年12月7日，列入山东省文物保护单位；2013年5月，列入全国重点文物保护单位。

二、今威海市境内的海防遗存（遗址代码 F）

威海近代海防遗存主要集中在刘公岛、日岛以及威海港南北两侧海岸。当年，这里是中国第一支近代化海军北洋海军的屯泊基地，清政府在此设有工程局、机器局、屯煤厂、电报局和电灯台、海军公所、铁码头、船坞、水师养病院、水师学堂等机构和设施，刘公岛、日岛、威海湾南北两岸等要地修筑炮台10余座。这里还是中日甲午战争的重要战场。这些海防遗存大部分即形成于甲午战争期间，现在刘公岛以及周边海防遗存被整体列为刘公岛甲午战争纪念地。1977年12月23日，北洋海军提督署被列为山东省重点文物保护单位。1988年1月13日，国务院公布刘公岛甲午战争纪念地为全国重点文物保护单位。2000年，山东省政府公布了刘公岛甲午战争纪念地28处北洋海军及甲午战争遗迹的保护范围和保护内容（其中北洋海军提督署、威海水师学堂内包含部分稍晚增建的英式建筑）。2000年6月刘公岛甲午战争纪念地列为山东省优秀建筑。

刘公岛上的近代海防遗存最多，比较重要的有19处，其中炮台遗址7处，分别是黄岛炮台及兵营遗址、公所后炮台遗址、旗顶山炮台遗址、迎门洞炮台遗址、南嘴炮台遗址、东泓炮台遗址、日岛炮台遗址；此外还有北洋海军提督署旧址、丁汝昌寓所旧址、龙王庙与戏楼旧址、石码头遗址、铁码头及码头管理房旧址、机器局屯煤所鱼雷修理厂旧址、麻井子船坞遗址、刘公岛水师学堂旧址、电报局电灯台遗址、水师养病院遗址、刘公岛石拱桥遗址、刘公庙遗址。

在刘公岛以南"南帮炮台"一带，共有近代海防遗存11处，其中炮台遗址4处，分别是鹿角嘴炮台遗址、摩天岭炮台遗址、杨枫岭炮台遗址、皂埠嘴炮台遗址；现存沟北船坞遗址、南帮信号台遗址、赵北嘴灯塔遗址、炮队营遗址、百尺所石拱桥遗址等5处保存尚好，海埠村石拱桥遗址、所城北炮台遗址等2处，现在已经消失。

在刘公岛以北"北帮炮台"一带，共有近代海防遗存3处，全部为炮台遗址，分别是北山嘴炮台遗址、黄泥沟炮台遗址、柏顶炮台遗址。

1. 刘公岛

F1 北洋海军提督署旧址

【位置】位于刘公岛西村丁公路以北，刘公岛南坡中部偏西处。

【现状】建于1887年，为北洋海军军事指挥中心，海军提督丁汝昌驻节之地。平面呈长方形，周以毛石围墙，南北长146.5米，东西宽97米。大门建筑为三开间，大门6扇，门上绘有"秦琼"、"尉迟敬德"门神像，正门上方悬挂李鸿章题"海军公所"匾额。大门外东西两侧，各置乐亭1座，飞檐翘角，四面歇山。大门南面建东西辕门，辕门内左右对称树立刁斗旗杆。西辕门以西20米处，建二层瞭望楼1座。整个建筑群"高踞危岩，下临无地，飞檐广甍"，雕梁画栋，气宇轩昂，蔚为壮观。

F2 龙王庙与戏楼旧址

【位置】位于刘公岛西村刘公路，北洋海军提督属西100米。

【现状】始建于明末清初，北洋海军时期重建。建筑古朴典雅，呈四合院布局。由戏楼、正门、前倒厅、正殿、东西厢房组成。正门1间和左右东西倒厅各2间，建筑于高台之上，石砌台阶9级，门前左右石鼓各一，上面雕刻麒麟图案。大门两扇，左右抱框装板上，各雕博古瓶插佛手一颗。大门正脊两端饰吞脊卷尾吻。倒厅正脊低于大门正脊，倒厅前面各开花格窗4扇，便于启窗观看前面戏台演出。

F3 丁汝昌寓所旧址

【位置】位于刘公岛西村，提督署以西200米处的高坡上。

【现状】北洋海军提督丁汝昌的官邸，又称"小丁公府"。建于1888年，由中区、西区、和东区三区组成。

F4 黄岛炮台及兵营遗址

【位置】刘公岛最西端黄岛，麻井子船坞西北。

【现状】炮位尚存，地下坑道长 200 余米，保存完好。麻井子船坞北堤西端向西 80 米有 3 栋兵营建筑，其中 2 栋建造时间较早，砖石结构，平屋顶，进深约 6 米；一栋长 51 米，朝北开门窗；一栋长度 33 米，朝南开门窗。两栋兵舍之间，有 10 米宽的天井，西端有通往炮位的阶梯，东端有水井一眼。最南面一栋为中华人民共和国成立后建造，两面硬山，两面坡顶屋，长 48 米，进深约 6 米。

F5 公所后炮台遗址

【位置】位于麻井子船坞北偏东 200 余米，水师学堂以北 80 米。

【现状】由德国人汉纳根设计，设 20 英寸口径阿姆斯特朗地阱炮 2 门，7.5 厘米口径行营炮 6 门，速射炮 8 门，现炮位尚存，兵舍保存完好。

F6 旗顶山炮台遗址

【位置】在刘公岛制高点旗顶山上，海拔 153.5 米，由此可俯瞰刘公岛周围海面。

【现状】建有地上炮位、地下弹药库、兵舍和掩体，现保存完好。曾设 240 毫米、150 毫米口径平射炮各 2 门。炮位建筑为满月形，直径 8.4 米，深 1.4 米。两个 240 毫米口径大炮炮位东西相距约 70 米；东侧炮位在东，兵舍在西；西侧炮位在西，兵舍在东，布局基本对称。

F7 迎门洞炮台遗址

【位置】位于迎门洞山顶。

【现状】现存炮位和兵舍，基本保存完好。炮位一座，满月形，直径 8.5 米。曾设 240 毫米口径平射炮 1 门。炮位西侧建有地下兵舍与弹药库，块石砌筑，门窗不起拱券，上顶与炮位底座持平；南北相向围成天井，天井西端为长 10 余米的出入口夹道，东端为进入炮位的外部阶梯。

F8 南嘴炮台遗址

【位置】位于刘公岛东南部，东泓炮台以西 500 米，西北距迎门洞炮台 650 米。

【现状】现存炮台外围防御墙残迹、炮位防弹土坡、战壕等。曾在此设各种口径火炮 14 门，其中 240 毫米口径炮 14 门，120 毫米口径炮 4 门。

F9 东泓炮台遗址

【位置】位于刘公岛最东端。

【现状】北洋海军曾在这里设 240 毫米和 120 毫米口径平射炮各 2 门，75 毫米口径行营炮 6 门，速射炮 6 门。现存炮位和兵舍，基本保存完好。炮台炮位南依山势掘崖而建，兵舍共 11 间，通长 58 米；中间为主大门，两侧分别开三门两窗，门窗皆为拱券式。正面每间之间有通高的柱垛，有外凸的腰线和上檐，门窗上方有外伸的排水槽舌。

通过中央大门两侧的两间兵舍，可以向内进入坑道，通过主坑道可进入坑道中间大厅。大厅东西长约 18 米，南北宽约 10 米；大厅北侧建有两间弹药库，东西两端均有输送弹药的出口，中间有通道分隔；弹药库为青砖建筑，每间东西长约 7 米、南北宽约 4 米，南面墙上设有照明用的灯龛每间各 2 个。大厅东南角有用于输送提升弹药的斜井。弹药库东侧有分支坑道，长约 20 米；从弹药库西侧经阶梯坑道，可以进入上层坑道，东西向分支：向东约 30 米，再转向西南约 100 米，到达坑道西出入口。

F10 日岛炮台遗址

【位置】位于东泓炮台南偏西，海中日岛之上，北距刘公岛 2000 米。日岛岛岸线 880 米，东西长 110 米，南北宽 75 米，海拔高度 13.8 米。

【现状】该炮台为岛台一体，北、东、南三面均用混凝土与石块建成高度近 3 米的防浪堤，炮台面朝东侧海口方向，用土堆成巨大的炮位防弹坡，防弹坡西侧立面为炮位主坑道出入口，立面与坑道用石块砌筑，上下两层坑道结构。

北洋海军曾在此设 200 毫米口径地阱炮 2 门，120 毫米口径平射炮 2 门，65 毫米口径平射炮 4 门。2 座主炮位位于防弹坡中央部位，南北布局，石块与混凝土建筑；两炮位东侧阱壁上，有互相连通的坑道；西侧阱壁上则是与主坑道想通的出入口；主坑道没有通向炮位顶部的左右阶梯，是士兵登上顶部瞭望射击目标的通道。2 座 120 毫米口径大炮炮位，分别设于主炮位的南北两翼的二层台上，无炮位建筑，采用炮盾防护。炮台正门设在西侧，原来用赭红色花岗岩块石砌筑。拱券顶；大门内南北放浪堤内侧，分别建有相对的弹药库和兵舍，长度约 45 米，门窗均为拱券式，欧式风格。正门外原来建有一个小型栈桥码头，用于小型船艇停靠，运送装卸弹药物资。

甲午战争期间，大炮及弹药库被威海湾南岸日军炮火炸毁。大部分毁于甲午战争炮火，日军占领刘公岛后，除拆毁日岛大炮外，还对炮台建筑进行了破坏。

F11 石码头遗址

【位置】位于刘公岛西村，北洋海军提督署东南约 100 米处，丁公路南海边。

【现状】用大方石块砌成，先向南入海约 20 米，再折向西南约 35 米，呈 130°，朝向西偏南约 30°。码头下宽上窄，面宽 7.7 米，平均高出海平面约 2.4 米。西北侧设阶梯口 1 个，东南侧设阶梯口 2 个，以便潮位升降时人员上下和货物装卸。

F12 铁码头及码头管理房旧址

【位置】位于刘公岛西村，蒸馏所旧址以西，丁公路以南海边。

【现状】平面呈"T"字形，长 205 米，宽 6.9 米，水深 7 米，墩桩"用厚铁板钉成方柱，径四五尺，长五六丈，中灌塞门德土（水泥），凝结如石，直入海底"，坚实耐用。铁码头栈桥上原有许多附属设施，如照明路灯、吊装物资的活动吊杆、补给淡水的水管、运输粮食煤炭的铁轨等；铁轨与岸边的屯煤所、工程局、机器局、鱼雷修理厂相连。

F13 机器局、屯煤所、鱼雷修理厂旧址

【位置】位于刘公岛西村，蒸馏所旧址以西。

【现状】屯煤所位于铁码头管理房以北10米处。朝向铁码头的大门与倒厅建筑，整体为砖木举架结构，面阔三间，其中大门一间为通廊式。后来驻军改造，将大门通廊堵成住房。后部屯煤场为五排前后连檐的大跨度结构房，前排面阔60余米，后四排面阔约40米，进深约12米；除山墙外，前后不砌墙面，开放式空间。前排为木梁架，后四排为钢梁架，梁架支架在块石垒砌的方形墩垛之上。英国租借期间，仍然作为舰队煤仓使用。中华人民共和国成立后，我海军驻军将墩垛之间垒砌封闭，拆除了部分运煤用的铁轨，用作仓库及修理用房。现已空置，大门与倒厅墙体开裂，前排屯煤房梁架等木构件朽烂严重，其余屯煤房也有屋面瓦件残破、望板朽烂、漏雨严重的情况。

鱼雷修理厂紧接屯煤所西侧，朝西向，石砌墙面，房屋建筑布局仍保持原始格局，但有局部改造。英国租借期间，作为英军粮食仓库。汪伪政权时期，作为伪海军练兵营。现由于年久失修，均出现墙体裂缝、木构梁架、门窗朽烂、屋面瓦件残缺、漏雨等严重问题。

机器局位于鱼雷厂西侧，朝东向，与鱼雷修理厂相对。石砌墙面，砖拱券门，屋面覆波浪瓦，面阔13间，连檐双脊，厂房高敞。从北洋海军时期一直到中华人民共和国成立后，均以此作为舰船修理所，主要从事舰船的简单修理。

工程局位于机器局与鱼雷修理场北面，坐北朝南，前后两进，四合院布局，一层砖室木构举架结构，屋面覆青波浪瓦。

F14 麻井子船坞遗址

【位置】位于黄岛炮台东南，水师学堂西侧。

【现状】船坞呈方形，出入口在西南角，北洋海军填石筑堤而成。总占地面积8万多平方米，其中坞池面积5.5万平方米，干坞面积2.5万平方米。干坞可简单维护小型舰船。现状系中华人民共和国成立后，由人民海军扩建而成。

F15 刘公岛水师学堂旧址

【位置】刘公岛西村，邓公路以南，麻井子船坞以东。

【现状】建于1890年，建筑依坡势自南向北逐渐抬高，东侧有东辕门，西侧建有西辕门，三段脊、一拱券门，方向均朝南；周围环绕石砌堞墙和围墙。甲午战争中遭受战火，损毁严重。1898 年至 1940 年英租时期，曾作为妇女俱乐部使用，并在学堂前部范围内增建了海军军官住宅、海军军官食宿处、海军陆战队营房等建筑。今存照壁、小戏楼、俱乐部、东西辕门和一些房舍。

F16 电报局、电灯台遗址

【位置】位于刘公岛东村。

【现状】电报局设于 1887 年，是刘公岛海军基地与威海、烟台、天津及旅顺等地联系的通讯机构，归中国电报局北洋关官局管理，电报生由天津电报学堂毕业学生调任。电灯台设于刘公岛西北，以便引导舰船出入港湾。1895 年，毁于战火。

F17 水师养病院遗址

【位置】位于刘公岛东村。

【现状】在北洋海军提督署东约 1500 米，位于东村西北角。为北洋海军官兵的医疗机构。医院原占地 27 亩，建大小房屋 108 间，及走廊、围墙等。主要建筑毁于甲午战争及英国租借期间。中华人民共和国成立后，山东省军区某部刘公岛驻军在养病院旧址上建设营房，共建单层砖石营房 5 栋，其中 4 栋坐北朝南，前后两排，每排两栋，每栋 7 间；另有 1 栋 1-3 间位于西侧，类似西厢房；东、南、西三面围墙遗址比较清晰，南侧围墙基址坍塌成陡坡状，墙基及碎石、瓦砾高出南侧地面约 2 米；大门遗址位于南墙中间位置，由大门向北为一条南北向主要通道在院内中间部位，另有一条主要通道横贯东西，与南北通道构成十字形通道格局。

2003 年扩修围墙外的东侧道路，挖掘出东围墙南段墙基一段，加以原状保护。西围墙基础保持较为完整。北围墙墙基于 20 世纪 70 年代整修梯田时，被填埋叠压。

F18 刘公岛石拱桥遗址

【位置】位于刘公岛东村东 120 米，丁公路以北，南距海岸约百米。

【现状】石块砌筑，桥面为黄土所覆盖。长约 15 米，宽约 4 米。

F19 刘公庙遗址

【位置】位于刘公岛东村。

【现状】在刘公岛中部前坡，始建于明朝末年，1889 年驻岛北洋护军统领张文宣主持重修。砖木举架结构，建正门倒厅、前殿、后房二进，分别配以东西厢房。正门倒厅面阔三开间，砖石墙体，青砖砌墙垛与硬山，前后开窗。

2. 南帮一带

F20 沟北船坞遗址

【位置】威海经济开发区皇冠街道沟北村东北 500 米，威海港客运站东北 250 米。

【现状】光绪十七年（1891）由北洋海军修筑。船坞南北长 150 米、东西宽 40 米，坞壁石砌，壁高 6 米，东部设有弹药库。这是为南帮水雷营附设的小型船坞，可系泊鱼雷艇和小型船只并进行简单维修。

F21 鹿角嘴炮台遗址

【位置】威海经济开发区皇冠街道海埠村码头东北，"大畏岩"南 300 米。

【现状】今仅存炮台防弹土堆及被炸毁后的炮台遗址。炮台防弹土堆平面大致呈梯形，向海一侧东西长约 75 米，向陆一侧东西长约 100 米，南北宽约 45 米。炮台东翼有长 100 米、宽 18 米的南北向平台，是被毁的炮台兵房建筑遗址。西翼有长 50 米、宽仅数米的南北向平台，是西侧围墙及炮位的外部斜坡道遗迹。

F22 摩天岭炮台遗址

【位置】威海经济开发区崮山镇百尺所村西偏南 800 米摩天岭北侧，鹿角嘴炮台东南 1.7 公里，杨枫岭炮台西面 530 米，这里是南帮的制高点。

【现状】炮台东、南、西三面用夯土环筑成堞式炮位 8 个；围绕炮位外围东、南、西三面，挖掘防护战壕一道，壕宽约 4 米，深约 2 米；炮台出入口在东北角，有坡道通往炮队营。这里为当时的陆路临时炮台，曾设 80 毫米口径行营炮 8 门。甲午战争中，日军攻取该炮台后，第十一旅团长大寺安纯少将登台拍照记功，被北洋海军舰炮击毙于此。

F23 炮队营遗址

【位置】威海经济开发区皇冠街道海埠村，鹿角嘴炮台南约 1.2 公里的高岗南坡。向西通往海埠村及龙庙嘴炮台，向东通往摩天岭炮台。

【现状】这里是驻威海湾南岸"绥巩军"巩军的炮兵兵营之一，毁于甲午战争后，现遗址地貌仍可辨识。地势北高南低，东西长约 160 米，南北宽约 130 米；地上遗址存西北角南北向残墙一段，长约 80 米。南侧冲沟有溪流，是炮队营生活取水及饮马之处；溪边有饮马槽遗迹。

F24 海埠村石拱桥

【位置】威海经济开发区皇冠街道海埠村东北，北洋海军南帮皂埠嘴炮台和鹿角嘴炮台之间的海湾以南。

【现状】东西长约 20 米，宽 5 米，拱桥底部宽 2.1 米，拱高 1.8 米；石拱东、西两侧各由石块砌成长 4.1 米、高 2 米的石墙；上部敞肩，填土而成。

F25 皂埠嘴炮台遗址

【位置】威海经济开发区崮山镇皂埠村威海德财水产养殖场东北 300 米，"兔子头"以东海岸岬角突出的山岗上。

【现状】该炮台是威海湾南岸最东端的炮台,曾设280毫米口径平射炮台2门,240毫米口径平射炮3门,150毫米口径曲射炮1门。

F26 南帮信号台遗址

【位置】威海经济开发区崮山镇招商局金陵船舶(威海)有限公司宿舍大门西侧。

【现状】这里曾设有信号旗与大照度电灯,是皂埠嘴炮台与刘公岛海军联络的重要信号设施。今存信号台堆土遗址,海拔约54米,最高处高出周围地面约12米,堆土底部周长约100米,堆土上面之信号旗杆、建筑等均已不存。

F27 赵北嘴灯塔遗址

【位置】威海经济开发区崮山镇百尺所村北1000米海边山嘴之上。

【现状】1890年由法国巴黎某公司设计制造,1891年北洋海军移交给海关管理。铁塔,高8.8米。围墙随地势呈不规则六边形,高约2米,乱石筑成。

F28 杨枫岭炮台遗址

【位置】威海经济开发区崮山镇百尺所村。

【现状】炮台堆土、战壕遗址尚存。炮台方位朝向东南,防弹堆土平面大体呈马鞍形,南北长约200米,东西宽约60米,高出周围地面约4米,防弹堆土西内侧可见被炸毁后的4个大炮炮位遗迹。这里曾为陆路炮台,有火炮4门。

F29 所城北炮台遗址

【位置】威海经济开发区崮山镇百尺所村。

【现状】这里为皂埠嘴炮台之后路陆路炮台,曾设120毫米平射炮2门,150毫米平射炮1门,当地人习惯称之为小炮台。1988年,该遗址被毁。

F30 百尺所石拱桥

【位置】威海经济开发区崮山水产集团公司养殖四场东北,属于北洋海军设施的组成部分。

【现状】原有3处,现存2处。西端石拱桥东西走向,长9米,宽5米,北侧桥面塌损严重,弃置已久,现已荒芜。东端石拱桥亦东西走向,长13米,宽7米。桥为一孔,现北面上部有塌损;下有小溪流过,水量微弱,南面桥拱堵塞,石拱不见。

3. 北帮一带

F31 北山嘴炮台遗址

【位置】环翠区孙家疃镇合庆村东南北山嘴,这里是威海湾北岸最东端,东南两面临海,正当北海湾北口要冲。

【现状】炮台朝向东面海口,自南向北依地势高下分为下、中、上三层布置。中层炮位遗址海拔近 30 米,南北宽 60 米,东西长 120 米,两座炮位南北布置,现仅存底座;其西侧平底,原为炮台兵舍建筑。上层炮位海拔 45 米,防弹堆土遗址保存尚较完整,平面大致呈马鞍形,南北长约 90 米,东西(包括侧翼)宽约 60 米,现存炮位遗址有 3 座。

F32 黄泥沟炮台遗址

【位置】位于环翠区孙家疃黄泥沟村,威海湾北岸中部。

【现状】炮台东向,防弹堆土遗址平面大致呈马鞍形,现存南北长约 45 米,东西宽约 40 米。东、南侧面夯土崩塌后形成陡崖,现用石块护砌加固。曾在此设 210 毫米口径平射炮 2 门。

F33 柏顶炮台遗址

【位置】位于环翠区孙家疃镇陈家疃村北,西依青山,东向合庆湾,东南为(合庆)北山嘴海岸炮台。

【现状】炮台北、东两面炮台防弹土堆遗址尚存,南面被局部破坏。西侧原有营房遗迹,现已荡然无存。此炮台为威海湾北岸两座陆路炮台之一,主要作用是守护海岸炮台后路,在此曾设 150 毫米口径平射炮两门。

第四节 德占青岛与英租威海时期海防遗存

【说明】

19 世纪末 20 世纪初,德国强租胶州湾,英国强租威海卫,中国的主权遭到严重破坏,中国的海防同样遭到严重破坏。

德占青岛与英租威海时期,德国、英国分别在青岛和威海设立殖民机构,实行殖民统治;不仅如此,为了维护在胶州湾的既得利益,德国还大规模修建军事设施。英国海军舰队亦时常在山东沿海游弋。

在此,本著作将德占青岛与英租威海时期与军事、海军有关的遗存也归为海防遗存,一方面可以使人们了解当时德、英等列强在中国的土地上耀武扬威、肆意横行的基本状况,另一方面可以警醒世人,勿忘国耻。

一、今青岛市境内的海防遗存（遗址代码 G）

1898 至 1910 年间，德国在青岛除设立军营、修筑炮台外，还修建了胶澳总督府、总督官邸、德华银行、山东路矿公司、观象台、火车站等多处建筑，大多保存完好，沿用至今。保存下来的军营、炮台等军事设施遗址有十余处，如炮台遗址有青岛山炮台、汇泉炮台、团岛炮台、台西镇炮台、太平山北炮台东炮台、湛山炮台 6 处，军营遗址有俾斯麦兵营、伊尔蒂斯兵营、毛奇兵营旧址 3 处，此外还有德国第二海军营部大楼、水师饭店等遗址。

G1 青岛山炮台遗址

【位置】位于青岛山南部。

【现状】此为德军在青岛最重要的海岸防御设施，原有两座炮台，装备了大炮两门，机关枪两挺。地下指挥部深藏于青岛山腹内，分为上、中、下三层，共 50 个厅室，分为指挥区、后勤区、生活区。顶部建有瞭望塔，可作 360 度旋转，用以全天候监控进出胶州湾的舰船。炮台下有暗道与俾斯麦军营相通。日德战争期间，炮台、大炮已被炸毁，只留炮台钢制底座；德军地下指挥部和瞭望塔至今保存完好。

G2 太平山北炮台东炮台遗址

【位置】位于太平山北部、东部山头处。

【现状】德占青岛时期，德国人称今太平山为伊尔蒂斯山。在北部山头处，构筑大规模地下掩蔽部，配置有 6 门 120 毫米的加农炮，是德军陆防炮台中最庞大、最重要的炮阵地。在东部山头上，构筑有地下掩蔽部，配置有 2 门 150 毫米加农炮。

G3 湛山炮台旧址

【位置】位于青岛市市南区镇江路（原称炮台路）48 号干休所内。

【现状】德军第二步兵堡垒（二号炮台），因位于小湛山的东北方向，又称"小湛山北堡垒"，属永久性军事要塞，是德军在青岛东郊扼守的重要防线之一，包括大、中、小三个堡垒，建筑年代为 1897 至 1914 年。2015 年，湛山炮台旧址被山东省人民政府公布为山东省第五批省级文物保护单位。

G4 仲家洼炮台遗址

【位置】位于市北区云溪路 12 号。

【现状】德占时期炮台遗址。建于 1898 年，时称海岸堡垒。原为多个堡垒，现存 2 处。

德军在第二号步兵防御堡垒和第三号步兵防御堡垒之间的第五号警戒哨所的后侧修建了两座大型步兵掩蔽部，以供德军在防御堑壕后面进行休整之用。该掩蔽部在习惯上被称为仲家洼炮台。该炮台未配备火炮，只建有8个炮座，属德军支援前沿的永久性军事工事。

2座掩蔽部呈南北排列，依小土坡而建，背东面西半埋于地下，各为独立的单层构造形式；顶部附近有众多的排气孔作为通风之用，建筑两边采用双门形式，上圆下方的大铁门总厚度为40毫米，使用三四层厚度在10毫米钢板叠加并用铆钉结合而成，异常坚固，甚至可以抵御小口径火炮的攻击。该掩蔽部内部空间宽广，墙壁厚度在80-100厘米以上，室内共有6间大房间、2间小房间，室内高度约4米，面积至少有700平方米。墙壁上有多个小方窗，以前带有20毫米厚的钢板，战时可以作为射击窗口。为了防止地下水的渗入，采用建筑外围和地基部位设置排水系统。现堡垒中间被一座居民楼隔开，居民楼另一侧还有一个小堡垒。整个掩蔽部的构造大致完好。

G5 汇泉角炮台遗址

【位置】 位于汇泉角上。

【现状】 1902年建成，这是德国在青岛建成的第一座永久性炮台，钢筋混凝土浇筑，配置2门240毫米加农炮、2门150毫米加农炮，均为克虏伯炮塔式旋转火炮。德炮台前后方建有大、中、小三处地下掩蔽部，用来储藏弹药、给养，以及用于观测、指挥所和供值勤官兵居住。掩蔽部内建有数十个房间，并有数条地道通向几里外的伊尔蒂斯兵营等要地。炮台周围挖掘壕沟，修筑围墙、铁丝网。日德战争结束后，汇泉角被日军占领。现炮台地下掩蔽部保存完好。其南炮台掩蔽部规模最大，依山势而建，北高南低，东侧与山体连为一体。掩蔽部顶部以南岩基上立有小石碑，上刻"汇泉角炮台基址"，为旧时文物。中炮台掩蔽部位于大掩蔽部之北，为倒"品"字形建筑，二层，上宽下窄；小掩蔽部在遗址最北端。

G6 台西镇炮台遗址

【位置】 在团岛以北西岭山丘上，原名西岭炮台。

【现状】 初为章高元所筑。德军占领青岛后扩修，将其更名为台西镇炮台，在此安置4门口径为210毫米的加农炮，修筑了两处大型掩蔽部，四周环绕宽深的壕沟和高大的堤坝围墙。日德军结束前，德军将台西镇炮台火炮炸毁。现两处堡垒式掩蔽部保存完好。南堡垒有8个大房间，3个出入口。掩蔽部南端有一个供观察敌情用的可自动升降的深井式瞭望台。北堡垒与南堡垒规模相近，有8个房间和2个出入口。其南侧亦有深井式瞭望台，规模略小于南堡垒。

G7 团岛炮台遗址

【位置】位于团岛上。

【现状】德军在清军炮台的基础上扩建而成，安置 3 门 88 毫米的加农炮，成为德军扼守胶州湾航道的重要海防炮台。炮台附近建有较大规模的地下掩蔽部，内有大小房间十余间，上覆厚土，极为隐蔽。日德战争结束前，德军将炮台火炮予以炸毁，但炮台地下掩蔽部至今保存完好。

G8 俾斯麦兵营遗址

【位置】位于青岛山西南麓，胶澳德军司令部驻地。

【现状】1899 年修建，由 4 座高楼营房和十余座附属建筑组成；4 座营房平面呈 H 形，地上三层，地下一层，其中 1 幢楼房地下二层。楼房正中以及两边均以阶梯形山花作为装饰，属于典型的 19 世纪末期欧洲建筑的风格。楼房前为练兵场。日德战争中，为德军作战指挥部。德军战败后，兵营为日军占用，更名为万年兵营。现在大楼、官兵宿舍、楼梯等均保存完好，归中国海洋大学鱼山校区使用。

G9 伊尔蒂斯兵营遗址

【位置】位于太平山南麓。东南至海 850 米，西南至海 1 公里。

【现状】始建于 1899 年，背山面海，由两座主楼和其他附属建筑组成。大楼地上两层，地下一层，用花岗岩石块砌成，具有典型的南欧建筑风格。楼顶为坡形，红瓦，在建筑中部设装饰性山墙。大楼两翼各有一座塔楼，呈尖锥形。大楼走廊为内走廊，设计在大楼背阴一侧。日德战争后，兵营被日军占用，更名为"旭兵营"。兵营西南原有练兵场。现在 2 幢主楼和附属建筑均保存完好，由人民海军北海舰队使用。

G10 毛奇兵营遗址

【位置】位于青岛市北区西部贮水山东侧 500 米处。贮水山原名烽台岭，因在山顶上有明代的烽火台而得名。这座山有东西两个山峰，从远处看特别像马鞍，所以老百姓也叫它马鞍山。

【现状】德军占领青岛后，称贮水山为毛尔提克山，以纪念 1891 年去世的德军前陆军总参谋长冯·毛尔提克（毛奇）元帅。1906 年，德军开始修建毛奇兵营。毛奇兵营主要是骑兵、工兵以及机关枪小队，骑兵小分队每天从这里出发，骑马去青岛周边地区巡逻，主要担负着巡逻、侦察和通信任务。所以不仅建有营房、食堂，还有马厩、驯马场、带有武器修造车间的鞍具锻造车间和办公楼。1907 年兵营建成后，人们称这里为"马房子"。后来，又建设了火炮库和车辆库，开辟了条新的铁路支线，以便运输军火、后备物资。日本占领青岛后，将毛奇兵营改名若鹤兵营。

G11 德国第二海军营部大楼旧址

【位置】位于山东省青岛市市南区沂水路 9 号，总督府东侧。

【现状】为德国文艺复兴式，砖石木结构，地上二层，地下一层，有阁楼。平面呈不规则形，方块形花岗岩砌基，褐黄色沾灰墙，层间嵌条石，多折坡屋面。主立面南向，中部凸出墙面，隅石勒墙角，顶部拱起三角山墙。建筑面积 1515 平方米。

G12 水师饭店旧址

【位置】位于青岛市市南区湖北路 17 号，中山路与湖北路交口处的东北角（原斐迭里街与依列女街口）。

【现状】1898 年始建，1902 年建成，属于典型的德国文艺复兴时期建筑风格。地下一层，地上带阁楼共三层；正中建有凸起的山墙，角处建有尖顶塔楼；第一层为石基砖墙，二层设有殖民式木构柱外廊，墙体均涂以极淡的黄色，屋顶为四面坡型，覆以红瓦，道路转角处突起的尖顶塔楼为其立面构图中心。建筑造型轻松明快、起伏变化，富有节奏感。但装饰极少，比较明显的是突出山墙上的半木构装饰，以及塔楼之下和外廊扶栏处的交错桁架装饰。

G13 德国海军军官俱乐部旧址

【位置】位于莱阳路 8 号的海军博物馆院内，是一家经德国总督授权的专门为常驻青岛的德国海军第三营和远东巡洋舰队的高级军官们提供食宿和聚会的娱乐场所。1922 年，青岛回归前的胶澳临时督办公署就设在这栋楼里，是国民政府在青岛的前沿指挥中心。

【现状】建造于 1907-1909 年，设计者是殖民当局从德国邀请的建筑师海因里希·舒巴特。原先建筑正面的 3 个门洞，十分有特色，现有 2 个已被堵死；因防震的需要，门间又加了 2 根直通屋顶的方柱；建筑的东面精华部分也同样做了改建。

G14 朝连岛灯塔旧址

【位置】位于崂山区沙子口街道沙子口社区东南 39 公里的朝连岛上，距陆地最近点崂山头 31.4 公里。

【现状】建于 1899 年。灯塔地上二层，为八角形石塔，塔高 12.8 米，建筑面积约 300 平方米。灯质闪白 10 秒，射程 24 海里。

G15 游内山灯塔

【位置】位于市南区团岛西南角。

【现状】建于 1900 年，日本占领青岛期间重建。石砌，逐渐向上收的圆柱形，塔内有楼梯盘旋而上，灯塔的顶部是穹顶式的灯罩，内设以电力发出闪光的弧光灯。

G16 小青岛灯塔

【位置】位于市南区青岛湾内小青岛上。

【现状】始建于清光绪二十六年（1900年），时为褐色石塔，塔高自基至顶3丈5尺，灯高距水面约7丈8尺，射程12海里。1914年日德战争期间被毁，1915年7月重建为白色八角形石塔，大理石构筑，分上下两层，塔高51英尺，灯高101英尺。小青岛灯塔是青岛市的标志性建筑之一。

G17 前海栈桥

【位置】位于山东省青岛市市南区太平路12号，地处青岛湾北侧，与小青岛隔水相望。

【现状】清光绪十七年（1891年），清政府调登州镇总兵章高元率四营兵力移驻青岛，始在前海搭建一铁木结构、以木铺面的栈桥，长约200米，宽10米，石基灰面，作为海军码头，是青岛市近代第一座人工码头。现栈桥全长440米，宽10米，桥两边有铁链护栏和莲花路灯，尽头建有半圆形三角防波堤，呈"个"状，最南端处筑有双层双檐琉璃瓦覆顶的两层八角亭，名为回澜阁。栈桥素有"长虹远引"之誉，是青岛市最具代表性和知名度的城市地标之一。

G18 总督府野战医院旧址

【位置】位于青岛市市南区江苏路16号。

【现状】始建于1898年，至1905年基本完成，是德国海军当局为解决驻防部队的医疗救治而设立的医院。

总督府野战医院高12米，地上二层，砖混结构，有阁楼及地下室，立面质朴，装饰简单，风格淡雅轻松，建筑面积5148.87平方米。正门朝南，黄色水刷墙，墙面镶有山花，中轴线对称。折坡屋顶上有对称气窗，二层有阳台。隅石护角，券形窗，均以条石镶边。房间高约4米，一、二层过道为棋状水磨石地面，房间内为木地板铺设。病房建筑均为"一"字形沿等高线布局，立面为"山"字形。单廊置于北侧，两翼为大病房，尽端为手术室及其他辅助房间。医院有5所大病房，1所小病房，250张病床。除此之外，还有隔离病房、后勤事务房、药房、实验室，配有解剖室的停尸房、冰窖、看门房和几幢副楼。医院建成后，用作德国总督府直属的野战医院，也是青岛最早的综合性西医医院。现为青岛大学医学院附属医院病房楼。

G19 胶澳总督府旧址

【位置】位于青岛市市南区观海山南麓的沂水路11号，南距海340米。

【现状】1897年德国侵占青岛后，于1903年始建其总督府，1906年竣工，建筑面积 7132.3 平方米，耗资 85 万马克。该楼是一座砖石、钢、木混合结构的建筑，采用 19 世纪欧洲公共建筑的对称平面、四角和中间略为突出、中轴线非常明显的特点。整个建筑为 4 层楼房，呈"凹"字形，屋顶用红筒瓦覆盖，坡度较大，围以铁栏杆，既美观又作避雷之用。该楼建成后为德国总督办公之地，故名"总督府"，又称"提督楼"。

G20 青岛德国总督楼旧址（迎宾馆）

【位置】 位于信号山南麓，西距总督府 690 米。

【现状】 1905 年至 1907 年建造，由德国建筑师马尔克设计，施特拉塞尔监督施工，地下一层，地上三层，总建筑面积 4000 余平方米，砖石钢木结构，是一座具有欧洲皇家风范的德国古堡式建筑。因它是当年德国占领胶澳地区后总督的官邸。故俗称"总督楼"。

整个建筑造型典雅独特，气势宏伟，装饰豪华，轮廓线条优美，色彩瑰丽。外墙高度为 30 米，厚达 60 多厘米，以黄色为基调，局部以花岗岩石料作装饰，石雕刻花，券柱式外廊，石砌墙角和檐口，半透明木构墙，石面加工粗朴；正门墙饰以淡绿色、淡灰色花岗岩石，顶部石料雕以美丽的图案，于粗放之中见精巧。屋顶设计丰富多变，米红色筒瓦、蓝色鱼鳞瓦、绿色牛舌瓦铺设的楼顶，使大楼更加精美别致。

楼分四层，共有大小房间 30 个。底层为半地下房间，原为总督仆从及膳食用房。由西门进入既为第二层，习惯称为一楼，内设过门厅、中厅、大厅、会议室、舞厅、餐厅和花房等组成，大厅高为 9 米，顶部悬以华丽的吊灯。大厅的墙壁上装饰铜雕艺术品和油画，墙下部围以棕色的护板；一侧墙角处是一个嵌有绿色玉石的壁炉，另一角摆放着一架古老的德国三角架钢琴，大厅墙壁上挂有一只由德国著名钟表设计家琼汉斯设计的钟表。第三层习惯称为二楼，原为总督卧室和办公之处，装修得富丽堂皇。

G21 德国警察署旧址

【位置】 位于市南区湖北路 29 号。

【现状】 始建于 1904 年，1905 年完工。德式三层建筑，房顶坡度较大，覆以红筒瓦，中部为一方形高耸钟楼，既可报时又可供瞭望之用。整个建筑外观优美，布局错落有致。最初是德国胶澳警察署，设有巡捕和警官，统辖青岛区和李村区两个警署。现在归青岛市公安局使用，为全国重点文物保护单位。

G22 胶州帝国法院旧址

【位置】 位于青岛市市南区德县路 2 号，总督府前广场西南。

【现状】 建于 1912 年春至 1914 年 4 月，德国人汉斯·费特考尔设计，德国汉堡阿尔托纳区 F.H. 施密特公司施工。该建筑为两层砖石木结构，大小房间 31 处，并有地下室和阁楼，建筑面积 3126.53 平方米。红瓦孟莎式屋顶，黄色拉毛墙面附浅壁柱，蘑菇石勒脚，主入口朝向广场。立面的窗体深入墙体 50 厘米左右，巨大的三联长窗，以粗花岗石贴脸，曲线山花和粗条石檐口呈纵向，间或横向分隔，构成良好的遮阳设施，并赋于整个立面以立体感和生动感，使整个建筑具有德国建筑厚重粗犷的特点，现为市南区人民法院办公楼。

二、今威海市境内的海防遗存（遗址代码 H）

1898-1930 年英租威海卫时期，为了维护在威海卫的既得利益，英国在威海卫建立军事、行政机构，实行殖民统治。

目前，英租威海卫时期重要军事、海防遗存有 24 处，其中 20 处在刘公岛上，英国太平洋舰队司令部（英海军中国舰队刘公岛基地司令部）旧址、海军陆战队航母飞行员营房旧址、军官食宿处旧址、大英水师局工程师办公室住宅旧址、蒸馏所旧址、皇家海军酒吧旧址、皇家海军酒吧经理私宅旧址、皇家海军电影院旧址、海陆军联合服务俱乐部旧址、海军会计长住宅旧址、海军军需库职员住宅旧址、海军粮库职员住宅旧址、海军军需官私宅旧址、刘公岛海军疗养院医疗仓库旧址、刘公岛海军医官长官邸旧址、军医住宅旧址等 16 处在刘公岛西村，英海军上将住所（英海军中国舰队司令官）旧址、英海军舰队司令避暑别墅旧址、刘公岛海滨避暑房旧址、刘公岛皇家海军村旧址等 4 处在刘公岛东村。此外，威海英国领事馆旧址、威海英国领事官邸旧址、华勇营大楼旧址、威海英国殖民官员寓所（威海英国正华务司署）旧址等 4 处为英租威海卫时期殖民官员旧址，在鲸园街道。

1. 刘公岛西村

H1 英国太平洋舰队司令部（英海军中国舰队刘公岛基地司令部）旧址

【位置】位于环翠区刘公岛西村，水师学堂东侧，北洋海军将士纪念馆西北。

【现状】建于 1919 年。砖石木结构，主体为二层硬山式建筑，平面呈长方形，南北长 29.90 米，东西宽 6.55 米。面阔 13 间，其左侧附耳楼两开间，楼后附楼梯间。屋顶构架由三角形木屋架、长方形木檩条、木椽子、木望板组成，望板上铺沥青油毡，再挂长宽各 40、厚 0.3 厘米的红色平板式瓦。楼内中走廊两侧房间对称，木条抹灰泥天花，木地板，矩形门窗。

H2 海军陆战队、航母飞行员营房旧址

【位置】位于环翠区刘公岛西村，水师学堂内。

【现状】建于1918年。共有6栋房子，砖石木结构，红瓦四面坡顶。中间主体建筑二层，两侧为一层，前面有柱廊，室内木地板，矩形门窗。

H3 军官食宿处旧址

【位置】位于环翠区刘公岛西村，水师学堂内西南角。

【现状】建于1930年。坐北朝南，砖石木结构，平面呈长方形。主体建筑为四开间两层小楼，灰瓦两面坡顶，室内木地板，矩形门窗。

H4 大英水师局工程师办公室、住宅旧址

【位置】位于环翠区刘公岛西村，水师学堂内，西辕门东北角，水师学堂大门口照壁南侧。

【现状】建于1919年。砖石木结构，平面呈凹字型布局；红瓦两面或四面坡顶，木地板，矩形门窗。英租时期，刘公岛上设立大英水师局负责暑期军训的船只器械修理以及基地军事设施维修，由海军工程师主管。

H5 蒸馏所旧址

【位置】位于环翠区刘公岛西村丁公路，铁码头北端东侧。

【现状】建于1904年，为英租时期英军进行海水淡化的场所。石木结构，由东西两部分组成。东为平房，毛石砌筑墙体，木构架，两面坡顶覆灰瓦，山尖下辟圆形气孔，西面辟券拱门窗。南北长18.9米，东西宽13.2米。西为石木结构方形二层楼房，南北长10.45米，东西宽10.4米。其东墙、南墙与平房相连，木构架，灰瓦攒尖顶，顶部辟一方形气孔。二楼四面各辟三个矩形窗，一楼西面辟窗，南面辟门。

H6 皇家海军酒吧旧址

【位置】位于环翠区刘公岛西村，北洋海军提督署院内北部，现为办公区域。

【现状】建于1918年。英国租借威海卫后，刘公岛成为英国皇家海军远东舰队避暑疗养地。英国人在刘公岛上修建了一批英式建筑，皇家海军酒吧就是其中之一。

H7 皇家海军酒吧经理私宅旧址

【位置】位于环翠区刘公岛西村，北洋海军提督署院内西北部，现为办公区域。

【现状】坐北朝南，石木结构，平面近方形，面阔7间，进深5间。南、西两面连廊，木廊柱。毛石砌墙体，木桁架，红色石棉瓦四面坡屋面，施有望板。矩形门窗用条石镶框。窗扇贴外墙体安装，室内有较宽的窗台，包有窗台板。室内铺木地板，木条抹灰泥天花。

H8 皇家海军电影院旧址

【位置】位于环翠区刘公岛西村，北洋海军提督署院内东南角。

【现状】建于 1910 年。石木结构，平面长方形。室内木地板，北面有舞台。

H9 海陆军联合服务俱乐部旧址

【位置】位在环翠区刘公岛西村，丁汝昌寓所院内。

【现状】1 栋坐西朝东，6 栋坐北朝南，均为长方形一层，石木结构，石墙体，木构架，红色方形石棉瓦两面坡顶。室内铺木地板，屋门施有望板。其中 2 栋屋外设廊。

英军占领刘公岛期间，将原北洋海军提督丁汝昌寓所改为英国驻威海海陆军联合俱乐部，并在旧址的后花园建筑 7 栋房屋，作为俱乐部用房和住宅。

H10 海军会计长住宅旧址

【位置】位在环翠区刘公岛西村丁汝昌寓所北侧的小院内。

【现状】坐北朝南，石木结构，建于台基之上。平面呈凹字形。南侧中间有廊；两面坡顶，红色石棉瓦覆顶，矩形门窗，室内铺木地板。海军会计长当年主要负责刘公岛基地财务及军粮、食品供应事务。

H11 海军军需库职员住宅旧址

【位置】位在环翠区刘公岛西村，丁汝昌寓所东北角，小路东侧小院内。

【现状】坐北朝南，砖木结构，建于台基之上。平面呈 L 形，南侧出厦，由 8 根木柱支撑。矩形门窗，室内铺木地板。

H12 海军粮库职员住宅旧址

【位置】位在环翠区刘公岛西村，丁汝昌寓所东北角，小路东侧小院内。

【现状】坐北朝南，石木结构，平面呈凹字形。南侧中间出厦；两面坡顶，红色石棉瓦覆顶，红砖砌烟囱。矩形门窗，红砖砌窗框，室内木地板。

英租时期，刘公岛设海军粮库，由海军军需官管理，负责军粮供给、储备事务。

H13 海军军需官私宅旧址

【位置】位在环翠区刘公岛西村，丁汝昌寓所东南，小路东侧土坡之上。

【现状】砖木结构，坐北朝南，平面大致呈正方形。南侧中间出厦，矩形门窗，室内铺木地板。

H14 刘公岛海军疗养院医疗仓库旧址

【位置】位于环翠区刘公岛西村。

【现状】坐西向东，砖木结构，大开间平房，平面呈长方形，面阔 5 间。主要用于药品及医疗器械储存。

H15 刘公岛海军医官长官邸旧址

【位置】位于环翠区刘公岛西村。

【现状】建于1919年。坐北朝南，砖木结构，平面呈凹字形。两面坡顶，矩形门窗，室内铺木地板。

H16 军医住宅旧址

【位置】位于环翠区刘公岛西村。

【现状】砖木结构，坐北朝南，平面呈长方形。面阔6间，东、南两侧有廊。两面坡顶，矩形门窗，室内铺木地板。

2. 刘公岛东村

H17 英海军上将（英海军中国舰队司令官）住所旧址

【位置】位于环翠区刘公岛东村丁公路北，甲午海战纪念馆西北70米。

【现状】又称英海军司令避暑楼旧址，为英国高级军官消夏避暑之居所。坐北朝南，由主楼和附属平房组成。主楼为砖石木结构的二层楼房，平面近方形，面阔5间，进深5间；石砌墙基，砖砌墙体，抹灰墙面；木桁架，红色石棉瓦四面坡屋面。主立面上下层皆出廊，单面坡顶，上层廊设护栏。屋檐中间上方暴露三角木梁架，两面坡顶，并辟阁楼窗。下层东西两侧亦有廊，平顶露台。矩形门窗。室内铺木地板，设有壁炉。

H18 英海军舰队司令避暑别墅旧址

【位置】位于环翠区刘公岛东村，甲午海战纪念馆以东，南距海65米。

【现状】又称英海军中国舰队高级军官避暑房。建于1898年，供夏季休假避暑用。现存2组建筑，皆坐北朝南，砖石木结构，规格、布局相近，均为木桁架，红色石棉瓦屋顶。矩形门窗，室内铺木地板，木条抹灰天花。东面一座平面呈不规则形，石砌墙基，砖砌墙体，面阔25.8米，进深12.95米。南立面设廊，北立面两侧有外凸附设的厨房和卫生间。另一座平面亦呈不规则形，砖石砌筑墙体，面阔25.1米，进深24.2米。

H19 刘公岛海滨避暑房旧址

【位置】位于环翠区刘公岛东村。

【现状】坐北朝南，石木结构，平面大致呈长方形。硬山，檐下用砖砌就；正面西部设门，门上为券拱形装饰，矩形门窗。

H20 刘公岛皇家海军村旧址

【位置】位于刘公岛东村正南，丁公路南70米，南至海80米。

【现状】建于1918年。一排5个院落，格局相同。石木结构，毛石堞墙，硬山，簸箕瓦覆顶，矩形窗。原为英海军中国舰队港粤高级雇员避暑用房。

3. 鲸园街道

H21 威海英国领事馆旧址

【位置】位在环翠区鲸园街道戚谷疃社区北山路6-2号。

【现状】建于1930年。坐北面南，石木结构，平面呈凹字形，面阔4.6米，进深22.3米，高7.2米；南面有外廊，室内木地板。现为省级文物保护单位。

清光绪二十四年（1898），清政府与英国签订了《中英议租威海卫专约》，威海卫成为英国殖民地。1901年英国建造了英军中下级军官和英军宿舍等建筑。1930年，中国政府收回威海卫后，该宿舍成为威海英国领事馆驻地。

H22 威海英国领事官邸旧址

【位置】位在环翠区鲸园街道戚谷疃社区北山路1号。

【现状】建于1930年。坐北朝南，石木结构，二层楼房。平面近方形，面阔19.6米、进深17.6米、高12米。条石砌筑墙体，木桁架，石棉瓦四周坡顶。南、西两面建有乔治式外廊，券拱式门窗。室内木地板，泥条抹灰天花。原为中国军团士官食宿处，后为英殖民政府正华务司寓所。1930年10月，为英国驻威海卫领事官邸。

H23 华勇营大楼旧址

【位置】位于环翠区鲸园街道戚谷疃社区北山路西侧。

【现状】建于1899-1900年。坐西面东，砖石结构，二层楼房。平面呈曲尺形，东面6开间，面阔11.5米；南面16开间，进深49米，高15米。花岗岩石条砌筑墙体，木桁架，铁皮瓦四面坡顶，东、南两面设廊，东首有砖砌二层钟楼，六角形。矩形门窗，室内铺木地板。

英国租借威海卫之后，于1899年招募中国人组成治安部队—华勇营，又称"中国旅"，后建造此楼为华勇营新驻地，俗称北大营。1930年10月1日中国政府收回威海卫后，成为威海卫管理公署各科室办公楼。

H24 威海英国殖民官员寓所（威海英国正华务司署）旧址

【位置】位在环翠区鲸园街道戚谷疃社区北山路1号。

【现状】建于1901年。坐北朝南，木石结构，建筑平面略呈方形，面阔31米，进深28米，高8米。石砌墙体，木桁架，铁皮瓦四周坡顶。南、东两面有乔治式长廊，券拱式门窗。室内铺木地板。原为华勇营指挥官官邸，后来为华务司官邸。1930年10月1日中国政府收回威海卫后，成为威海卫管理公署专员官厅。

第六章 山东海防遗存

图 6-A2 马埠寨军寨遗址

图 6-A3 莱州城墙遗址

图 6-A4 单山烟墩遗址

图 6-A5 黄县城墙遗址

图 6-A6 西羔烟墩遗址

图 6-A7 峰山岭烟墩遗址

图 6-A8 西峰台烟墩遗址

图 6-A9 东峰台烟墩遗址

图 6-A10 黑峰台山烟墩遗址

图 6-A11 蓬莱水城遗址（共 8 张）

图 6-A13 上水门遗址

图 6-A14 戚继光故里

图 6-A16 戚继光祠堂

图 6-A15 戚氏牌坊（共 2 张）

第六章　山东海防遗存

图 6-A18 防风林烟墩遗址

图 6-A20 铜井山烟墩遗址

图 6-A21 南吴家木基烟墩遗址

图 6-A22 解宋营西烟墩遗址

图 6-A23 解宋营古城遗址（共 2 张）

· 185 ·

图 6-A24 解宋营东烟墩遗址

图 6-A29 福莱山烟墩遗址（共 2 张）

图 6-A30 宫家岛烟墩遗址

第六章 山东海防遗存

图6-A31 奇山所城遗址（共5张）

图6-A32 南上坊烟墩遗址

图6-A33 烟墩山烟墩遗址

图6-A34 金山上寨军寨城址

图6-A35 大金山烟墩遗址

图6-A36 北头烟墩遗址

第六章　山东海防遗存

图 6-A37 北头军寨遗址

图 6-A38 西小滩村烟墩遗址

图 6-A39 前黄塘村烟墩遗址

图 6-A43 沟里屯村烟墩遗址

图 6-A44 东荆家村烟墩遗址

· 189 ·

图 6-A45 黄山烟墩遗址

图 6-A46 大阎家村烟墩遗址

图 6-A47 小滩村烟墩遗址

图 6-A49 黄埠寨烟墩遗址

图 6-A50 柴沟烟墩遗址

第六章 山东海防遗存

图 6-A51 新庄烟墩遗址

图 6-A52 西朱皋烟墩遗址

图 6-A53 东埠前烟墩遗址

图 6-A54 滩港烟墩遗址

图 6-A55 东羊郡烟墩遗址

图 6-B2 后双岛军寨遗址（共 2 张）

图 6-B6 威海卫故城遗址

图 6-B7 戚家庄烟墩遗址（共 2 张）

图 6-B8 樵子埠烟墩遗址

图 6-B11 豹虎山堡遗址

图 6-B12 百尺所故城遗址

图 6-B13 九皋寨军寨遗址

图 6-B15 曹家岛烟墩遗址

图 6-B16 松徐家军寨遗址

图 6-B17 嵩里烟墩遗址

图 6-B18 温泉寨军寨遗址

图 6-B19 温泉寨烟墩遗址

第六章　山东海防遗存

图 6-B20 长会寨军寨遗址

图 6-B21 寨前杨家烟墩遗址

图 6-B22 寨颜家军寨遗址（共 2 张）

明清山东海防遗存与文化

图 6-B23 万家寨军寨遗址

图 6-B24 胡家寨军寨遗址

图 6-B27 成山卫城址遗址

图 6-B28 墩东崮烟墩遗址

图 6-B29 马山烟墩遗址

图 6-B31 烟墩角烟墩遗址

第六章 山东海防遗存

图 6-B33 英山烟墩遗址

图 6-B34 项家军寨遗址

图 6-B35 南我岛烟墩遗址

图 6-B36 罗山军寨遗址

图 6-B38 红土军寨遗址

图6-B40 宁津所城遗址（共2张）

图6-B41 东墩烟墩遗址

图6-B42 马栏阧（耩）烟墩遗址

图6-B44 苑家烟墩遗址

图6-B45 朱家烟墩遗址

第六章 山东海防遗存

图 6-B47 炮山烟墩遗址

图 6-B48 靖海卫城遗址（共 3 张）

图 6-B49 光禄军寨与烟墩遗址（共 3 张）

图 6-B50 主到寨军寨与烟墩遗址

图 6-B51 北沙岛烟墩遗址

图 6-B52 武将军寨遗址

图 6-B57 大陶家烟墩遗址

图 6-B58 韩家庄烟墩遗址

第六章 山东海防遗存

图 6-B60 玉前庄烟墩遗址

图 6-B62 常家庄烟墩遗址

图 6-B63 小侯家烟墩遗址（共 2 张）

图 6-B64 金港烟墩遗址

· 201 ·

图 6-B65 帽山前烟墩遗址

图 6-B67 大庄烟墩遗址

图 6-B68 姜格军寨遗址

图 6-B69 海阳所军寨遗址

图 6-B70 南泓烟墩遗址

| 第六章 山东海防遗存 |

图 6-B71 黄岛炮台遗址

图 6-B72 寨前烟墩遗址

图 6-B74 安家军寨与烟墩遗址

图 6-B75 凤台顶烟墩遗址

图 6-B76 到根见烟墩遗址

明清山东海防遗存与文化

图 6-C1 雄崖所故城遗址（共 6 张）

| 第六章 山东海防遗存 |

图 6-C2 白马岛烟墩遗址

图 6-C3 王戈庄烟墩遗址

图 6-C4 南百里烟墩遗址

图 6-C5 拷栳烟墩遗址

图 6-C6 拷栳岛烟墩遗址

图 6-C7 丈二山烟墩遗址

· 205 ·

图 6-C9 仲村烟墩遗址

图 6-C11 南行红庙山烟墩遗址

图 6-C12 掖杖村烟墩遗址

图 6-C14 迟家店子米脐山烟墩遗址

图 6-C19 夏河城城墙遗址（共 3 张）

第六章 山东海防遗存

图 6-C20 西桥子烟墩遗址

图 6-C21 吴家村烟墩遗址（共 2 张）

图 6-C22 逄猛张烟墩遗址

图 6-C23 大张八烟墩遗址

图 6-C25 戴家尧烟墩遗址

图 6-C28 荻水东墩遗址

· 207 ·

图6-D1 唐岛炮台遗址（共3张）

图6-D2 古镇口炮台遗址（共3张）

图6-D3 亭子兰炮台遗址（共3张）

图 6-D4 蓬莱阁阅水操记碑

图 6-D5 蓬莱县衙旧址

明清山东海防遗存与文化

图6-E1 东炮台遗址（共7张）

| 第六章　山东海防遗存 |

图 6-E1 东炮台遗址（续）

图 6-E2 西炮台遗址（共 5 张）

明清山东海防遗存与文化

图 6-E2 西炮台遗址（续）

图 6-E3 北洋海军采办厅遗址

图 6-E4 崆峒岛灯塔遗址

图 6-E5 猴矶岛灯塔遗址

图 6-F1 北洋海军提督署旧址（共 13 张）

图 6-F1 北洋海军提督署旧址（续）

| 第六章　山东海防遗存 |

图 6-F2 龙王庙与戏楼旧址（共 2 张）

图 6-F3 丁汝昌寓所旧址（共 2 张）

图 6-F4 黄岛炮台及兵营遗址（共 2 张）

图 6-F5 公所后炮台遗址（共 2 张）

图 6-F8 南嘴炮台遗址

图 6-F6 旗顶山炮台遗址（共 2 张）

第六章 山东海防遗存

图 6-F9 东泓炮台遗址（共 2 张）

图 6-F10 日岛炮台遗址

图 6-F11 石码头遗址

图 6-F12 铁码头及码头管理房旧址

图6-F13 机器局、屯煤所、鱼雷修理厂旧址

图6-F14 麻井子船坞遗址

图6-F15 刘公岛水师学堂旧址（共5张）

| 第六章　山东海防遗存

图 6-F18 刘公岛石拱桥遗址

图 6-F20 沟北船坞遗址

图 6-F21 鹿角嘴炮台遗址

图 6-F22 摩天岭炮台遗址

图 6-F23 炮队营遗址

· 219 ·

图 6-F25 皂埠嘴炮台遗址

图 6-F26 南帮信号台遗址

图 6-F27 赵北嘴灯塔遗址

图 6-F28 杨枫岭炮台遗址

图 6-F30 百尺所石拱桥

| 第六章　山东海防遗存 |

图 6-G1 青岛山炮台遗址（共 4 张）

图 6-G2 太平山北炮台东炮台遗址

图 6-G6 台西镇炮台遗址（共 2 张）

图 6-G8 俾斯麦兵营遗址

图 6-G9 伊尔蒂斯兵营遗址

图 6-G11 德国第二海军营部大楼旧址

第六章 山东海防遗存

图 6-G12 水师饭店旧址

图 6-G14 朝连岛灯塔旧址

图 6-G16 小青岛灯塔

图 6-G17 前海栈桥

图 6-G19 胶澳总督府旧址（共 2 张）

· 223 ·

明清山东海防遗存与文化

图 6-G20 青岛德国总督楼旧址（迎宾馆）

图 6-G21 德国警察署旧址

图 6-G22 胶州帝国法院旧址

第六章 山东海防遗存

图 6-H1 英国太平洋舰队司令部（英海军中国舰队刘公岛基地司令部）旧址

图 6-H2 海军陆战队、航母飞行员营房旧址

图 6-H3 军官食宿处旧址

图 6-H4 大英水师局工程师办公室、住宅旧址（共 2 张）

· 225 ·

图6-H5 蒸馏所旧址（共2张）

图6-H6 皇家海军酒吧旧址

图6-H7 皇家海军酒吧经理私宅旧址

图6-H8 皇家海军电影院旧址

第六章　山东海防遗存

图 6-H9 海陆军联合服务俱乐部旧址

图 6-H10 海军会计长住宅旧址

图 6-H11 海军军需库职员住宅旧址

图 6-H12 海军粮库职员住宅旧址

图 6-H13 海军军需官私宅旧址

图 6-H17 英海军上将（英海军中国舰队司令官）住所旧址

图 6-H18 英海军舰队司令避暑别墅旧址

图 6-H19 刘公岛海滨避暑房旧址

图 6-H20 刘公岛皇家海军村旧址

图 6-H21 威海英国领事馆旧址

图 6-HA 收回威海卫纪念碑

后　　记

海防文化是指与海防有关的各种文化现象。山东海防建设的历史十分悠久，海防文化的萌发在全国也是最早的，其内涵十分丰富。

山东海防遗存主要包括明代海防遗存、近代海防遗存以及20世纪初德国在胶州湾、英国在威海卫建立的海防设施遗存等三部分，其中有很多遗存已被列为各级文物保护单位，如登州水城、刘公岛、烟台东炮台、西炮台、青岛山炮台等多处遗址不仅得到很好的保护和利用，而且在提升当地文化软实力、知名度和促进本地旅游事业发展方面发挥了重要作用。

"传承是最好的保护"。要做好文化传承，必须加强对海防遗存的深入研究。

2020年，为进一步推动山东海防遗存考察与研究工作，按照山东省社科联《明清山东海防文化研究》课题要求，烟台市博物馆与鲁东大学历史文化学院合作查阅资料，并组成多支野外调查考察队，克服重重困难，分赴青岛、威海、日照、潍坊等地，对海防遗存逐一进行实地勘察、测量、拍照、录像，获得了大量的数据和图像信息，为编辑出版《明清山东海防遗存与文化》打下了坚实的资料基础；同时，该书是烟台市博物馆与鲁东大学历史文化学院合作努力的结晶，凝聚了文博工作者及历史学者的辛苦与汗水。其中，闫勇、王海鹏负责本著作的立意、框架构思及通稿工作，王金定负责第一章、第二章及第六章部分章节约15万字的编撰，赵娟负责第三章、第四章、第五章及第六章部分章节约15万字的编撰，马静、于杰等编撰人员负责文献资料收集、实地考察的照片及视频、编著校稿等基础工作。

《明清山东海防遗存与文化》一书从策划到完成，得到了烟台市文化和旅游局的大力支持。在实地考察过程中，各地文化和旅游局、文博单位、博物馆鼎力协助，密切配合，慷慨提供资料数据，安排专人担任向导，为本书的顺利完成创造了条件。

当《明清山东海防遗存与文化》完成之时，我们心中却有一些遗憾，因为受到篇幅的限制，此书只能选取部分有代表性的海防遗存展示给大家。同时，由于我们学识水平有限，书中肯定存在一些不妥之处，还请广大读者提出宝贵的意见。我们会认真听取读者意见并且在以后的工作中加以订正。

值此书出版发行之际，我谨代表《明清山东海防遗存与文化》编委会向给予我们支持和帮助的有关领导、部门，以及关心、支持本书出版的社会各界和广大民众表示衷心的感谢。

闫勇

二零二一年十月

参考文献

一、山东沿海各府县地方志

[明]陆釴等纂修：《山东通志》，明嘉靖十二年（1533）刻本。

[清]赵祥星修，钱江等纂：《山东通志》，清康熙四十一年（1702）刻本。

[清]岳浚等纂：《山东通志》，清雍正七年（1729）修，乾隆元年（1736）刻本。

[清]杨士骧等修，孙葆田等纂：《山东通志》，民国四年（1915）铅印本。

[清]蒋焜修，唐梦赉等纂：《济南府志》，清康熙三十一年（1692）刻本。

[清]王赠芳等修，成瓘等纂：《济南府志》，清道光二十年（1840）刻本。

[清]施闰章等修，杨奇烈等纂，任璇续纂修：顺治《登州府志》，清康熙三十三年（1694）刻本。

[清]永泰纂修：《续登州府志》，清乾隆七年（1742）刻本。

[清]方汝翼等纂修：《增修登州府志》，清光绪七年（1881）刻本。

赵耀，董基纂修：《重刊万历莱州府志》，民国二十八年（1939）赵永厚堂刊本。

[明]龙文明修，赵耀、董基纂：万历《莱州府志》，民国二十八年（1939）铅印本。

[清]严有禧、张桐等纂修：《莱州府志》，清乾隆五年（1740）刊本。

[明]杜思修，冯惟讷纂：《青州府志》，明嘉靖四十四年（1565）刻本。

[清]陶锦等纂修：《青州府志》，清康熙六十年（1721）刻本。

[清]毛承伯等纂修：《青州府志》，清咸丰九年（1859）刻本。

[清]邵士修，王埙等纂：《沂州志》，清康熙十三年（1674）刻本。

[清]李希贤等纂修：《沂州府志》，清乾隆二十五年（1760）刻本。

[清]胡公著等修，张克家纂：《海丰县志》，清康熙九年（1670）刻本。

[清]于卜熊修，史本纂：乾隆《海丰县志》，清同治十二年（1873）刻本。

［清］蔡逢恩修，林光斐纂：同治《海丰县志续编》，民国二十年（1931）铅印本。

梁建章修，于清泮纂：《沾化县志》，民国二十四年（1935）铅印本。

［清］王清贤修，陈淳纂：康熙《武定府志》，民国间抄本。

［清］赫达色修，庄肇奎等纂：《武定府志》，清乾隆二十四年（1759）刻本。

［清］李熙龄纂修：《武定府志》，清咸丰九年（1859）刻本。

［明］郑希侨等纂修：《武定州志》，明嘉靖二十七年（1548）刻本。

［清］李熙龄等纂修：《武定州志》，清咸丰九年（1859）刻本。

［清］杨容盛等纂：《滨州志》，清康熙四十年（1701）刻本。

［清］李熙龄撰：《滨州志》，据清咸丰十年（1860）刊本影印，台北：成文出版社，1976年。

［清］杨容盛修，杜曦等纂：《滨州志》，清康熙四十年（1701）刻本。

［清］李熙龄纂修：《滨州志》，清咸丰十年（1860）刻本。

［清］韩文焜纂：《利津县新志》，据清康熙十二年（1673）刊本影印，台北：成文出版社，1976年。

［清］刘文确纂修：《利津县志续编》，据清乾隆二十三年（1758）刊本影印，台北：成文出版社，1966年。

［清］程士范纂修：《利津县志补》，据清乾隆三十五年（1770）刊本影印，台北：成文出版社，1976年。

［清］盛赞熙修，余朝菜等纂：《利津县志》，清光绪九年（1883）刻本。

王廷彦修，盖尔佶纂：《利津县续志》，民国二十四年（1935）铅印本。

［清］严文典修，任相纂：《蒲台县志》，清乾隆二十八年（1763）刻本。

［明］孟楠修，蒋奇镈纂：万历《乐安县志》，清康熙六年（1667）刻本。

［清］李方膺纂修：《乐安县志》，清雍正十一年（1733）刻本。

［清］朱奎章修，胡芳杏纂：《乐安县志》，清同治十年（1871）刻本。

李传煦、陈同善修，王永贞等纂：《乐安县志》，民国七年（1918）石印本。

宋宪章修，邹允中、崔亦文纂：《寿光县志》，民国二十五年（1936）刊本。

［清］刘翰周纂修：《寿光县志》，清嘉庆五年（1800）刻本。

［明］朱木修，高凌云纂：《昌乐县志》，明嘉靖二十七年（1548）刻本。

［清］贺基昌纂修：《昌乐县志》，清康熙十一年（1672）刻本。

［清］魏礼焯等纂：《昌乐县志》，清嘉庆十四年（1809）刻本。

王金岳修，赵文琴、王景韩纂：《昌乐县续志》，民国二十三年（1934）铅印本。

[清]宫懋让、李文藻等纂修:《诸城县志》,据清乾隆二十九年(1764)刊本影印,台北:成文出版社,1976年。

[清]宫懋让修,李文藻等纂:《诸城县志》,清乾隆二十九年(1764)刻本。

[清]刘光斗修,朱学海纂:《诸城县志》,据清道光十四年(1834)刻本影印,台北:成文出版社,1976年。

[清]卞颖修,王劝等纂:《诸城县志》,清康熙十二年(1673)刻本。

[清]刘光斗修,朱学海纂:《诸城县续志》,清道光十四年(1834)刻本。

[清]杨士雄修,于时纂:《日照县志》,清康熙十二年(1673)刻本。

[清]陈懋修,张庭诗纂:《日照县志》,清光绪九年(1883)修,十二年(1886)刻本。

[清]王珍修,陈调元纂:《潍县志》,清康熙十一年(1672)刻本。

[清]张耀璧总裁,王诵芬纂:《潍县志》,据清乾隆二十五年(1760)刊本影印,台北:成文出版社,1976年。

常之英纂:《潍县志稿》,民国三十年(1941)刻本。

[清]周来邰纂修:《昌邑县志》,清乾隆七年(1742)刻本。

[清]陈嘉楷修:《昌邑县续志》,清光绪三十三年(1907)刻本。

[清]张思勉修,于始瞻纂:《掖县志》,清乾隆二十三年(1758)刻本。

[清]杨祖宪修,侯登岸纂:《再续掖县志》,清道光二十三年(1843)刻本。

[清]魏起鹏修,王续藩纂:《三续掖县志》,清光绪十九年(1893)刻本。

刘国斌修,刘锦堂纂:《四续掖县志》,民国二十四年(1935)铅印本。

[清]魏起鹏等辑:《掖县全志》,清光绪十九年(1893)刻本。

[清]尤淑孝修,李元正纂:《即墨县志》,清乾隆二十九年(1764)刻本。

[清]林溥修,周翕鐄纂:《即墨县志》,清同治十二年(1873)刻本。

[清]孙蕴韬等修,高国楹纂:《胶州志》,清康熙十二年(1673)刻本。

[清]张同声修,李图等纂:《重修胶州志》,清道光二十五年(1845)刻本。

谢锡文等修,匡超等纂:《增修胶志》,据民国二十年(1931)铅印本影印,台北:成文出版社,1968年。

赵琪修,袁荣叜纂:《胶澳志》,民国十七年(1928)铅印本。

[清]张作砺修,张凤羽纂:《招远县志》,清顺治十七年(1660)刻本。

[清]陈国器、边象曾修,李荫、路藻纂:《招远县续志》,清道光二十六年(1846)刻本。

［清］李蕃修，范廷凤等纂：《黄县志》，清康熙十二年（1673）刻本。

［清］袁中立修，毛贽纂：《黄县志》，清乾隆二十一年（1756）刻本。

［清］伊继美纂修：《黄县志》，清同治十年（1871）刻本。

［清］王文焘纂：《蓬莱县志》，清道光十九年（1839）刻本。

［清］郑锡鸿、汪瑞采修，王尔植等纂：《蓬莱县续志》，清光绪八年（1882）刻本。

梁秉锟修，王丕煦纂：《莱阳县志》，据民国二十四年（1935）铅印本影印，台北：成文出版社，1968年。

［清］万邦维、卫元爵修，张重润等纂：康熙《莱阳县志》，清雍正元年（1723）刻本。

宋宪章修，于清泮纂：《牟平县志》，民国二十五年（1936）石印本。

［清］舒孔安修，王厚阶纂：《重修宁海州志》，清同治三年（1864）刻本。

［清］罗博修，鹿兆甲等纂：《福山县志》，清康熙十二年（1673）刻本。

［清］何乐善修，萧劼、王积熙纂：《福山县志》，清乾隆二十八年（1763）刻本。

王陵基修，于宗潼纂：《福山县志稿》，民国九年（1920）修，二十年（1931）铅印本。

［清］毕懋第原修，郭文大续修：《威海卫志》，据民国十八年（1939）铅本影印，台北：成文出版社，1968年。

［清］王一夔修，赛珠、毕霂纂：《文登县志》，清雍正三年（1725）刻本。

［清］蔡培、欧文、林汝谟纂：《文登县志》，清道光十九年（1839）刻本。

［清］李祖年修，于霖逢纂：《文登县志》，清光绪二十二年（1896）修，民国十一年（1922）铅印本。

《靖海卫志》，据不著纂修人姓氏抄本影印，台北：成文出版社，1968年。

［清］佚名纂修：康熙《靖海卫志》，民国间抄本。

［清］李天瞪、岳濬廷纂：《荣成县志》，据清道光二十年（1840）刊本影印，台北：成文出版社，1976年。

［清］刘应忠撰：《荣成纪略》，清光绪三十三年（1907）刻本。

［清］张士琏纂修：《海阳县志》，清雍正十二年（1734）刻本。

［清］包桂纂修：《海阳县志》，清乾隆七年（1742）刻本。

［清］王敬勋修，李尔梅、王兆腾纂：《海阳县续志》，清光绪六年（1880）刻本。

［清］苏潜修，胶南史志办校注：《灵山卫志校注》，北京：五洲传播出版社，2002年。

二、著作

《中国军事史》编写组编:《中国军事史》(第一卷兵器),北京:解放军出版社,1983年。

《中国军事史》编写组编:《中国军事史》(第三卷兵制),北京:解放军出版社,1987年。

《中国军事史》编写组编:《中国军事史》(第六卷兵垒),北京:解放军出版社,1991年。

毛佩琦、王莉著:《中国明代军事史》,北京:人民出版社,1994年。

王宏斌著:《清代前期的海防:思想与制度》,北京:社会科学文献出版社,2002年。

王宏斌著:《晚清海防:思想与制度研究》,上海:商务印书馆,2005年。

茅海建著:《天朝的崩溃:鸦片战争再研究》,北京:生活·读书·新知三联书店,1997年。

赵树国著:《明代北部海防体制研究》,济南:山东人民出版社,2014年。

杨金森、范中义著:《中国海防史》,北京:海洋出版社,2005年。

高锐著:《中国军事史略》,北京:军事科学出版社,1992年。

包遵彭著:《中国海军史》,台北:中华丛书编审委员会,1970年。

张铁牛、高晓星著:《中国古代海军史》,北京:解放军出版社,2006年。

吴杰章:《中国近代海军史》,北京:解放军出版社,1989年。

胡立人、王振华主编:《中国近代海军史》,大连:大连出版社,1990年。

刘展主编:《中国古代军制史》,北京:军事科学出版社,1992年。

徐勇、张焯编著:《简明中国军制史》,哈尔滨:黑龙江人民出版社,1991年。

施元龙著:《中国筑城史》,北京:军事谊文出版社,1999年。

张驭寰著:《中国城池史》,北京:百花文艺出版社,2003年。

刘旭著:《中国古代火炮史》,上海:上海人民出版社,1989年。

王兆春著:《中国火器史》,北京:军事科学出版社,1991年。

陈懋恒著:《明代倭寇考略》,北京:人民出版社,1957年。

戴裔煊著:《明代嘉隆间的倭寇海盗与中国资本主义的萌芽》,北京:中国社会科学出版社,1982年。

范中义、仝晰纲著：《明代倭寇史略》，北京：中华书局，2004年。

吴重翰著：《明代倭寇犯华史略》，长沙：商务印书馆，1939年。

烟台市第三次文物普查工作领导小组办公室、烟台市博物馆编：《烟台市第三次文物普查成果汇编》，烟台：黄海数字出版社，2011年。

威海市文化局、威海市文物管理办公室编：《威海文物概览》，青岛：青岛出版社，2009年。

威海市文物管理办公室编：《追寻历史：威海市第三次文物普查成果巡礼》，青岛：青岛出版社，2012年。

青岛市文物局编：《青岛明清海防遗存调查研究》，青岛：中国海洋大学出版社，2017年。

三、论文

赵红：《明清时期的山东海防》，山东大学2007年博士学位论文。

何乃恩：《明代浙江备倭官制与职能研究》，陕西师范大学2018年博士学位论文。

王彦军：《明代中后期省镇营兵制与卫所制关系初探》，天津师范大学2016年硕士学位论文。

王莉：《明代营兵制初探》，《北京师范大学学报》（社科版）1991年第2期。

肖立军：《明嘉靖九边营兵制考略》，《南开学报》1994年第2期。

肖立军：《明代蓟镇援关营制考略：兼谈明卫所制与省镇营兵制关系》，《天津师范大学学报（社会科学版）》2018年第2期。

肖立军、李玉华：《明初山东总督备倭官浅探》，载中国明史学会、蓬莱旅游度假区管理委员会：《第十五届明史国际学术研讨会暨第五届戚继光国际学术研讨会论文汇编》（未刊稿），2013年，第694-699页。

彭勇：《从"都司"含义的演变看明代卫所制与营兵制的并行与交错：以从"都司领班"到"领班都司"的转变为线索》，《明史研究论丛（第十三辑）——庆祝中国社会科学院历史研究所成立60周年专辑》2014年。

宋烜：《明代浙江备倭都司设置考》，《中国史研究》2016年第4期。

赵树国：《明代山东巡察海道沿革考》，《第十六届明史国际学术研讨会暨建文帝国际学术研讨会论文集》2015年8月。

邱富生：《试论明朝初年的海防》，《中国边疆史地研究》1995年第1期。

范中义：《明代海防述略》，《历史研究》1990年第3期。